KB212151

Flame in the Mind

순례를 떠나다

신앙의 여정을 걷는 이들을 위한 지침서

이 도서의 국립중앙도서관 출판시도서목록(CIP)은

서지정보유통지원시스템 홈페이지(http://seoji.nl.go.kr)와

국가자료공동목록시스템(http://www.nl.go.kr/kolisnet)에서

이용하실 수 있습니다. (CIP제어번호 : CIP2018019193)

Flame in the Mind

순례를 떠나다

신앙의 여정을 걷는 이들을 위한 지침서

마이클 마셜 지음 · 정다운 옮김

비아
VIA

차례

일러두기

· 성서 표기와 인용은 『공동번역 개정판』(대한성서공회, 1999)을 따르되
  맥락에 따라 『새번역』(대한성서공회, 2004), 『개역개정판』(대한성서공회,
  1998)을 병행사용하였습니다.
· 역자 주석의 경우 *표시를 해 두었습니다.
· 단행본 서적의 경우 『 』표기를, 논문이나 글의 경우 「 」
  음악 작품이나 미술 작품의 경우 《 》표기를 사용했습니다.

감사의 말

누군가 여행을 마치기도 전에 여행서를 쓴다고 하면 대다수는 그가 허세를 부린다고 생각할테고, 좋게 본다고 해도 도전적인 시도라는 말 이상을 듣기는 힘들 것이다. 신앙 여정에 관한 책도 마찬가지다. 그 때문에 나는 되도록 신중하려 했고 이 여정에서 나보다 더 먼 곳까지 나아갔던, 존경하는 신앙의 동료들을 자주 인용했다. 가장 큰 도움을 준 동료는 두말할 것 없이 성 아우구스티누스 St Augustine다. 본격적으로 이야기를 시작하기에 앞서, 나는 아우구스티누스를 전문적으로 공부한 학자가 아님을 분명히 밝혀 둔다. 아우구스티누스에게 열광하는 모든 이가 그렇듯 나는 피터 브라운 Peter Brown이 쓴 학문적 깊이와 대중성을 동시에 갖춘 전기에 많은 빚을 졌다. 1972년 생일에 나는 그 책을 선물 받았고 덕분에 아우구스티누스의 삶과 만나게 되었다. 피터 브라운의 전기는 이 책에 결정적인 영향을 미쳤으며 거의 모든 장에서 이를 분명하게 확인할 수 있다.

지난 30년간 나는 최대한의 역량을 발휘해 아우구스티누스가 쓴 글, 아우구스티누스에 관한 글들을 수집했고 그리하여 아우구스티누스에 관한 상당한 분량의 장서 목록이 만들어졌다. 독자들이 이 책을 읽고도 아우구스티누스의 열렬한 지지자가 되지 않는 상황에 대비해 그중 일부(정말 일부)를 책 뒷부분에 실어두었다.

어떤 책이든 하나의 책이 나오기 위해서는 처음부터 끝까지 협업을 해야 한다. 너무나 거칠었던 초고를 세심하게 다듬어 재배치해준 제인 콜린스Jane Collins에게 커다란 마음의 빚을 지고 있음을 고백한다. 그녀는 각 장 마지막에 있는 묵상과 토론을 위한 질문들을 사실상 써주다시피 했다. 감사를 전한다. 핵심을 찌르는 인용구들을 삽입하는 데 도움을 주고 책 전반을 그토록 세심하게 편집해준 안젤라 셰프Angela Scheff와 인내심을 가지고 편집을 도와준 에이미 바우처 파이Amy Boucher Pye에게도 감사의 마음을 전한다. 캐넌인 피터 스트레인지Peter Strange는 책을 마지막으로 손질하는 단계에서 세부 사항을 다듬고 난해한 인용구들을 살피는 데 커다란 도움을 주었다. 우리가 이 문제를 두고 이야기를 나누다 통화를 마치면, 그는 언제나 다시 전화를 걸어 '해답'을 제시해주었다.

캔터베리 대주교 서문

　제가 캔터베리 대주교로 있는 기간 마지막 추천도서로 이 책이 나온 것을 기쁘게 생각합니다. 히포의 아우구스티누스는 모든 '교회 박사'Doctors of the Church 중에서도 그리스도교 교회에 가장 커다란 영향력을 미친 사람입니다. 마이클 마셜 주교는 특유의 통찰력으로 모든 사람이 손쉽게 아우구스티누스의 생애와 사상을 접할 수 있는 책을 썼습니다. 그는 소통에 능한 주교이며 이 책에는 이러한 그의 재능과 역량이 고스란히 담겨 있습니다.

　정직하게 말해 봅시다. 그리스도인의 삶은 결코 편안하지 않습니다. 아무 어려움 없이 이 길에 들어서게 된 이는 없으며 아우구스티누스도 마찬가지였습니다. 젊은 날 영민한 청년 아우구스티누스를 만난 이 중 누구도 그가 훗날 가장 위대하고 거룩한 그리스도교 사상가가 되리라 짐작하지 못했습니다. 파란만장하고 험난했던 그의 여정을 본으로 삼아 마이클 주교는 우리에게 신앙생활이 (일회성 사건으로 끝나지 않는) 계속 이어지는 여정이며, 얼마나 역동적인 여정인지를 보여줍니다. 변화와 성장은 이 여정에서 필수적입니다. 저자의 말대로 이 여정은 일생에 걸쳐 머물던 곳을 떠나 제자리를 찾아가는 과정입니다. 그렇게 우리는 일시적인 것 너머 영원한 것을 향해 나아갑니다.

마이클 주교는 우리 자신이 살아온 삶의 여정을 아우구스티누스가 지나온 정신의 순례에 비추어 의식적으로, 기도하는 마음으로 성찰해보라고 조언합니다. 여러분은 신앙의 여정 중 어떤 지점에 서 있습니까? 그 길에 어떠한 전환점이 있었습니까? 어떤 놀라운 사건을 경험했습니까? 여러분이 궁극적으로 어디를 향해 가고 있다고 생각합니까? 여정 중에 성령을 경험하였습니까? 이러한 질문들은 이 책이 제기하는 무수히 많고 중요한 질문 중 일부에 불과합니다. 이 탁월하고 통찰력 넘치는 책에 담긴 질문들은 여러분이 신앙에 대해 더 깊은 차원에서 묵상할 수 있도록 도울 것입니다.

혼자 읽든 공동체와 함께 읽든 이 책은 여러분에게 큰 도전을, 또한 많은 영감을 줄 것입니다. 저자는 (여는 말과 맺음말을 제외하고) 한 주에 한 장씩 읽을 수 있도록 책을 구성해 놓았습니다. 이 구성대로 읽어보기를 권합니다. 책을 읽은 후 기도하고 묵상하는 시간을 가져 보십시오. 공동체에서 함께 이 책을 읽는다면, 책에 나오는 질문들로 함께 토론해 보십시오. 마이클 주교가 제안하듯 신앙의 연대표를 그려보십시오. 그리하여 여러분이 지금껏 어떠한 길을 지나왔는지, 지금 어떠한 자리에 있는지, 그리고 어떠한 곳을 향해 있는지를 묵상하며, 하느님의 손이 여러분의 삶을 어떻게 만져 오셨는지를 발견하기 바랍니다. 그리고 아우구스티누스를 따라 기도해보십시오.

제가 지쳤을 때도 당신을 구하는 일을 멈추지 않게 하소서.
아니, 그럴 때에 더 열렬히 당신의 임재를 간구하게 하소서.

캔터베리 대주교

조지 캐리

여는 말

내면에서 타오르는 불길

오 위에서 내려오신 분,
순수한 천상의 불꽃을 나누어 주시어
신성한 사랑의 불길로 타오르게 하시는 임이시여
제 더러운 제대 위에 임하소서.

18세기 찰스 웨슬리Charles Wesley가 썼으나 히포의 아우구스티누스
가 썼다고 해도 전혀 이상하지 않은 이 찬송시의 중심 시상詩想은
이 책의 핵심을 이룬다. 그리고 히포의 아우구스티누스는 이 여정
을 함께 할 가장 중요한 동반자다.

히포의 아우구스티누스(AD 354~430)는 일생에 걸쳐, 일관되게,

열정으로 가득 찬 삶을 살았다(히포의 아우구스티누스가 태어난 지 약 200년 뒤 태어난 캔터베리의 아우구스티누스와 헷갈리지 말자). 물론 그는 탁월한 지성인이었다. 그러나 그리스도를 따르는 제자로서 그의 삶을 움직인 근본 동력은 '안달하는 마음'restless heart, 하느님과 사람들을 향한 사랑의 불길이었다. 아우구스티누스를 상징하는 문양은 사랑의 불길로 타오르는 심장인데 종종 이 심장 아래 성서가 놓여 있는 때도 있다. 이는 그의 열정 어린 삶, 그리고 열정 어린 설교를 잘 보여 준다. 그는 이생에서 겪을 수 있는 여정 중 가장 긴 여정인 신앙이라는 여정을 향한 갈망이 우리 안에 있음을 알았다. 때로 우리는 이 여정을 정신mind에서 시작한다. 시작점이 어디든, 신앙의 여정을 걷는 모든 이는 마음heart이라는 길을 통과해야 한다. 그리고 궁극적으로는 증인의 삶, 섬기는 삶을 살려는 우리의 의지에 불이 붙어야 한다.

'내면에서 타오르는 불길'이라는 표현을 처음 쓴 사람은 AD 200년경 초대 교회의 위대한 교사이자 변증가였던 순교자 유스티누스Justin Martyr다. 그리스도교 신앙을 전하는 데 능했던 그는 그 일을 위해서는 신앙과 이성이 모두 필요하다는 것을 알았다. 그는 정신과 마음에 뿌리를 두고 있는 이 신앙이 의지를 불태우는 데로 나아가며, 그럴 때 자기중심적인 삶이 하느님을 예배하는 삶, 타인을 위하는 삶으로 변화할 수 있다고 믿었다. 또한 그는 이 모든 과정을 성령이 활동한 결과로 여겼다. 2,000년 전 예루살렘에서 예수를 따르던 이들의 입에 불같은 성령이 임한 이래로 성령은 그리스도를 따르는 이들의 정신과 마음을 끊임없이 뜨겁게 해 사랑의 불꽃으로 타오르는 삶을 살게 했다. 구약성서를 보면 하느님은 모세에게 불타오르나 나무를 태우지 않는 불로 당신을 드러내신다. 그러니 모든 그리스도교 전통, 모든 그리스도교 교회가 수 세기에 걸쳐 성령을 불로 표현했다는 것은 그리 놀라운 일이 아니다. 20세기 한 찬송가 작사가는 성령이 임하는 전통적인 모습을 자신이 쓴 찬송에 담아냈다.

> 오, 거룩한 주 성령께 기도합니다.
> 이제 우리 삶을 지키려 손에 들고 있던 무기를 내려놓으니
> 당신의 불로 우리를 태워주소서.
> 우리의 마음을 태우시고, 우리의 눈을 밝히셔서
> 완전히 당신의 소유가 되어 우리가 정결한 불이 되기까지
> 우리 또한 이 세계를 태우는 불이 되기까지 그렇게 하소서.[1]

천금만큼 소중한

성 아우구스티누스는 '세계를 태우는 불'이었다. 한 남자가 아프리카의 작은 도시에서 열정을 쏟으며 행한 가르침과 설교는 지역을 넘어, 시대를 넘어 사람들의 마음에 불을 지폈다.[2] 실제로 그는 좋은 설교란 자신의 마음에 타오르고 있는 불길을 다른 이의 마음에 옮기는 것이라고 했다.

---

[1] Michael Hewlett, 'Sing to him in whom creation found its shape and origin', *New English Hymnal*, no. 142 (Canterbury Press, 1986).

[2] 히포 또는 안나바는 오늘날 알제리에 위치했다.

로마 제국이 쇠락해 가던 당시에는 오늘날처럼 가르침이나 설교가 빨리 전파될 수 없었다. 이를 고려하면 고대 말기, 광범위한 지역에서 아우구스티누스가 이미 학자, 교사, 작가, 설교자로 명성을 누렸다는 사실은 놀랍기만 하다. 사람들은 그를 전설적인 인물로 추앙했다. 기록에 따르면 AD 430년 아우구스티누스가 세상을 떠나자 아프리카 주교단은 반달족을 피해 도망하는 중에도 그의 시신을 챙겼다. 8세기까지 그의 시신은 사르데냐에 있었으며 훗날 롬바르디아 왕은 시신의 무게만큼의 금을 치르고 시신을 파비아에 있는 씨엘도로성당에 안치했다. 말 그대로 그는 '천금만큼 소중한' 존재였다(실제로 이 사건에서 이 표현이 나왔다). 이후 씨엘도로성당은 수많은 순례자가 방문하는 성지가 되었다.

아우구스티누스는 오래전에 잊혀졌을 수도 있었다. 그가 쓴 상당수 글은 장황한데다 당대 문화에 만연한 요소들을 별다른 비판의식 없이 담고 있기 때문이다. 그럼에도 그의 가르침과 그가 쓴 글은 그가 살던 시대부터 오늘에 이르기까지 서방 그리스도교 교회를 이루는 모든 전통에 영향을 미쳤고 미치고 있다. 그렇게 그는 살아 있다. 오늘날에도 그의 글을 읽는 이들은 그 말이 생동감 있게 팔딱이고 있음을 발견한다. 그의 글은 과거나 지금이나 그리스도를 따르는 이들에게 생생한 설득력을 지닌다. 공교회 전통에 속해있든 종교개혁 전통에 속해있든 간에 모든 신학자의 이야기는 결국 아우구스티누스에게로 수렴한다. 성 바울로부터 마르틴 루터Martin Luther에 이르는 신학 사상의 흐름, 영성의 흐름(이 흐름은 오늘까지 이어지고 있다)에서 아우구스티누스가 남긴 흔적은 면면히 흐르고 있다.

이 시대를 위한 사람

그렇다 하더라도 그가 쓴 글 중 상당수가 쉽게 읽히지 않음을 먼저 인정해야겠다. 신학자가 아닌 이상 그의 글을 읽기란 쉽지 않다. 문투는 지나치게 심각하고 때로는 모호하다. 수사학자로 훈련을 받은 탓에 그의 글의 어떤 부분은 (심지어 편지조차) 제국의 법정에서 연설을 하듯 자의식으로 가득 차 있고 현학적이다. 우리는 그가 세례를 받기 전 로마에서 수사학을 가르쳤다는 사실을 기억해야 한다. 분명 그의 관점, 그가 중시했던 가치 중 일부는 그가 살았고 활동했던 시대와 문화의 제약을 (여기에 완전히 갇히지는 않았다 하더라도) 받았다. 현대 독자들은 아우구스티누스의 글에서 자기 안에 있는 성적 충동을 두려워하며 여성에 대해 부정적인 한 남성을 발견한다. 그러나 우리는 그때에도 그 남성이 혈기왕성하고 열정적인 인간이었음을 함께 고려해야 한다. 아우구스티누스의 글은 혈기로 쉼 없이 끓어오르던 자신의 감정과 열정을 훈련하는 중에 나온 산물이었다. 한편에서는 각종 광고, 잡지, 오락물들을 통해 노골적으로 욕망(특히 우리 모두에게 있는 성적 욕구)을 자극하는 메시지를 쏟아내면서도 동시에 어떠한 성적 자극에도 무심하고 동요하지 말아야 한다는 메시지를 전하는 현대 서구 사회의 모습을 그가 본다면 소스라치게 놀랄 것이다. 어쩌면 욕망을 다루는 아우구스티누스의 접근과 현대 사회의 접근은 모두 잘못되었을지도 모른다. 그러나 적어도 아우구스티누스와 만남으로써 우리는 우리가 속한 문화가 제시하는 답이 언제나 옳지는 않음을 환기하게 된다. 오늘날과는 현저하게 다른 문화적 환경에서 살았던 이 사람은 여전히 우리에게 많은 것을 가르쳐 줄 수 있다.

우리는 그의 글에서 '모든 시대와 공간을 아우르는' 인간으로서 아우구스티누스의 참된 면모를 발견한다. 특히 그의 신앙 자서전인 『고백록』Confessiones은 그의 진정한 모습을 분명하게 보여준다. 이 책에서 그는 그리스도를 따르는 진정한 제자의 삶을 특정 유형으로 한정하지 않는다. 그러한 유형화를 거부한 채 아우구스티누스는 자신의 강점과 약점을 애써 모두 드러낸다. 바로 이 때문에 그는 현대의 순례자들과 그리스도를 따르는 이들에게도 유효한 길을 제시하는 안내자가 될 수 있다. 자신의 복잡한 내면, 때로는 모순적이기까지 한 모습에 대한 정직한 관찰에서 나오는 심원한 통찰은 프로이트Sigmund Freud 이후 심리학에서 나온 이야기들을 선취한다. 이러한 이유로(이러한 이유 말고도 무수한 이유가 있으나) 이 책은 아우구스티누스를 동반자 삼아 신앙의 여정을 개략적으로 그려보고자 한다. 그는 다른 누구보다도 이 여정에 적절한 안내자다.

아우구스티누스의 사상은 오늘날에도 다양하게 활용할 수 있다. 특히 그가 살았던 시대에 일어난 일이 오늘날 우리 시대와 크게 다르지 않은 까닭에 더욱 그렇다. 그는 로마 제국이 몰락해 가던 시대를 살았고, 그 몰락의 결과 온갖 광신주의와 미신이 되살아났다. 이러한 모습은 온갖 종류의 미신과 우상숭배가 횡행하는 오늘날과 크게 다르지 않다. 이와 관련해 우리는 랍비 조너선 삭스Johathan Sachs의 말을 기억해 둘 필요가 있다.

종교란 언제나 좋은 것이 아니다. 종교는 우리 안에 있는 최선을 끌어내지만, 때로 우리 안에 있는 최악을 끄집어내기도 한다. 종교는 불과 같다. 불은 우리를 따뜻하게 해줄 수도, 우리에게 화상을 입힐 수도 있다. 종교인인 우리는 이 불꽃을 지키는 이들이다.[3]

아우구스티누스는 진리를 찾아 헤맸으며, 그런 삶의 여정 중에 여러 미신에 사로잡히기도 했다. 그러한 경로를 거친 후에야 교회의 구성원이 된 이들이 종종 그렇듯, 그는 정통 신앙에 있지 않다고 판단되는 이들을 맹렬히 비판했고 그들을 축출하려 했으며 박해하기까지 했다. 이단은 언제나 억압적인 근본주의가 횡행할 때 이에 대한 반동으로 등장하곤 했다. 중년에 그리스도교로 회심한 로즈 매콜리Rose Macaulay는 자신이 쓴 소설에서 이러한 교회의 불관용에 관해 언급한 바 있다.

교회는 이제껏, 거의 매 순간, 그가 누구든, 싸워야겠다고 마음먹은 이들과 피를 보기까지 싸웠다. 그들을 박해했으며 잔인하게 대했고 때로는 그들과 전쟁했다. 작고 사소한 문제를 중요한 문제로 만들고, 자신이 인정한 이들이 자신이 인정한 방식으로 행하지 않으면 무조건 배척하며 분노에 찬 목소리로 그들을 '이단'으로 낙인찍었다. 그렇게 교회는 성장했다. 모든 나라에 있는 교회, 그리스도교 교회 모든 분파가 이 일에 가담하였고, 이는 이

---

[3] Jonathan Sachs, *The Times*, 8 October 2001.

세계에서 일어난 가장 슬픈 일이다. 인간이 헤아릴 수 없이 거대한 무언가를 이해하려 할 때, 그렇게 자기만의 방식으로 그를 해석할 때, 그리고는 그런 자신이 하느님(결코 우리 손에 잡히지 않으시는 그분)의 인도를 받고 있다고 생각할 때 이런 일은 늘 일어난다.[4]

세상에서 가장 긴 여정

이제 우리는 우리의 여정을 떠나야 한다. 이 여정은 아주 긴 여정, 머리에서 가슴에, 가슴에서 의지에 이르는 기나긴 여정이다. 아우구스티누스가 드린 유명한 기도는 우리가 가야 할 전체 여정을 잘 요약한다.

> 오, 하느님, 당신은 당신을 아는 이들의 정신을 비추는 빛이시며
> 당신을 사랑하는 마음에서 일어나는 기쁨이시며
> 당신을 섬기려는 의지에 임하는 힘이십니다.
> 당신을 알리셔서, 우리가 진실로 당신을 사랑하게 하소서.
> 당신을 예배하는 것이야말로 가장 완전한 자유이오니,
> 당신을 사랑함으로
> 온전히 그리고 자유롭게 당신을 섬길 수 있게 하소서.
> 우리 주 예수 그리스도 안에서,
> 그분을 통해, 기도드립니다. 아멘.

---

[4] Rose Macaulay, *Towers of Trebizond* (Collins, 1956), p.205f.

이는 진실로 기나긴 여행이다. 회심은 단 한 번 일어나는 사건이 아니라 계속해서 이어지는 과정에 가깝다. 아우구스티누스가 정원에서 인생이 뒤바뀌는 회심의 순간을 경험했다는 것에는 의심의 여지가 없지만 거기서 회심이 끝나지는 않았다. 이후 그는 계속 분투했다. 그리고 "바람이 제가 불고 싶은 대로"(요한 3:8) 불 듯, 우리가 예측할 수 없는 분인 성령이 그가 그리스도를 따르도록 인도하셨다. 아우구스티누스가 『고백록』을 기록한 것은 정원에서 일어난 한 번의 사건으로 모든 문제가 해결되었음을 고백하려 함이 아니다. 오히려 그는 『고백록』을 씀으로써 이러한 생각을 단연코 반대했다. 회심은 끝이 아니었다. 이후에도 그는 죄와 싸워야 했다. 세례받은 이후에도 그는 여전히 연약하고 실패하는 인간으로 살아갔다. 피터 브라운은 말했다.

> 『고백록』 10권의 놀라운 고백은 완치의 선언이라기보다는 회복 중인 인간의 자화상이다. ⋯ 8권에서 아우구스티누스는 의지의 문제에 집중한다. 여기서 우리는 (정원에 일어난 자신의 극적 체험을 기록한 후에) 자신의 모든 어려움이 해소되고 '절대적으로 달콤한 기분'으로 가톨릭 신앙에 복종을 서약한 후에도 그가 자신의 습관에 갇혀 씨름했음을 보게 된다. 마치 넓고 양지바른 평지에 도달했다고 생각한 순간, 우뚝 솟아 있는 봉우리가 눈앞에 있음을 발견한 것처럼 말이다.[5]

5   Peter Brown, *Augustine of Hippo* (Faber and Faber, 1967), pp.173,177. 『아우구스티누스』(새물결)

많은 경우 자신의 체험을 바탕으로 쓴 신앙 여정 이야기가 우리에게 줄 수 있는 것이라고는 거칠고도 기성품 같은 정보뿐이다. 물론 우리 한 사람 한 사람이 여정을 시작하려 할 때, 이들의 이야기는 다소간 유용한 지도 혹은 나침반으로 기능한다. 우리를 앞서간 이들, 이전에 예수를 따라 걸었던 이들이 남긴 기록을 침대 맡에서, 길을 걷는 중에 읽는 것은 예수를 따르려는 이들에게 자연스러운 일이다. 그러나 다른 이들이 기록한 신앙 이야기가 줄 수 있는 도움은 기껏해야 방향, 좌표를 알려주는 정도에 지나지 않는다. 좀더 정확하게 말하면 이러한 이정표들, 참고 서적들은 지금까지 걸어온 여정을 좀 더 잘 이해하고 갈무리할 수 있도록 도울 뿐, 앞으로 마주하게 될 길에 관하여 알려주지는 않는다. 진실로 하느님 안에서 신앙의 성숙을 이루고자 하는 이들은 신앙의 길에서 자주 당혹스러운 일을 만나며, 혼란스러움을 느끼고 낙담할 것이다. 그리고 이는 어느 분기점까지, 어쩌면 죽을 때까지 계속될 것이다. 이럴 때 사람들은 곧잘 형식주의에 빠지고픈 충동을 느낀다. 책이 말하는 바를 형식적으로 완고하게 지키려 하거나, 신앙의 선배들이 행한 바를 그대로 따라 하려는 것, 유명 설교자들이 매끈하게 포장해서 전하는 바를 그대로 따라 하는 것이 이에 해당한다.

그러니 아우구스티누스가 걸어간 발자취를 그대로 좇을 필요는 없다. 그럴 수도 없으며 그처럼 맹목적인 모방은 아우구스티누스가 우리에게 말하고자 했던 바도 아니다. 그리스도를 따르는 것, 그리스도의 제자로 사는 것은 전인격과 관련한 문제이며 따라서 고유하다. 이는 신앙의 여정이 '사적인 여행'이라는 뜻이 아니다.

히브리인들에게 보낸 편지가 말하듯 신앙의 여정을 걷는 중에 우리는 우리보다 앞서간 "많은 증인들이 구름처럼 우리를 둘러싸"(히브 12:1)고 있음을 발견한다. 이 여정을 걷는 동안 우리는 혼자가 아니다. 이러한 생각은 우리가 힘든 시간을 보내고 있을 때나, 길을 잃었을 때 커다란 힘이 된다. 영웅적인 면모를 보여주었던 선배 신앙인들도 우리와 마찬가지로 힘겨운 시간을 보냈고, 비슷한 시험을 거쳤다. 그리고 그들은 마침내 여정을 마치고 목적지에 다다랐다. 그러므로 아우구스티누스는 이 여정의 안내자임과 동시에 동반자이다. 그는 우리가 계속해서 발걸음을 내디딜 수 있도록 우리를 돕는다. 시편 40편 5절을 설교하면서 그는 우리에게 충고했다.

본향을 향해 여정을 걷고 있는 이들은 중간에 머무는 숙소를 자신의 집으로 착각해서는 안 됩니다.

이 책은 모두 6장으로 구성되어 있다. 한 주에 한 장씩 살펴보기를 권한다. 혼자 읽어도 좋고 여럿이서 함께 읽어도 좋다. 아우구스티누스를 잘 모르는 이들은 앞에 나오는 소개를 먼저 읽는 게 도움이 될 것이다(여기서는 그의 생애와 그가 어떤 문제를 붙들고 씨름했는지를 간략하게나마 다루었다). 각 장은 아우구스티누스의 기도로 마무리되며 묵상을 돕는 몇 가지 질문과 함께 읽을 때 토론을 할 수 있는 문제들, 각 장의 내용과 연관 지어 함께 묵상해 볼 만한 성서 구절을 추가로 배치했다. 이제 본격적으로 발걸음을 내디며 보자. 후기 설교에서 아우구스티누스는 신앙의 여정을 걷는 이들에게 조언했다.

그리스도의 발자취를 따라 걸으면 하느님께로 가게 될 것입니다.
다른 길을 찾아 두리번거리지 마십시오. 그분이 몸소 길이 되지
않으셨다면 우리는 언제든 길을 잃고 넘어질 수밖에 없었을 것입
니다. 여러분께 하느님을 향해 가는 길이 어디에 있는지 찾아보
라고 말하지 않겠습니다. 그분이 우리를 향해 오셨으며 몸소 길
이 되셨고 그길이 우리 앞에 놓여 있기 때문입니다. 그러니 일어
나십시오. 이 길을 걸어가십시오![6]

---

[6] *Sermones*, 148.2.3.

아우구스티누스에 관하여

고백록

알제리 동부에 있는 수크아라스, 지중해에서 대륙으로 100km 가량 들어가면 작은 도시가 하나 있다. AD 354년 11월 13일, 고대에는 타가스테라 불렸던 그곳에서 아우구스티누스는 태어났다. 서구 문학의 가장 위대한 작품 중 하나인『고백록』에 그는 자신의 생애를 기록했고 그 덕에 그의 생애 이야기는 불멸의 명성을 누리며 우리에게까지 전해져 온다. 아우구스티누스는 이 책을 40대 중반이 된 AD 395년에 썼다. 히포의 주교로 서품받은 지 얼마 지나지 않은 시기였다. 이 때문에『고백록』은 아우구스티누스의 신앙 여정, 그가 세례를 받고 사제 서품을 받고 마침내 주교가 되기까지의 이야기를 다룬다. 거듭 말하지만, 이 이야기는 '불현듯' 일어난 회심에 대한 기록도, 순간적으로 그리스도를 따르게 되어 순식간에 거룩하게 되는 이야기도 아니다. 오히려 『고백록』은 어린 시절부터 중년에 이르기까지 겪어야 했던 길고 고통스러운 분투에 관한 이야기다. 생을 마감할 때까지 여정은 완성될 수 없음을 이 이야기는 강력히 암시한다.

물론 이 저작에는 극적인 전환점이 있다. 널리 알려진 AD 386년 7월 회심 사건은 그 대표적인 예다. 32살이었던 아우구스티누스는 자신에게 명령하는 소리를 듣는다. "톨레, 레게"tolle, lege(들어라, 읽어라) 소리를 따라 그는 손이 닿는 곳에 놓여 있던 성서 사본을 들어서 읽는다. 그는 바울로의 서신 속 언어가 생생하게 살아 움직이는 것 같은 느낌을 받는다.

> 진탕 먹고 마시고 취하거나 음행과 방종에 빠지거나 분쟁과 시기를 일삼거나 하지 말고 언제나 대낮으로 생각하고 단정하게 살아 갑시다. (로마 13:13)

바울로의 다마스쿠스 도상 체험이 그렇듯 이 순간이 아우구스티누스의 삶에서 중요한 전환점임에는 의심의 여지가 없다. 이 순간은 그가 살면서 경험한 여러 전환점 중에서도 각별히 극적이고 기억에 남는 사건이었다. 그러나 일생을 바쳐 그리스도를 따르는 이로서 길을 찾아 헤매고, 안식하지 못하고, 흔들리고, 분투했던 전체 그림과 이 사건을 떨어뜨려 놓고 보아서는 안 된다. 아우구스티누스의 회심은 더디 진행되었으며 서서히 그 모습을 드러냈다. 정원에서 일어난 일은 이러한 여정의 종착지가 아니라 그리스도를 따르는 제자로서의 삶이라는 긴 이야기의 새로운 시작이었다.

> 사람이 모두 마쳤다고 생각했을 때,
>
> 그것은 시작에 불과하다. (집회 18:7)

『고백록』에서 아우구스티누스는 의도적으로 자신의 마음을 날것 그대로 풀어놓는다. 널리 알려진 '회심' 이야기를 일생에 걸쳐 그리스도를 따르는 (때로는 껄끄럽고 내키지 않는) 삶이라는 전체 이야기에 배치한 이유는 어쩌면 당시 이미 기미를 보이고 있던, 자신을 신성화하려는 움직임에 반격을 가하려는 것일지 모른다. 신학의 관점에서 『고백록』은 단번에 일어나는 칭의에 관한 탐구일 뿐 아니라 성화라는 더욱 긴 과정에 관한 탐구로 보아야 한다.

빠른 해결책을 제시하는 것을 미덕으로 여기는 오늘날, 즉석커피로부터 사람들이 나누는 수다까지 모두 빠르고 가벼운 것을 선호하는 이 시대에, 우리를 불편하게 하는 이야기, 일생을 바쳐야 하는 여정, 성장과 성숙에 관한 이야기를 우리는 다시금 나누어야만 한다. 어떤 이들은 그리스도인의 회심을 단번에, 어둠의 왕국에서 빛의 나라로 옮겨가는 일회성 사건으로 묘사하기도 한다. 그러나 이때 우리는 신앙을 일생에 걸친 분투로 묘사한 성 바울로의 말을 상기해야 한다.

> 나는 내가 해야 하겠다고 생각하는 선은 행하지 않고 해서는 안
>
> 되겠다고 생각하는 악을 행하고 있습니다. (로마 7:19)

우리 마음에 있는 갈망

아우구스티누스는 당시 기준으로 보았을 때 비교적 오래 살았다. 그 덕분에 그는 동시대인들이 사회적으로, 정치적으로, 영적으로 혼돈에 빠지고 모든 것이 뚜렷하게 쇠퇴해 가는 모습을 지켜볼 수 있었다. 로마 제국은 무너져 내리고 있었다. 아우구스티누스는 개인의 신앙 여정뿐 아니라 자신이 살던 시대 역시 많은 영역에서 쉼 없이 흔들리고 있었다고 회상한다. 이처럼 혼란스러운 시대에는 종교도 왜곡된 형태로 음험하게 퍼져나가기 마련이다. 고대 후기에 관해 탁월한 업적을 남긴 피터 브라운은 『성 아우구스티누스 시대의 종교와 사회』Religion and Society in the Age of St Augustine에서 아우구스티누스가 살았던 시대에는 온갖 미신과 소종파가 번성했으며 이로 인해 공교회(동방 교회와 서방 교회 모두)는 온갖 교리적 갈등을 겪었다고 지적한다. 오늘날에도 그러하듯 당시 종교는 모든 면에서 타락한 모습을 보이고 있었다. 권력에 얽매였으며 자신이 가진 권력을 빈번하게 남용했다.

그리스도교에 정착할 때까지 아우구스티누스가 30여 년 동안 시장에서 물건을 둘러보듯 당대를 풍미한 종교들과 철학 사조들을 살펴본 데에는 이러한 시대적인 풍조가 크게 작용했다. 물론 그러한 와중에도 그는 수사학 교수가 되고자 하는 야망을 갖고 있었고 이를 이루기 위한 경력을 쌓았다. 비범한 어머니(성 모니카St Monica)와 종교에 별다른 관심이 없던 아버지(파트리키우스Patricius) 사이에서 태어난 그는 어린 시절부터 지적으로 탁월한 모습을 보였다. 이내 그는 알제리 마다우라에 있는 지방 학교에 들어갔고 열일곱 살 때는 오늘날까지 거대한 항구 도시로 알려진 카르타고로 유학을 했다. 카르타고는 당시 로마 제국에서 제2의 도시로 꼽혔으며 그만큼 온갖 방종으로 악명이 높은 곳이었다. 아우구스티누스는 이를 기억하며 말했다.

저는 카르타고로 왔고 거기서는 죄스러운 애욕의 냄비가 사방에서 저를 달구고 튀겼습니다.[1]

당시 아우구스티누스에게 카르타고에서의 생활은 10대 초반 어머니와 함께 보냈던 시간보다 훨씬 흥미진진했다. 그때까지만 해도 그에게 어머니와 함께했던 10대 초반 시절은 암울한 시절이었다. 모니카는 아들을 낳고 나서부터 (어떤 이들에게는 강요하는 것처럼 보일만큼) 자신의 아들을 그리스도교인으로 만드는 일에 열정을 쏟았다. 이 여인의 강렬한 소망은 아우구스티누스가 회심할 때까지 33년 동안 중단되지 않았다. 이윽고 아우구스티누스가 세례를 받자 모니카는 몇 주만에 갑작스레 세상을 떠났다.

카르타고에서 유학 생활을 하는 동안 그는 자신이 "아직 (하느님을) 사랑하지 못"했고, "사랑하기를 사랑할 뿐"이었다고 말했다. 그러한 면에서 그는 여느 10~20대 청년과 크게 다르지 않았다. 타가스테에서 어머니가 끊임없이 "간음하지 말아라. 무엇보다도 남의 아내를 유혹하지 말라"고 "경고"했음에도 불구하고 그는 노골

---

[1] *Confessiones*, 3.1. 『고백록』(경세원)

적으로 이를 거부했다. 당시를 회고하며 그는 특유의 과장되고 자기도취적인 태도로 자신은 "안전한 길"을 거부했으며 그 대신 "우정의 흙탕물, 음탕함으로 채워진 욕망의 검은 지옥물로 깨끗한 물을 더럽히기를" 더 좋아했다고 기록했다. 그는 탈선에 열중했고 (그의 말을 빌자면) 이에 "두각을 나타"냈다.[2]

『고백록』에서 그는 이 시절에 어떻게 자신의 갈망이 갈 곳을 잃은 채 헤매며 갈망 그 자체를 충족하는 데만 애썼는지를 말한다.

> 오로지 사랑하기를 사랑하면서 사랑할만할 거리를 찾아 헤맸고, 그러면서도 안전하고 올가미가 놓이지 않은 길이면 오히려 혐오했습니다. 저의 하느님, 속으로부터 내면의 음식 곧 당신을 찾는 굶주림이 제게 있었건만 그 주림으로 허기지지도 않았습니다.

그 당시 그에게는 "사랑하고 사랑받음이 무엇보다 달콤했"으며 훗날 "연인의 육체를 탐닉할 때 더욱 그러했"다고 고백했다.[3] 이후 20대까지 아우구스티누스는 성공에 대한 야망과 주목받고자 하는 갈망을 동력삼아 자신의 정신과 마음에 있는 욕망을 따르는 데 열중했다. 우리가 알고 있는 한 그는 "다른 이의 아내"를 빼앗지 않았지만, 이름이 알려져 있지 않은 기혼녀를 만났고 열여덟 살 때 결혼을 하지 않은 채 아들을 갖게 되었다. 아이러니하게도 그는 자신의 아들에게 아데오다투스Adeodatus, 즉 '하느님의 선물'이

---

[2] *Confessiones*, 3.1.

[3] *Confessiones*, 3.1.

라는 이름을 붙였다. 이 일을 두고 그는 기록했다.

> 그 시절 저는 한 여성을 두고 있었습니다. 합법적이라고 일컫는
> 혼인으로 알게 된 여자가 아니라 지각없이 이리저리 들뜬 제 정
> 욕이 찾던 사람입니다. 그러나 그 사람 하나뿐이었고 그녀에게는
> 침방의 신의를 지켰습니다.[4]

그동안에도 아우구스티누스는 학문적 야망을 성취하려 애를 썼
다. 그는 뛰어난 학생이었고 30대 초반 카르타고에서 수사학을 가
르치는 선생이 되자 그 야망은 좀 더 구체화되었다. 점차 그는 학
계에서도 두각을 나타냈다. 몇 년 후, 아우구스티누스는 카르타고
에서 로마 근처에 있는 오스티아로 정부와 아들을 데리고 갔다. 그
시기 그의 명성은 더 멀리까지 퍼져나가고 있었다. 언젠가 그는 밀
라노로 여행을 갔는데 그곳에서 왕실 궁정과 아주 가까운 곳에서
수사학을 가르치게 된다. 이는 당시 상당히 명망 있는 자리였다.

숨바꼭질

아우구스티누스는 자신의 여인과 자식을 사랑하려, 학문에서
일가를 이루려, 세속적인 성공을 누리려 애썼다. 그러나 이성도,
자식에 대한 사랑도, 학문에 대한 사랑도, 세속적인 성공도 그를
채워 주지 못했다. 어린 시절부터 그는 자신 안에 실제 여정이 아

---

[4] *Confessiones*, 4. 2.

닝, 다른 종류의 여정에 대한 갈망이 있음을 알고 있었다. 이 여정이란 근본적으로 내적 삶에 대한 탐구, 정신과 마음이 주도권을 두고 일으키는 갈등에 대한 탐구를 뜻했다. 19세가 되던 해에 아우구스티누스는 이미 "진리와 지혜의 탐구에 열을 올리기 시작했을 때부터 … 진리를 발견하면 구차한 욕망에 대한 부질없는 희망 모두와 거짓에 찬 광기를 내버릴 각오를" 하고 있었다.[5]

아우구스티누스의 경우 이 여정은 정신에서 시작되었다. 그러나 이 여정은 정신을 넘어서는 아주 긴 여정일 수밖에 없었다. 영화 《매트릭스》Matrix에서 모피어스Morpheus는 주인공 네오Neo에게 말한다.

> 조만간 너는 길을 아는 것과 길을 걷는 것의 차이를
> 깨닫게 될 것이다.

이 말은 진실이다. 아마도 이 세상에서 가장 긴 여정은 바로 머리부터 가슴까지, 다시 가슴에서 행동까지 이르는 여정일 것이다. 살아있는 신앙은 우리의 정신을 밝히고 마음을 뜨겁게 하며 의지에 불을 붙인다. 이 내적 여정에는 많은 전환점이 있다. 각별한 이들과의 만남, 선생들과의 만남은 그 대표적인 예다. 그들에게 많은 영향을 받으며, 때로는 그들과 갈등을 일으키며 우리는 우리가 나아가야 할 방향을 식별하게 된다. 이 책에서는 아우구스티누스가

---

[5] *Confessiones*, 6.11.

걸었던 신앙의 여정을 되새기면서 신앙의 여정을 걷는 동안 당면하게 되는 문제들, 맞닥뜨리게 되는 도전들을 살피며 이러한 순간들이 우리에게 영향을 미치는 바를 탐구하고 검증해보려 한다. 이 과정에서 아우구스티누스가 남긴 신앙 여정의 지도는 우리 고유의 이야기와 씨줄과 날줄처럼 얽혀 하나의 무늬를 만들어주는 데 도움을 줄 것이다. 그러나 그렇게 길을 걷다가 현명한 안내자를 만난다 하여도, 우리는 이들로부터 몇몇 참조점을 얻을 뿐이다. 이 길은 결국 각자에게 주어진, 고유한 길인 까닭이다.

아우구스티누스는 근본적으로 깊은 종교심을 가지고 있었다. 그는 내향적이고 사색을 즐기는 사람이었다. 정신과 마음이 모두 열정적이었으되 각기 다른 지향 때문에 격렬한 충돌과 갈등을 일으켰으며 의지는 집요했다. 어린 시절 세례를 받지는 않았지만, 열성적인 그리스도교인의 아들로서 그는 이미 종교에 깊은 관심을 두고 있었다. 물론 이러한 관심, 내면에 자리하고 있던 무언가를 향한 추구가 곧바로 세례를 받는 데까지 이어지지는 않았다(이런 아들을 위해 모니카는 임신한 순간부터 AD 387년 밀라노의 주교 암브로시우스Ambrose에게 세례를 받는 날까지 기도했다). 그는 각종 우상숭배와 미신이 횡행하던 시대를 살았다. 당시 쏟아져 나와 서로 경쟁하며 충돌을 일으키던 종교, 철학 사조, 신념들이 모두 아우구스티누스를 유혹하였고, 그는 순례길을 걸으며 그것들 중 눈길 가는 곳에 머물곤 했다.

아우구스티누스의 첫 번째 선생은 로마의 대표적인 연설가인 마르쿠스 툴리우스 키케로Marcus Tullius Cicero였다. 그는 연설가이자 철학자였으며 율리우스 카이사르_{Julius Caesar} 시대 로마에서 활동한 정치가이기도 했다. 키케로는 로마 제국의 전성기를 함께 했던 인물이다. 아우구스티누스는 카르타고에서 3년간 수사학을 배우는 동안 키케로의 글을 읽게 되었는데 많은 면에서 그를 자신과 동류라고 여길 만했다. 어린 학생이 자신의 본이 되어 줄 인물이나 영웅을 발견하면 으레 그러하듯 그는 키케로를 모방하려 했다. 키케로와의 만남에 관해 그는 아래와 같이 썼다.

> 그런 중에 통상 학습 과정에 따라 키케로라는 사람의 어떤 책을 접하게 되었습니다. 그 인물의 언변은 모두가 경탄하는 바였지만 그의 가슴은 그렇지 않았습니다.

문제의 "어떤 책"은 『호르텐시우스』_{Hortensius}였다. 열심이 넘치던 어린 아우구스티누스는 이 책을 발견했고 이는 그의 여정에서 하나의 이정표가 되었다. 이어서 그는 흥분한 어조로 말한다.

> 그런데 그 책이 제 성정을 완전히 바꾸어 놓았고, 주님, 저의 기도가 당신을 향하도록 변화시켰으며, 제 소원과 열망을 딴 것으로 만들어버렸습니다. 이때까지 품어왔던 저의 헛된 희망은 갑자기 모두 시들었고 저의 마음은 이제 불멸의 지혜를 추구하는 욕구로 … 믿기지 않을 만큼 헐떡이면서 당신께 돌아가려고 자리에

서 일어서기 시작했습니다.[6]

이는 아우구스티누스의 삶에 있어 중요한 전환점이었다. 물론 온전한 성숙함에 이른 그리스도의 제자들은 이 땅에서 자신이 애착하던 것을 버리기보다는 그것이 하늘을 향하도록 방향을 조정하기 마련이다. 그러나 변덕스럽고 안식하지 못한 이 영혼이 그러한 성숙함에 이르게 된 것은 한참 뒤의 일이었다. 그는 키케로의 글에서 커다란 자극을 받았다. 그의 글을 통해 아우구스티누스는 "삶을 바라보는 관점"이 바뀌었고 "새로운 희망과 열망"을 갖게 되었다.

나의 텅 빈 모든 꿈은 그 매력을 급격히 잃어 갔고, 내 심장은 알 수 없는 열정, 영원한 진리에서 비롯된 지혜를 갈망하는 열정으로 고동치기 시작했습니다.

아우구스티누스의 애착과 열정의 방향이 어떻게 바뀌는지를 주목해보라. 이 체험은 이후 그의 여정을 이어가는 데 커다란 동력이 되어, 그의 전체 생애를 사로잡았던 여정의 단계마다 그의 마음을 뜨겁게 태워 움직였다. 여정을 마치기 전까지 그의 마음은 안식하지 못했다.

아우구스티누스가 마니교를 처음 접한 것 역시 카르타고에서 지냈을 때였다. 이후 그는 약 9년간 마니교의 청문자聽聞者, 혹은

---

[6] *Confessiones*, 6.4.

수련수사로 활동했다.

마니교도는 악명 높은 작은 규모의 종파였다. 마니교는 불법단체
로 낙인찍혔으며 후에는 잔혹하리만치 박해를 받았다. 이들에게
는 비밀 결사 집단이 갖고 있는 독특한 분위기가 있었고, 이방 도
시에 가게 될 때면 자기 종파 일원의 집에서만 기숙했다. 마니교
지도자들은 로마 제국 전역에 흩어져 있는 그들의 조직망을 따라
여행했다. 이교도들은 공포에 사로잡힌 채 그들을 응시했고, 정
통 그리스도교인들은 그들을 두려워하고 증오했다. 그들은 4세
기 무렵의 '볼셰비키'였다. 마니교는 외국에서 기원한 '제5열'fifth
column로 그리스도교 교회 속으로 침투해 들어가는데 열중했고,
당시 세계에 일어나는 종교적 문제들에 대해 급진적인 해결책을
제시했다.[7][*]

마니교의 이원론을 연구하면 할수록 분열의 시대에는 언제나 이와
유사한 종류의 종교철학이 나타나는 경향이 있음을 알게 된다. 4
세기는 분열의 시대였다. 물질적인 것과 영적인 것을 철저하게 분
리해 생각하는 21세기 역시 그러하다. 불가지론과 무신론의 시대
에 사람들은 아무것도 안 믿게 되는 게 아니라 아무거나 믿으려 하
는 경향이 있다. 매혹적인, 그러나 위험한 반쪽 진리가 종교라는

---

[7] Peter Brown, *Augustine of Hippo*, p.46.
[*] '제5열'은 적국에서 각종 모략 활동을 하는 조직적인 무력집단, 또는 그 집단
의 구성 요원을 뜻한다.

이름으로 포장되고 물에 빠지면 지푸라기라도 잡듯 사람들은 이를 붙잡는다.

오늘날에도 무수한 소종파와 유사 종교가 증식하고 있고 많은 이(특히 젊은이)가 이를 따르고 있다. 심지어 대중문화조차 종교적인 속성과 특징을 갖고 있다. 온갖 대중가요 가사, 클럽들은 대중문화에 암묵적으로 흐르고 있는 '철학'을 실어 나른다. 수년간 높은 인기를 구가했던 '뉴에이지 운동'도 마찬가지다. 서점 종교 코너에 '뉴에이지' 관련 서적이 부쩍 늘었다는 사실은 인간은 어쩔 수 없이 예배하는 존재여서 끊임없이, 순진하리만치 누군가, 무언가를 추종하려 함을 보여준다.

이러한 분위기에서는 유사 종교와 종교 색채가 강한 운동이 발흥하며 '안달하는 영혼'은 물질 세계와 영적 세계의 갈등에 괴로워하면서 이런 유사 종교에 쉬이 빠져든다. 마니교의 한 노래에서는 이 같은 갈등을 차갑게 묘사하고 있는데 아우구스티누스는 자신의 경험을 통해 이를 너무나 잘 알고 있었다.

내 앞에는 내 영혼과 몸이 놓여 있다는 것을 알고 있습니다.
이들은 이 세계가 창조되던 때부터 서로 대적하고 있었습니다.[8]

당시 그는 이러한 종교적 감정에 완전히 사로잡혀 있었다. 그는 열정적이었으나 갈피를 못 잡고 있었다. 성사와 성서에 충실한 그리

---

8   C. R. C. Allberry, *A Manichaean Psalmbook*, part II (Manichaean Manuscripts in the Chester Beauty Collection, vol. ii, 1938), p.56.

스도교는 몸과 영혼, 정신과 물질 모두를 붙들며 둘 사이의 긴장을 임의로 해소시키지 않는다. 그리스도교는 이 세계를 하나의 전체로, 성사적인 관점으로 바라본다. 그러나 아우구스티누스가 이 "더욱 탁월한 길"을 발견한 것은 한참 지난 후의 일이다. 오랜 시간 뒤에 그는 비로소 하느님의 아들이자 마리아의 자식인 그분, 참 하느님이자 참 인간인 예수라는 인격 안에서 정신이 몸을 입었으며, 이러한 사건 즉 그리스도의 성육신을 통한 구원 활동을 통해 자기 자신과 모든 피조 질서를 알 수 있음을 깨닫는다.

9년 동안 아우구스티누스는 마니교 무리에 들어가 마니교가 제시하는 길을 걷는 제자가 되고자 했다. 모니카는 안타까워하며 아들이 로마에서 밀라노로 갈 때 그를 따라갔다. AD 384년, 젊은 나이에 경력의 정점에 이른 그는 점차 마니교가 전하는 지혜에 환멸을 느끼기 시작했다. 마니교의 가르침은 잘 짜인 기성복과 같이 지겨웠고, 그가 좇았던 길에 대한 확신은 스러져갔다. 다시금 그는 자신이 잘못된 길을 걷고 있음을 깨닫고 방향을 바꾸어 진리를 추구하는 여정을 이어간다. 진리를 찾는 과정은 수월하지 않았으며 그럴 수도 없었다.

점차 아우구스티누스는 사변을 통해서는 진리에 이를 수 없음을 깨닫게 되었다. 훗날 그는 이에 관하여 진리를 추구하는 사람들은 세속 지식이 눈 앞을 가려 시야가 흐릿하여졌을 때 어떤 '권위'가 가리키는 지점을 향해 나아가는 것이 필요하다고 말했다.[9] 사

---

[9] *Viz de utilitate credudi*, Sherl treatise of Augustine, viii, 20.

변, 혹은 추론은 계시를 만나야 한다. 즉, 하느님 당신이 우리에게 오셔서 예수 안에서 보이신 그 길을 걸어야 한다. 예수 그리스도께서는 자신이 길이며 진리이고 생명이라고 말씀하셨다. 이러한 계시는 기록된 (책에 있는, 혹은 책을 통해 배우는) 말씀을 통해서도 우리와 연결되나, 근본적으로는 한 인격을 통해 우리와 연결된다.

그렇다면 환멸을 느끼던 청년 구도자 아우구스티누스에게 누가 그런 역할을 해주었을까? 바로 밀라노의 주교 암브로시우스였다. 그는 매일 성당에서 성서를 가르치고 있었고 아우구스티누스는 홀린 듯 그 이야기를 경청했다. 암브로시우스는 아우구스티누스를 위해 알맞은 때, 알맞은 곳에 있던 알맞은 사람이었다. 몇 년 후 아우구스티누스는 자신에게 일어난 일을 친구에게 설명했다.

그때, 그곳에 있던 나만큼 열린 마음으로 그분의 가르침을 들었던 사람도 없었을 걸세.

그때 그곳에 있던 그 사람

셰익스피어William Shakespeare는 『줄리어스 시저』Julius Caesar에 다음과 같이 썼다.

인간사에는 때가 있는 법이다.

아우구스티누스의 생애에서는 암브로시우스 주교와 만난 때가 바로 그 '때'였다. 아우구스티누스는 그를 통해 자신이 생각했던 그리스도교 신앙이 실제 그리스도교 신앙과 얼마나 다른지 알게 되었다. 사실 사람들이 거부하는 '그리스도교 신앙'은 실제로 예수 그리스도를 믿는 것과 다를 때가 많다. '그리스도교 신앙'과 전혀 상관없는 것을 그리스도교 신앙으로 간주하고 거부하기도 한다. 이때 그들이 간주하는 그리스도교 신앙은 본래 형체를 찾아볼 수 없을 정도로 왜곡된 것이기에 거부하는 것이 당연할 정도다. 그리스도교 신앙의 내용을 제대로 알고, 듣는 이에 맞는 언어로 소통할 줄 알며, 그 시대, 그 문화에 속한 이들에게 닿을 수 있도록 전달하는 것은 언제나 어려운 일이었다. 사람을 키우는 것은 언제나 교회의 중요한 과제였다. 암브로시우스 주교는 그러한 능력을 갖춘 사람이었다. 그는 아우구스티누스가 어린 시절 북아프리카 마을에서 어깨너머로 들은 것과는 꽤나 다른 방식으로 설교와 가르침을 전했던 것 같다. 교수라는 명망 있는 직업에도, 마니교의 거짓되고 과장된 가르침에도 깊은 환멸을 느끼고 있던 그때 그곳에서, 아우구스티누스는 암브로시우스를 만났다. 이를 두고 헨리 채드윅Henry Chadwick은 말했다.

그 모든 방황을 통해 아우구스티누스는 보이지 않는 손이 언제나 자신을 돌보고 있음을 알게 되었다. 그가 아기였을 때부터 어머니 모니카의 기도가 있었고 이 호소에 응해 그분은 그가 신자의 길을 걷게 하셨다. 그는 하느님을 찾지 않았고, 진리를 구하지도 않았으며 설사 그 길을 결단하더라도 그 속에 어떤 그리스도교적인 동기란 없었다. 그러나 그러한 결단들이 모여 그를 창조자가

예비해 둔 길로 인도했다.[10]

이후 아우구스티누스는 건강 문제로 인해 어쩔 수 없이 수사학 교수직을 내려놓게 된다. 그리고 오늘날 표현을 빌리면 일종의 정신적 폐허를 체험한다. 그러나 이 덕분에 그는 생애 처음으로 무언가로 채워지지 않은 공간, "천국의 사냥개"hound of heaven가 자신을 덮칠 수 있는 틈을 갖게 된다.* 아우구스티누스 본인이 세웠던 길이 무너진 덕에 하느님께서 그를 점령하실 기회가 생긴 셈이다.

앞서 언급했듯 AD 386년 여름, 아우구스티누스는 나무 그늘에서 쉬고 있다가 성서의 말씀을 통해 그리스도를 만난다. 그는 "들어라, 읽어라"라는 말을 들었고 그 말을 따라 성서를 들어 읽었다. 그가 펼쳐 든 곳에는 바울로가 로마인들에게 보낸 편지가 기록되어 있었다. 그 순간, 그리스도라는 인격이 아우구스티누스에게 현실이 되었다. 예수 그리스도께서 살아 그곳에 자신과 함께 계셨다. 그전까지 아우구스티누스가 걸었던 철학적, 종교적 여정은 순전히 정신의 여정이었다. 그는 사변에 골몰했고 자기가 옳다고 생각하는 방식으로 윤리적으로 정화되거나 영적으로 정화되어 자신의 창조자와 연합을 이루어 보려 했다. 그러나 이 모든 생각은 정원 체험의 순간 먼지와 재로 변했다. 사변이 한 인간을 통해 드러난 계시를 만날 때, 살아있는 그리스도와 만날 때, 그리스도교 신앙이

---

[10] Henry Chadwick, *Saint Augustine confessiones* (Oxford University Press, 1991), p.xxi.

* 프랜시스 톰슨Francis Thopson이 쓴 시의 제목. 우리를 끝까지 포기하지 않으시는 하느님의 사랑을 가리키는 말로 쓰인다.

현실이 될 수 있음을 그는 깨달았다.

강렬한 종교 체험 후 아우구스티누스는 모니카, 아데오다투스
와 몇몇 친구 그리고 학생들과 함께 코모호수 근처 카시키아쿰에
있는 친구네 별장에서 가을과 겨울 내내 휴식을 취했고, AD 387년
봄이 오기 전까지 그곳에 머물렀다. 이후 아우구스티누스는 암브
로시우스 주교가 주관하던 사순절 세례 과정을 듣기 위해 밀라노
로 돌아왔고 4월 24일 부활주일 새벽 미사 때 세례를 받았다.

집으로

실로 길고 긴, 그리고 최선을 다한 여정이었다. 타가스테에서
카르타고로, 카르타고에서 로마로, 로마에서 밀라노에 이르는 기
나긴 여정에서도 아우구스티누스는 진정한 자신을 발견하지 못했
다. 쉼 없이 계속 여행길에 오르는 여행가, 탐험가들이 종종 그렇
듯, 아우구스티누스는 다른 곳에 가면 다시 시작할 수 있으리라고,
'자기 자신을 발견할 수' 있으리라고 생각했다. 그는 언제나 바깥
에서 자기 자신을 찾아 헤매었으나, 진정한 순례는 언제나 마음의
순례, 내면을 여행하는 것임을 깨닫지 못했다. 잘못을 깨닫고 그는
마음에서 우러나오는 기도를 드렸다.

또 보십시오, 당신께서는 안에 계셨고 저는 밖에 있었는데, 저는
거기서 당신을 찾고 있었고 … 당신께서는 저와 함께 계셨건만,
저는 당신과 함께 있지 않았습니다. 당신 안에 존재하지 않았더
라면 아예 존재하지 않았을 것들이 저를 당신께로부터 멀리 붙들

어 놓고 있었습니다. 당신께서 저를 부르시고 소리 지르시고 제 어두운 귀를 뚫어 놓으셨고, 당신께서 비추시고 밝히시어 제 맹목을 몰아내셨으며, 당신께서 향기를 풍기셨으므로 저는 숨을 깊이 들이키고서 당신이 그리워 숨 가쁘며, 맛보고 나니 주리고 목이 마르며, 당신께서 저를 만져주시고 나니 저는 당신의 평화가 그리워 불타올랐습니다.[11]

아우구스티누스는 다시 아프리카로, 경멸해 마지않던 고향 타가스테로 돌아가기로 마음먹었다. 하느님이 자기 안에 계시니 이제 안식하지 못하는 마음은 어느 곳에서든(그곳이 경멸하던 고향이라 할지라도) 안식할 수 있었다. 그러나 집으로 가는 긴 여정 중에, 카르타고로 가는 배에 오르려 할 때, 어머니 모니카가 오스티아 항구에서 고열로 세상을 떠난다. 죽음을 맞이하기 직전, 그녀는 자신이 일평생 드린 미천한 기도가 자기로서는 상상도 할 수 없는 방식으로 응답받았기에 여한이 없다는 말을 남긴다.

타가스테에 있는 집으로 오는 여정 중 아들 아데오다투스 역시 죽음을 맞이했다. 그러나 아우구스티누스는 자기 아들이 어떻게, 왜 죽게 되었는지 별다른 기록을 남기지 않았다. 10대였던 아들을 잃은 상실감을 거의 내비치지 않았다는 점은 오늘날 독자로서는 받아들이기 어려운 부분이다. 게다가 그는 자신의 어린 시절을 회고하면서 아데오다투스와 거의 비슷한 나이에 죽음을 맞이했던 친

---

[11] *Confessiones*, 10.27.

구에 관해서는 상당한 분량을 할애해 자신의 슬픔을 표현하였다. 아들이 죽음을 맞이한 지 얼마 되지 않아 어머니 모니카가 세상을 떠났을 때도 마찬가지였다. 이에 반해, 유독 아들의 죽음에만은 침묵한 것이다. 우리를 곤혹스럽게 하는 대목이다.

이 모든 것은 무엇을 뜻하는 것일까? 그가 그리스도교인이 되면서 사별을 영원한 생명, 부활에 대한 소망 안에서 이해하게 되었음을 의미할까? 성 바울로와 달리 이 땅에서 필요 이상으로 오래 사는 것이 그다지 유익하지 않거나, 유익이 적다고 생각했던 것일까? 많은 현대인은 죽음을 마주하고, 사별을 겪을 때 어떻게 해야 할지 모른다. 죽음 앞에서 어떻게 말하고, 어떻게 반응해야 할지 모른다. (그리스도교인들이라 해서 크게 다르지는 않다.) 초대 그리스도교인들에게 그리스도인이 된다는 것은 순교를 한다는 것과 동의어였으나 오늘날 이러한 사고는 먼 곳으로 사라졌다. 아우구스티누스가 오늘날 우리가 사는 시대를 방문한다면 우리 시대의 이런 풍경에 난색을 표할 것이다. 이뿐만이 아니다. 당시 그리스도교 신앙을 가진 이들이 죽음을 맞이할 때는 영원한 생명으로 부활하리라는 강력한 소망이 있었다. 현대인의 죽음 이해, 죽음을 마주했을 때 현대인이 보이는 태도는 (그리스도교인이든 아니든) 이러한 그리스도교 신앙보다는 다분히 계몽주의 이후에 형성된 문화와 밀접한 연관을 맺고 있다. 물론 이것으로 아우구스티누스가 자기 아들을 잃은 일에 침묵한 이유를 온전히 해명할 순 없다. 그러나 적어도 이를 통해 우리는 현대 서구 그리스도교 문화가 죽음을 대하는 방식이 이 문제에 종지부를 찍는 최선의 답은 아니며 다른 여러 문제도 마찬가지임을 알 수 있다. 생애 마지막 시기 아우구스티누스는 그리스도교 순교자들에 관해 이야기했다.

> 그들은 진정으로 이생을 사랑했습니다. 다만 그들은 머잖아 사라
> 져버릴 것들을 너무 사랑한 나머지 영원에 대한 사랑을 하지 못
> 하게 되는 것은 아닌지, 어느 것을 더 사랑해야 할지를 가늠해 보
> 았을 뿐입니다.[12]

오랜 친구 네브리디우스도 아들 아데오다투스와 거의 비슷한 시기에 세상을 떠났다. 어머니, 자식, 각별한 친구가 세상을 떠나자 아우구스티누스의 삶은 텅 비게 되었으나 그 덕에 그는 한결 가벼이 다음 여정을 떠날 수 있게 되었다. 그의 다음 인생 경로는 어떠했을까? 아우구스티누스의 바람은 타가스테로 돌아가 그곳에서 '하느님의 종들'the servants of God이라고 불리는 작은 평신도 공동체에서 수도 생활을 하는 것이었다. 어렸을 때부터 그는 보다 넓은 가족 관계를 이루며 사는 생활, 친구들과 함께하는 공동체 생활에 매력을 느꼈다. 처음에는 타가스테에서 그의 바람이 이루어지는 듯했다. 그러나 머지않아 '안달하는 마음'이 다시금 움직이기 시작했다. 타가스테와 그곳에서 겪은 일들은 그의 기나긴 영적 여정에서 중요한 장소였으며 일종의 이정표였지만 종착지는 아니었다.

그리하여 아들이 죽은 지 2년이 되던 해에 아우구스티누스는

---

[12] *Sermones,* 344.4.

히포에 있는 주교를 돕는 사제가 된다. 회중은 그에게 사제 서품을 받으라고 압력을 가했다(요즘에도 이런 일이 이따금 일어난다. 이런 무언의 압력에 의해 성직자가 되는 것을 신학적으로 완곡하게 '박수갈채에 의한 서품'ordination by acclamation이라고 부른다). 4년 후에는 이와 비슷하게 히포의 주교가 아우구스티누스를 반강제로 자신의 보좌 주교로 삼는다. 그는 회중 앞으로 끌려나가 하느님의 교회에서 사제 서품을 받았다. 하느님이 아우구스티누스의 목덜미를 잡고 이끄시는 것 같았다. 부활하신 예수 그리스도께서 베드로에게 하신 말씀이 아우구스티누스의 삶에서도 이루어진 셈이다.

네가 젊었을 때에는 제 손으로 띠를 띠고 마음대로 돌아다닐 수 있었다. 그러나 이제 나이를 먹으면 그 때는 팔을 벌리고 남이 와서 허리를 묶어 네가 원하지 않는 곳으로 끌고 갈 것이다.

(요한 21:18)

머나먼 여정

아우구스티누스는 이후 35년간 사제, 작가, 신학자, 그리스도교 정통을 수호하는 주역으로 하느님의 교회를 섬겼다. 그가 쓴 글, 친구들과 주고받은 서신뿐만 아니라 아우구스티누스에게 반대한 이들의 글, 그들과 아우구스티누스가 주고받은 서신까지 광범위한 지역에서 읽혔다. 그는 자신이 살던 고대 세계뿐 아니라 이후 그리스도교 역사에 강력하고도 결정적인 영향을 미쳤다.

대표 저작인 『고백록』을 탈고한 것은 주교로 서품받은 지 5년이 지난 후였다. 이 저작에서 그는 머리부터 가슴까지, 가슴에서 행동으로 이르는 자신의 신앙 여정을 단계별로 세밀하게 분석하고 기록했다. 물론 그의 이후 활동을 알기 위해서는 『고백록』 외에도 그가 쓴 다양한 신학 논고, 설교, 서신 등을 봐야 한다.[13] 그가 세상을 떠난 지 얼마 되지 않아 포시디우스Possidius가 쓴 전기문도 중요한 참고자료다.*

35년간 주교로 활동하는 동안 여러 논쟁이 있었고, 그는 이 논쟁들을 통해, 혹은 그 밖의 시간에도 은총의 역설이라는 문제를 끊임없이 성찰했다. 이 때문에 전통적인 그리스도교에서는 아우구스티누스에게 '은총의 박사'라는 칭호를 선사했다. 아우구스티누스는 평생에 걸쳐 하느님을 찾아 헤맸다. 분명 어느 차원에서는 그랬다. 그러나 다른 차원에서는, 바깥에서 그분을 찾아 헤매던 한 영혼을 찾아내신 분은 바로 하느님이셨다. 그분은 아우구스티누스의 영혼과 마음을 사로잡으셨다. 아우구스티누스는 결국 그분께 압도되고 말았다.

아우구스티누스의 생이 저물어가고 있을 무렵에는 로마 제국도 몰락해 가고 있었다. 로마 영토를 헤집고 다니던 고트족과 반달족은 마침내 AD 410년 로마를 점령했다. 알라리크Alaric 왕의 지휘 아래 고트족은 이 위대한 도시를 공격했고 도시의 상당 부분이 불타고 파괴되었다. 아우구스티누스가 죽음을 맞이할 무렵에는 북아프

---

[13] 이 책 맨 뒤에 아우구스티누스를 추가로 공부하려는 이들을 위해 참고도서 목록을 실어놓았다.

* 『아우구스티누스의 생애』(분도출판사)

리카 교회가 대부분 파괴되었다. 수많은 주교와 성직자들이 순교했고 아우구스티누스가 전 생애에 걸쳐 남긴 저작 중 상당수가 흔적도 없이 사라졌다.

AD 430년 8월 28일, 387년 부활절 밀라노에서 세례를 받은 이래 40년간 마음과 정신에서 타오르던 불꽃을 따라 살던 남자는 75세의 나이로 세상을 떠났다.

제1장

여정의 시작

본향으로 가는 중인, 여전히 순례자인 우리는

아직 안식에 이르지 못하였습니다.

여전히 길 위에 있어 본향에 이르지 못했으며,

이를 향해 나아갈 뿐 얻지 못했습니다.

- 아우구스티누스

출발지와 목적지

새로운 여행은 일종의 모험이다. 미지의 세계로 나아갈 때 여행은 시작된다. 아우구스티누스도 잘 알고 있었을 테지만, 여행은 결코 우리가 출발할 때 생각했던 대로 진행되지 않는다. 의외성으로 가득하고, 예상치 못했던 일이 시시각각 일어난다. 이동 차량이 고장 나기도 하고, 우회로를 만나기도 하며, 들고 있는 낡은 지도가 현재 지형을 반영하지 못하기도 한다. 그렇게 우리는 때때로 처음에 세웠던 계획을 근본적으로 바꾸어야만 하는 일들을 만난다. 어떠한 상황에서든지 만족스러운 여행을 하기 위해서는 유연성과 수용력이 필요하다. 물론 이 밖에도 여행에 도움을 주는 것들은 많다. 적절한 안내서, 현재 모습을 반영한 지도, 나침반 등이 그러하며 때로는 길을 아는 사람을 따라가는 편이 나을 때도 있다. 그러나 이러한 도움을 받기 위해서라도 여행자에게는 필요하다면 계획을 조정할 수 있는 유연성, 그리고 도움이나 새로운 사실을 기꺼이 받아들일 수 있는 수용력이 필요하다.

우리네 삶도 일종의 여행이기에 매 순간 이 같은 유연성과 수용력이 필요하다. 존 헨리 뉴먼John Henry Newman은 말했다.

> 천상에서는 그렇지 않을 테지만, 이곳, 지상에서 살아간다는 것
> 은 변화를 뜻하며 완성에 이른다는 것은 곧 자주 변화한다는 것
> 을 뜻한다.[1]

이 문장은 전체 인류의 이야기를 요약한다. 인간 개개인의 삶뿐만 아니라 전체 창조세계가 성장하고 발전하고 변화하는 이야기가 이 문장에 요약되어 있다. 이 변화의 이야기에서 (현대인인) 우리는 어디쯤에 다다랐을까? 본격적인 신앙의 여정을 떠나기 전에 이를 잠

---

[1] John Henry Newman, *An Essay on the Development of Christian Doctrine* (Penguin, 1974), p.100.

깐 짚고 넘어가자. 우리가 우리 자신, 그리고 세계, 하느님을 이해하는 방식은 우리 각자의 경험과 우리가 사는 시대의 풍경에 영향을 받기 때문이다.

18세기 무렵, 수십 년간의 혁명이 유럽을 휩쓸고 지나갔다. 특히 프랑스혁명과 미국독립전쟁은 문화적으로 거대한 인식의 전환을 가져왔다. 그때까지 서구 사회가 세계를 보던 관점은 고삐가 풀리듯 풀어졌고 거대한 사상의 변화가 일어났다. 그중 가장 대표적인 변화는 우주를 고정되고 견고한 무언가로 보던 견해가 바뀐 것이다. 이후 사람들은 만물이 유동적인 상태에 있다고 생각하게 되었다. 과거에는 피조물을 일종의 완제품으로 보았으나 이러한 생각 역시 모든 피조물은 변화의 과정 중에 있다는 생각으로 바뀌었다. 이전에는 과학 이론이 확실성을 갖고 있다고 여겼지만(비슷한 시기에 일어난 부흥 운동도 이와 유사한 확실성을 바탕으로 이루어졌다) 진화, 그리고 우주가 계속해서 변화한다는 사실과 함께 점점 더 유동성을 고려하지 않을 수 없게 되었다. 이러한 변화에 발맞추어 인간성, 인간의 자리에 대한 새로운 이해 또한 싹텄다. 이제 사람들은 인간을 여전히 진행 중인 창조의 과정 속에 있는 존재로 보기 시작했다. 선입견에서 벗어나 새로운 연구가 진행되었고 이에 뒤따라 새로운 발견이 이어졌다. 낡고 융통성 없는 이전의 공식은 새로운 발견에 들어맞지 않았다.

이러한 흐름에 따라 지질학, 생물학이라는 새로운 과학 분과가 (19세기 후반에는 심리학이) 생겨났다. 1830년 『지질학의 원리』Principles of Geology를 저술한 고스Gosse와 라이엘Lyell 같은 지질학자들은 우주가 계속해서 변화하듯 지구 또한 계속해서 변화하며 그간 생각했던 것보다 훨씬 더 오래전에 형성되었음을 보여주었다. 이어서 다윈의 연구가 나왔다. 그는 피조물의 연속성과 불연속성의 흔적을 추적할 수 있는 엄청난 지도를 제시했다. 새롭게 표현된 세계는 경이로 가득했으며 과거에 진행되었고 현재에도 진행되고 있으며 미래에도 진행될 이야기였다. 진화라는 생각은 서구 사상의 근간을 뒤흔들었다. 그러나 이는 흥미롭게도 과거 바울로가 로마인들에게 쓴 편지에서 묘사한, 피조물들이 역동적으로 움직이는 모습과 조응한다.

> 우리는 모든 피조물이 오늘날까지 다 함께 신음하며 진통을 겪고 있다는 것을 알고 있습니다. 피조물만이 아니라 성령을 하느님의 첫 선물로 받은 우리 자신도 하느님의 자녀가 되는 날과 우리의 몸이 해방될 날을 고대하면서 속으로 신음하고 있습니다. (로마 8:22~23)

영미 그리스도교계에서 19세기의 이러한 변화를 대표하는 인물은 존 헨리 뉴먼이었다. 그의 생애(1801~1890)는 19세기 전반에 걸쳐 있다. 그는 성공회 사제였다가 로마 가톨릭으로 옮겼으며 추기경의 자리까지 올랐다. 당대 새롭게 등장한 세계관에 발맞추기 위해, 한편으로는 그리스도교 신앙을 수호하기 위해 그는 변화에 대한 중요한 통찰을 신학과 영성의 원리에 담아내려 애썼다. 존 헨리 뉴먼은 고민했다. '어떻게 성인들을 통해 내려오는 신앙과 진화하며 변화가 불가피한 전통을 함께 붙들 수 있을까?, 진화를 바탕으로 한 피조물들의 질서는 어떻게 자리매김해야 할까?' 이러한 문제의식 아래 뉴먼은 다윈과 다른 이들이 생물학의 영역에서 발견한 역동성을 신학에 반영했다. 다윈이 『종의 기원』Origin of Species을 출간 한 바로 그때 뉴먼은 유기체의 성장과 변화의 관계에 관한 신학이론을 내놓기 위해 씨름하고 있었다. 그에 따르면 세계 창조에 대한 다윈의 관점은 창조가 변화와 적응을 통해 이루어진다는 그리스도교의 관점을 뒤좇은 것이다. 세계란 애초에 7일 만에 완성된, 완제품이 아니며 인류의 이야기 역시 오래전 우주의 먼지부터 시작되어 계속 발전하고 변화하는 과정 가운데 있다. 창조란 하느님이 완제품을 우리에게 제공해주는 사건이 아니다. 창조는 과정, 곧 현재진행형이며 창조주 하느님은 우리를 이 과정에 초대하셔서 당신께서 처음 계획하신 일을 함께해 나가자고 손 내미신다. 이러한 맥락에서 신약성서에 나오는, 그리스도를 통해 일어난 '새로운 창조'는 그분과 우리의 협업을 뜻하는 것일지도 모른다.

창세기를 보면 하느님의 창조가 이미 끝난 것처럼 보이지만 이사야서 42장에 있는 구절을 보면, 제대로 번역하면 자연의 창조가 진행형이라는 관점을 보여준다("제대로 번역하면"이라고 말한 이유는 대부분의 영역 성서에서 해당 구절을 과거 시제로 번역했기 때문이다. 히브리 성서 본래 구절의 시제는 현재 진행형이다. 여기에는 내가 제안하는 번역을 옮겨 놓는다).

그러므로 나, 주 하느님이 말한다. 나는 하늘을 창조하고 펼치며,

땅을 밟아 늘이고, 온갖 싹이 돋아나게 하고 있다. 그 위에 사는 백성에게 입김을 불어넣고, 거기 움직이는 것들에게 숨결을 불어넣고 있다. (이사 42:5)

이 구절에서 우리는 창조에 대한 역동적이고 흥미로운 관점을 엿볼 수 있으며 이는 오늘날 천체 물리학과 현대 과학 이론이 설명하는 우주 탄생 원리와도 조응한다.

뉴먼은 하느님의 창조가 '단번에' 이루어졌다고 보는 전통적인 견해와 창조가 변화를 통해 발전해 나아간다는 현대적인 이해를 함께 붙들기 위해 분투하다가 참나무와 도토리의 유비를 발견하고 만족스러워했다. 도토리는 그 자체로 열매이면서 동시에 훗날 참나무로 자라날 수 있는 잠재력을 지니고 있다. 그렇기에 도토리는 온전히 자란 참나무라는 궁극적인 상像을 향해 변화해 나아간다.

물론 이러한 통찰을 신앙의 성숙이나 정서 발달, 이웃과 맺는 관계, 하느님과 맺는 관계에 적용하기란 매우 어렵고 불편하다. 우리는 타인에 대해 견고한 선입견을 품고 있고 언제나 자신의 그림에 상대방을 맞추려 하는 성향이 있다. 그렇기에 우리는 타인의 진정한 모습도 알지 못하고 참된 하느님도 알지 못한다. 이에 관해 언젠가 C. S. 루이스C.S.Lewis는 말했다.

하느님에 대한 내 생각이 아닌 하느님을. 이웃에 대한 내 생각이 아니라 이웃을. 우리는 우리와 같은 공간에 살아 숨 쉬는 사람들에게도 이렇게 하지 못하고 있지 않은가? 그 사람에게 말을 걸고 행동하는 것이 아니라 우리가 마음에 만든 대략적인 그림에 말을 걸고 행동하고 있지는 않은가? 우리가 이러한 사실을 미처 깨닫기도 전에, 그는 우리에게서 멀어진다. 현실에 있는 사람은 소설에 나오는 인물처럼 '특정한 성격(캐릭터)'을 갖고 있지 않다. 면밀히 관찰해 보면 우리가 그 사람의 성격(캐릭터)이라고 부르는 것 안에는 그 사람이 거의 들어 있지 않다. … 나는 다른 사람들이 너무도 나를 이런 식으로 대하는 것을 보며 나 또한 다른 이를 이렇게 내 생각에 가두어 두고 있으리라 추정한다. 우리는 모두 남을 완전히 파악하고 있다고 생각한다.[2]

우리는 남을 완전히 파악하고 있다고 생각할 뿐 아니라 하느님을 완전히 파악하고 있다고 생각한다. 성서는 이를 우상숭배라고 불렀으며 모든 죄 중에서도 가장 치명적인 죄라고 말했다. 신앙은 그저 영리한 생각을 하는 것이 아니다. 신앙은 모든 종류의 확실성을 거부한다. 그리스도를 따라 살기 위해서는, 곧 순례자로 살기 위해서는 기존에 알고 있던 세계에서 모르는 세계로 기꺼이 나아가야한다. 새로운 지평이 열려 예상치 못한 변화가 일어나면 이전에 자신이 갖고 있던 선입견과 애지중지 하던 이론을 내려놓아야 한다.

아우구스티누스의 생애에서 일관되게 발견되는 점이 있다. 그는 세례를 받기 전에도, 그 이후에도 끊임없이 자기 생각을 살피고 수정했다. 그렇기에 그의 생애는 한편으로는 일관성이 있으나 한

---

2 C.S. Lewis, *A Grief Observed* (Faber and Faber, 1961), p.53. 『헤아려 본 슬픔』(홍성사)

편으로는 일관성이 없기도 하다. 청년기에 아우구스티누스는 마니교도의 전형적인 특징인 절대적인 확실성에 매달렸다.

> 그들(마니교)은 이성적인 사람이라면 누구나 이해할 수 있는 단순하고 모호한 면이 없는 절대적 확실성을 주었다. 그들의 책에 기록된 '지혜'란 이 우주에 대한 정확한 사실을 기록하고 있었다. 사람이 할 일은 그 지식에 따라 행동하는 것뿐이었다.[3]

아우구스티누스는 자신이 가진 생각을 다시 검토함으로써 마니교에서 벗어날 수 있었다. 이러한 태도는 평생에 걸쳐 유지되었다. 생애 말년 그는 자신이 쓴 모든 책을 다시 검토하고 다시 쓰려 했다. 『재론고』Retractationes라고 불리는 저작은 바로 이러한 시도의 산물이었다.

이러한 태도를 견지하려면 언제나 변화에 열려 있어야 한다. 이때 변화란 연속성 있는 성장뿐 아니라 과거와의 단절도 포함한다. 사람들은 누군가 이제껏 보여 왔던 모습과 다른 모습을 보이면 당혹스러워한다. 그러나 인생과 세계에 대해 특정 관점을 고집하지 않는, 열려 있는 사람은 언제든 변할 수 있다. 모든 것을 확정하고 싶어 하는, 그래서 모든 것을 '완전히 파악해' 안정감을 취하려는 이들은 이를 불안해한다. 직업상 법률가들은 이러한 태도를 갖기 쉽다. 법은 '판례'를 중시하며, 일관성 있는 적용을 장려한다. 그러

---

[3] Peter Brown, *Augustine of Hippo*, p.79f.

다보면 '처음에 그랬기 때문에 지금도 그러하며 앞으로도 그럴 것이다'라는 신념에 젖기 쉽다. 그러나 이는 (우리가 빠져서는 안 될) 유혹이다. 예수 그리스도께서는 이러한 유혹에 빠진 이들을 강하게 질타하셨다.

> 너희 율법교사들은 화를 입을 것이다. (루가 11:52)

물론 여기서 "율법교사"들은 법률가들만을 뜻하지 않는다. 실질적으로 "율법교사"는 무엇은 하고 무엇은 하지 말라는 말 뒤에, 법 뒤에 안전하게 숨는 이들, 자신이 있는 안전한 곳에서 나와 그 법이 지향하는(모든 좋은 법이 지향하는) 곳을 향해, 성령이 인도하시는 대로 살아가기를 두려워하는 모든 사람을 가리킨다.

많은 이가 다윈의 이론(그리고 뉴먼의 신학 사상)을 몹시 불편해했다. 당연한 일이다. 그들이 보기에 이 이론들은 창세기를 기초로 한 창조 이야기와는 정 반대 방향을 가리키는 듯했다. 뉴먼은 우주가 진화하고 변화한다는 과학 이론이 신학에 그 강조점을 전환할 것을 요구한다고 힘주어 말했다. 그가 보기에 어떤 신학도 역동적인 창조 이론과 이와 모순되는 정적인 구원론을 동시에 함께 붙들 수 없다. 그러므로 교회는 오랫동안 고수해 왔던 관점, "성도들에게 한 번 결정적으로 전해진" 신앙을 고수해야 한다는 생각을 근본적으로 다시 생각해야 한다고 그는 말했다. 뉴먼은 변화를 통해 성장하고 발전한다는 원리가 단지 생물학이나 신학과 같은 특정 영역에 한정되지 않고 과거, 현재와 미래를 설명하는 하나의 질서가 되리라고 믿었다. 끝없는 유동성을 강조하는 이러한 견해는 많은 이에게 파격적인 전망으로 다가왔다. 대담하며 모험을 두려워하지 않는 이들은 이러한 전망을 흥미진진한 도전으로 여겼지만, 연약한 영혼들은 이를 안정을 뒤흔드는 위협으로 느꼈다.

실제로 변화가 계속된다는 생각은 우리에게 커다란 위협이 된다. 이는 우리가 우리 자신의 위치를 파악하는 기준으로 삼았던 주요 지형이 어느 날 갑자기 사라질 수도 있음을 뜻한다. 또한 이는 우리가 삶을 바라보는 틀이 우리가 믿었던 만큼 견고하지 않다는 뜻이기도 하다. (실제로 우리는 할 수 있는 한 변화를 받아들이기보다는 거부하려 애쓴다.) 많은 사람이 나이를 먹게 되면서 겪는 생물학적 변화에 보이는 반응을 보라. 많은 노인은 자신이 '늙었다'는 사실에 충격을 받고 상처를 입는다. 위기감을 느끼는(젊은 날의 매력을 잃고, 젊은 시절의 성적 능력과 활력을 잃어버린 것에 대해 두려움을 느끼는) 중년들이 (자신이 치를 수 있는 한도 내에서) 성형수술을 하는 사례가 점점 늘어나는 것도 많은 이들이 급작스러운 변화에 불안을 느끼고 있음을 보여주는 좋은 예다. 나이와 연배마다 고유한 매력과 특성이 있지만 우리는 이를 보지 못한다. 생이라는 길에서 새로운 나이를 맞게 될 때, 이를 두려워하거나 거부하기보다는 받아들이고 환영하는 편이 좋으나 안타깝게도 우리는 그러지 못한다.

우리 대부분이 변화를 싫어한다는 점을 고려하더라도, 우리 안에 있는 모든 것, 우리를 둘러싼 모든 것이 변하고 있는데도 우리 대다수는 어떤 것도 변하지 않기를 바라면서 이제껏 지켜온 관행이나 실천을 고수하려 한다는 점은 좀 기이해 보인다. 그러나 우리가 이렇게 완강히 변화를 거부하더라도 우리를 둘러싼 세상은 끊임없이 변화의 힘을 받고 있으며, 쓰라리지만 우리는 이를 이미 알고 있다. 오늘날 우리를 둘러싼 세계가 변화하고 있다는 사실에만 우리가 위협을 느끼는 것은 아니다. 좀 더 위협적인 것은 세계가 변화하는 '속도'다.

게다가 모든 변화가 꼭 좋은 것인지조차 확실하지 않다. 어떤 일들은 분명 더 나빠진다. 우리 자신이 큰 변화의 당사자일 때는 더욱 그렇게 보인다. 이럴 때 사람들은 '옛날이 좋았다'고 말하며 모든 것이 단순했고 복잡하지 않았던 시절을 향수 어린 시선으로 그리워한다. 자연스러운 일이다. 아마도 결국, 우리 대부분은 선천적으로 얼마간 보수적인(보수당을 지지한다는 말이 아니다) 사람들일 것이다. 우리는 변화를 받아들이기 어려워한다. 우리는 스스로 생각하는 것보다 훨씬 보수적이다. 그러나 때로 변화는 좋은 일이다. 오랜만에 누군가를 만났을 때, 우리는 종종 그를 띄워주느라 '하나도 안 변했네'라고 말하지만, 수년간 무수한 일을 겪고도 변하지 않았다는 말은 인격이 성숙하지 못했고, 이루어낸 것도 없다는 뜻이다. 결국 이 말은 칭찬을 위한 칭찬일 뿐이다. 여전하다는 말은, 그 사람이 어린 시절의 모습을 간직하고 있다는 뜻일 수도 있지만, 한편 나이에 걸맞은 인격과 지성을 갖지 못하고 유치하다는 뜻일 수도 있다.

물론, 분별이 있는 사람이라면 변화 그 자체를 위해 변화를 바라지는 않을 것이다. 더 좋은 방향으로 나아가려면, 그렇게 변하려면, 우리가 궁극적으로 나아가야 할 지점이 어디인지를 알아야 한다. 여행 중, 표지판이 없는 길에서 갈림길에 서게 되었다고 생각해 보라. 목적지를 모른다면 바른 선택도 틀린 선택도 있을 수 없다. 동전을 던지거나 자동 조정 장치를 켜둔 채 운에 맡기고 아무 곳으로나 가는 수밖에. 목적지가 있어야 책임감 있는 결단이라는 것도 가능해진다.

멀리 있는 목적지를 바라보며 한 걸음을 내딛고자 할 때, 그에 따라 책임감 있는 결단을 내리고자 할 때 개인에게는 통찰력과 자기 자신에 대한 앎(자신의 장점과 약점에 대한 앎)이 필요하다. 우리는 즉각적인 것과 궁극적인 것, 당장 시급한 과제와 장기적인 과제, 단기 전략과 장기 전술을 구분해야 한다. 예를 들면 서구 사회를 살아가는 많은 여성은 사회 경력과 아이를 양육하는 일 중 하나를 선택할 자유를 갖고 있는데 이러한 자유에는 불가피하게 갈등이 따르기 마련이다. 그녀는 자신을 위한 경력을 쌓을 자유가 있다(이는 분명 그 자체로 성장을 위한 좋은 길이다). 그러나 더 먼 곳, 더 긴 시간을 고려해 다른 길을 또 다른 선택지로 염두에 두고, 각 길에서 감내해야 할 것까지를 헤아려 보는 성숙한 관점을 가질 수도 있다. 그때그때 상황을 좇아 고른 단기 전략은 긴 여정에서는 전혀 도움이 되지 않는다. 어느 지점에서 우리는 장기적인 목표를 세우고 이를 이루기 위한 장기 전술을 세워야 한다.

이 세계의 기원에 관해, 세계와 우리가 어떻게 성장해 왔는지를 연구하는 다윈과 같은 과학자들이나 고고학자들이 우리에게 줄 수 있는 것은 반쪽짜리 이야기, 반쪽짜리 지식뿐이다. 종종 아주 조금 아는 것은 아예 모르는 것만큼이나 위험하고, 절반의 진리는 완전한 거짓보다 별로 나을 게 없다. 우리는 우리가 어디서 왔는지를 알아야 할 뿐 아니라 어디로 가야 하는지, 우리의 목적과 궁극적 종착지를 알아야 한다. 그편이 훨씬 더 중요하다. 이를 탐구하는 것이 바로 목적론teleology이며, 고고학이 궁극적으로 추구하는 방향도 이와 같다. (방향과 목적을 가리키는 목적론은 끝, 목표를 뜻하는 그리스어에서 유래했으며 고고학 또한 그리스어로 기원과 시작을 뜻하는 말에서 유래했다. 둘 모두가 중요하고, 둘은 서로 긴장을 유지하고 있어야 한다.)

창조는 아직 완결되지 않았으며 진화는 여전히 진행 중이다(가장 흥미롭고 어떠한 면에서는 경이로운 부분이다). 역사의 한 지점에서 우리는 지금과는 다른 세계가 출현하는 데, 미래 인류의 본성을 만드는데 참여하고 있다. 이를 깨닫는다면 궁극적인 종착지를 아는 것은 더욱 중요하다. 오늘날 유전자 공학이 진행하고 있는 선구적인 작업을 고려하면 더더욱 그러하다. 우리 마음에 들든, 들지 않든 오늘날 인류는 자신의 유전자를 조형하는 능력을 향상시키고 있다. 이러한 활동의 방향, 궁극적 목적을 고려하지 않고, 별다른 성찰 없이 연구를 이어가는 것은 윤리적으로나 영적으로나 무책임한 일이며 결과적으로 인류를 유전적으로 돌이킬 수 없는 상태에 이르게 할지도 모른다. 그런 일이 일어나지 않으리라고 누구도 장담할 수 없다. 유전자 공학은 거대한 윤리적 문제들을 내포하고 있으며 창조 질서를 유지하면서도 이 혁신적인 기술을 활용하기 위해서는 신학자, 철학자, 과학자 간에 협업이 필요하다. 유전자 복제와 같은 연구는 윤리적 한도가 없는 백지 수표가 아니다. 인류 역사에서 이러한 전환의 시기에는 생물학 연구의 발전에 걸맞은 윤리적 성숙이 요청된다.

변화는 상처를 동반한다. 익숙한 과거와 친숙한 것을 모두 떠나보내고 새로운 곳으로 나아갈 때 우리는 상처를 받는다. 우리 일상은 (좋은 습관이든 나쁜 습관이든) 습관 위에 서 있고, 과거의 경험, 일의 성패가 수년간 축적되어 만들어진다. 그러니 많은 이가 편안한 습관을 버리고, 낯설고 검증되지 않은 새로운 방식으로 행하기를 주저하는 것도 당연하다. 우리는 따뜻하고 안전한 자궁에서 생을 시작했으며, 우리의 의식도 그곳에서 형성되었다. 고통스러운일을 마주하거나 위험에 직면할 때, 고된 시간을 지날 때 우리는 다시금 자궁에 있는 태아처럼 안전한 곳에 웅크리고 있고픈 유혹을 받는다. 이 세상이 변화할 때 우리는 그 변화에 수반되는 위험을 마주하거나 감내하지 못하고, 감내하려 하지도 않는다. 죽음이라는 (엄청난) 변화와 맞닥뜨렸을 때 받는 충격은 아마도 우리가 자궁에서 벗어나 이 세상에 나올 때 경험하는 그것과 비슷할 것이다. 따뜻하고 친숙한 곳을 떠나 더 넓은 미지의 세계, 자신을 넘어서는 세계로 나아가야 할 때 우리는 (그 충격으로) 상처를 입는다(기존의 세계에서 다른 세계로 넘어가는 길목에서 우리는 곧잘 되뇐다. "나는 도저히 못하겠어. 그건 나를 넘어서는 일이야").

초등학교에서 중학교로 올라갈 때 많은 아이가 불안감을 느낀다. 이때 아이는 작은 연못에 살던 물고기가 강으로 나온 것처럼, 낯선 환경에서 처음부터 모든 것을 다시 시작해야 한다는 두려움을 느낀다. 자라나는 과정에서 우리 모두 어느 정도는, 어느 시점에선가는, 이러한 불편과 불안을 경험한다. 충분히 이해할 만한 일이다. 미지의 것은 언제나 어느 정도의 두려움을 동반하기 마련이다. 그러나 누군가를 진정으로 알게 되고, 사랑하게 되고, 그를 믿고 신뢰하게 될 때, 그 두려움은 사랑에게 자리를 내어준다. 성 요한은 말했다.

> 완전한 사랑은 두려움을 내어 쫓나니 … 두려워하는 자는 완전한
> 사랑에 이르지 못하였느니라. (1요한 4:18)

두려움은 이 적대적이고 위험한 세계에서 우리 자신의 안전을 지켜야 한다는 이유로 우리가 가진 것을 고수하게, 손을 움켜쥐게, 창문과 문을 닫아걸게 만든다. 그러나 손에 움켜쥔 것을 떠나보내고 변화라는 바람을 향해 문을 열지 않고서 성장할 수는 없다. 가혹하지만 이것이 진실이다. 아담은 말했다.

> 내가 두려워서 … 숨었나이다. (창세 3:10)

우리 안에는 이러한 아담이 있다. 우리는 원초적 두려움에 갇혀 변화를 통해 성장으로 나아가는 모험을, 성숙을 향해 가는 긴 여정을 거부하고 기존에 있는 안전한 곳(적어도 우리가 안전하다고 여기는 곳)에 머무르려 한다. 그렇게 우리는 하느님께서 창조하신 우리의 모습, 본래 우리 자신을 향해 나아가는 여정, 우리 자신을 회복하는 여정을 거부한다. T.S. 엘리엇T.S. Eliot은 말했다.

내가 끝나는 지점에서 내가 시작된다.[4]

두려움이 시작을 가로막고 있는 한, 우리는 종착지에 닿을 수 없다. 머무르던 곳에 계속 머무르려는, 안전을 향한 유혹은 우리가 궁극적으로 이르러야 할 성숙을 뺏으려 한다. 그러나 아담은 신앙의 사람 아브라함으로, 이브는 놀라움과 예측하지 못한 변화에 대한 수호성인인 사라로 대체되어야 했다. 아브라함은 인류가 더는 두려움으로 삶을 시작하지 않고, 신앙으로 살아야 한다는 것을 보여준 본이 되었다. 그는 다시 시작하고, 새롭게 출발할 수 있는 기회를 붙들었고 이 믿음의 조상을 통해 우리에게도 새로운 가능성이 열렸다. 아브라함의 신앙은 성 바울로가 적절하게 말했듯 새로운 아담, 두 번째 아담인 예수 그리스도를 통해 궁극적으로 성취되고 완성되었다.

물론 우리에게는 여전히 첫 번째 아담이 갖고 있던 원초적인 두려움이 남아 있다. 이 두려움은 우리가 기존의 영역을 수호하고 방어하도록, 그러한 인간성을 갖도록 만든다. 이러한 두려움에 젖어 우리는 익숙한 지식을 고수하려 하며 그 어떤 것이든 낯선 것(다른 신념, 색, 문화, 사람)에 적대적인 태도를 보인다. (뮤지컬《웨스트 사이드 스토리》West Side Story에 나오는 노래 가사를 빌리자면 "자기 자신에게 충실하라, 너 자신에게"라는 명령에 종속되어) 변화와 도전을 거부한다. 원초적 두려움은 모험을 주저하게 하고 사랑하는 데 따르는 위험을

---

4   T.S. Eliot, *Selected Poems 1909-1962, Four Quartets*, 'East Coker', Part V (Faber and Faber, 1940)

회피하게 한다. 우리는 이 두려움에 갇혀 신앙에 그 자리를 내어주려 하지 않은 채 태아로 돌아가고픈 강렬한 유혹에 시달린다. 몸을 동그랗게 말고 어둠에 갇혀, 우리 스스로 만들어낼 수 있는 것은 축소시키며 빛과 사랑이 있는 새롭고 풍성한 세계로 나아가기를 거부한다.

인생이라는 여정을 걷다 보면 여러 갈림길과 마주하지만, 근본적으로 선택지는 둘뿐이다. 우리는 옛 아담의 두려움 속에서 죽음으로 되돌아가느냐(축소되느냐), 새로운 아담 안에 있는 사랑과 생명을 좇아 신앙으로 돌아서느냐, 둘 중 하나를 택해야 한다. (롯의 아내가 그랬듯) 첫 번째 아담이라는 인간에게 모든 소망을 두고 우리가 왔던 곳으로 되돌아가느냐, 새로운 아담, 처음이며 또한 마지막인 그리스도 안에서 새로운 결말을 기대하며 나아가느냐, 둘 중 하나를 택해야 한다. 그리스도께서는 우리에게 새로운 시작을 주시며 새로운 여정을 가능케 하신다. 이 여정은 신앙과 믿음 위에서 시작된다. 한 가지는 분명하다. 성숙을 향한 길에 현상 유지란 있을 수 없다는 것이다. 이러한 맥락에서 우리는 성 바울로의 말을 되새겨야 한다.

아담으로 말미암아 모든 사람이 죽는 것과 마찬가지로 그리스도로 말미암아 모든 사람이 살게 될 것입니다. (1고린 15:22)

옛것에서 새것으로, 익숙하게 아는 곳을 맴도는 데서 벗어나 미지를 향해 나아가는 여정을 시작하기 위해서는 위험을 감수해야 한다. 세속 세계를 사는 이들의 눈에는 이와 같은 위험을 감수하는 일이 무책임하고 어리석어 보인다. 아브라함은 매우 나이가 많았다. 가진 것을 다 버리고 미지의 종착지를 향해 떠나기보다는 자신이 가진 것을 그대로 유지한 채 있던 곳에 머무는 편이 합리적인 선택이었을 것이다. 그러나 늙은 나이에, 그와 같은 여정을 떠남으로써 그는 "보는 것으로 행하지 않고 믿음으로 걷는"(2고린 5:7) 길을 선택한 믿음의 조상이 되었다.

신앙은 '위험'이라는 두 글자로 이루어져 있다고들 한다. 마찬가지로 사랑은 위험을 감내하는 것, 상처를 감내하는 것을 뜻한다. 사랑하고 사랑받지 않는 삶은 삶이 아니다. 이에 관해 C.S.루이스는 말했다.

사랑한다는 것은 상처받는 위험에 자신을 노출시키는 행위다. 무엇이든 사랑해보라. 당신의 마음은 분명 아픔을 느낄 것이며 어쩌면 부서져 버릴 수도 있다. 마음을 아무 손상 없이 간직하고 싶다면, 누구에게도(심지어 동물에게도) 마음을 주어서는 안 된다. 취미와 작은 사치로 마음을 조심스럽게 감싸 두라. 또 모든 얽히는 관계를 피하라. 마음을 당신의 이기심이라는 작은 상자에 넣어 안전하게 잠가 두라. 그러나 (안전하고 어두우며, 움직임도 공기도 없는) 그 작은 상자 안에서 그것은 변하고 말 것이다. 부서지지는 않을 것이고, 깨뜨릴 수 없고 무엇도 뚫고 들어갈 수도 없이 단단해질 것이나 구원받을 수 없는 상태가 되고 말 것이다. 비극(혹은 비극을 무릅쓰는 일)을 피할 유일한 길은 영혼의 멸망이다. 천국을

제외하고, 당신이 사랑의 모든 위험과 동요로부터 완벽하게 안전할 수 있는 유일한 장소는 지옥뿐이다.[5]

자리에서 벗어나 다시 자리 잡기

성숙을 향해 가는 이 긴 여정에서 첫 번째 발걸음은 (그곳이 어디든) 원래 살던 곳, 전초 기지를 떠남으로써 시작된다. 자궁에서 이 세상으로 나온 과정을 거쳤다는 점에서 우리는 모두 이미 발걸음을 내디뎠다고 할 수 있다. 하지만 이것으로 끝이 아니다. 여정을 거치며 우리는 끊임없이 태어나고, 다시 태어나야만 함을 깨닫는다. 기존의 자리에서 벗어날 때, 다른 환경을 마주하게 될 때, 다른 공간으로 자리를 옮겼을 때 우리는 종종 상처를 입는다. 인생에서 가장 힘들고 고통스러운 경험이 사별과 이사라고 하는 데에는 그만한 이유가 있다. 그러나 우리가 성장해 첫 번째 '집'이 우리를 감당하지 못하면 집에서 나와야 하듯, 성숙을 향한 여정을 걷는 이들은 집에서 떠나야 한다. 그리고 그때부터 영원히 한 곳에 머무는 것은 불가능해진다. T.S. 엘리엇은 말했다.

그곳에 다다르기 위하여,
내 자리가 아닌 곳으로부터 내가 있어야 할 곳에 이르기 위하여
황홀함이라고는 없는 길을 지나가야만 하리.
알 수 없는 곳에 다다르기 위하여

---

[5] C.S. Lewis, *The Four Loves* (Geoffrey Bles, 1960), p.138f. 『네 가지 사랑』(홍성사)

알지 못하는 길을 지나야만 하리.

갖지 못한 것을 갖기 위하여

갖고 있던 것마저 빼앗기는 길을 지나야만 하리.⁶

새로이 자리를 잡기 위해서는 기존의 자리에서 벗어나야 한다. 익
숙한 곳을 떠나야 하며 움직여야 한다. 성숙을 향한 여정에서는 이
러한 과정이 끊임없이 이어진다. 매 지점에서, 이러한 과정을 겪을
때마다 우리는 승계성가를 불러야 한다.

주신 분도 주님이시고, 취하신 분도 주님이시니,

주님의 이름이 복되십니다.

어디에 있든, 어떠한 단계에 있든 우리는 이 말을 떠올려야 한다.

이 땅 위에는 우리가 차지할 영원한 도성이 없습니다. (히브 13:14)

지금 이곳에 집착하고 현상이 유지되기만을 바라면 장차 올 영
원하고 변치 않는 것을 빼앗기게 될 것이다. 지나간 모든 것에 우
리를 묶어두는 탯줄은 잘라내버려야 한다. 아무리 고통스럽다 할
지라도 우리는 세상으로 나가 새로운 곳에서 숨을 내쉬어야 한다.
그 순간 새 숨결이 우리 안에 머물게 되고, 더 상쾌한 공기가 우리

---

⁶ T.S.Eliot, *Four Quartets*, 'East Coker' III.

를 맞이할 것이다. 신앙의 여정에서 우리는 이같은 일을 되풀이해 경험한다. 물론 이 경험은 우리의 선천적인 기질과 환경에 따라 다른 색을 입는다. 성숙한 신앙을 가진, 자신의 것을 기꺼이 내려놓을 줄 아는 여성이 아이를 낳는다면 그 아이 역시 삶의 여정을 걷는 가운데 특정 지점을 고수하지 않는 사람이 될 확률이 높을까? 확실치 않다.

분명한 사실은 우리를 둘러싸고 있는 (사회문화, 자연환경과 같은) 힘뿐 아니라 우리 안에 있는 (생물학적, 심리적, 정신적이면서 영적인) 힘들도 서로 함께 얽혀 안주하거나, 안식하지 못하는 마음, '거룩한 불만족'divine discontent을 만들어낸다는 것이다. 이 안식하지 못하는 마음은 하느님으로만 충족될 수 있으며 하느님이라는 종착지에 이르기까지 우리를 다음 단계, 알지 못하는 세계를 향해 나아가도록 추동한다. 앞서 살펴보았듯 아우구스티누스는 자신의 어머니, 10대였던 아들, 가장 친한 친구를 연이어 잃고 나서 생애에 결정적인 전환점을 맞이했다. 그들의 죽음으로 인한 공백은 아우구스티누스에게 다시금 안식하지 못하는 마음을 불러일으켰고 그는 하느님을 섬기는 소명을 좇아 다시 여행을 떠났다. 나 역시 어머니가 돌아가시고 아버지가 재혼한 뒤 집에 홀로 남자 그 공허감을 채울 무언가를 찾아 쉼 없이 헤맨 적이 있다.

삶에 관한, 널리 알려진 농담이 있다. 누군가 세 명의 주교에게 언제부터 삶(생명)이 진정으로 시작된다고 할 수 있느냐고 질문을 던졌다. 그러자 첫 번째 주교가 답했다. "당연히 태어나면서부터 시작되지요." 두 번째 주교가 답했다. "아닙니다. 잉태되었을 때부터 시작되는 것이죠." 마지막으로 세 번째 주교가 답했다. "삶은 부모님이 더는 세상에 안 계시고, 기르던 개가 죽고, 아이들이 집을 떠날 때부터 시작됩니다." 씁쓸하지만, 이 농담에는 언제 새로운 삶이 시작되는지, 삶에서 새로운 막이 열리는 시점이 언제인지에 대한 일말의 진실이 담겨 있다. 가족이라는 친밀한 고리가 끊어지고, 자기가 소중히 여기는 소유물도 없어지고, 몸 바쳐 헌신할 대상도 사라질 그때 삶은 다시 시작된다.

19세기 영성가이자 사회 운동가였던 조세핀 버틀러Josephine Butler는 딸이 죽는 모습을 지켜보아야 했다. 그녀의 어린 딸 에바Eva는 위층에서 조세핀과 남편 발치에 떨어져 목숨을 잃었다. 조세핀은 훗날 편지에서 이 사건에 관해 언급했다. "그날의 기억은 절대 사라지지 않더군요. 아이가 떨어졌고 잠시 발작하면서 울더니 이내 정적이 흘렀죠." 그 해 내내, 어쩌면 그보다 더 오래 그녀는 깊은 우울증에 시달렸다. 그러던 어느 날 퀘이커 교도인 한 여인이 그녀에게 말했다. "(당신은 에바를 잃었지만, 더) 많은 딸을 얻게 될 거에요. 아시죠?" 이후 조세핀은 리버풀에서 매춘부들을 데리고 와 그들과 함께 살며 극악한 법이었던 성병방지법Contagious Diseases Acts 폐지를 위한 운동을 벌였다.* 딸의 죽음이라는 비극을 거쳐 새로운 삶을 살게 된 것이다. 물론 그렇다고 해서 조세핀이 새로운 삶을

---

* 성병방지법은 모든 성판매 여성에 대한 검진을 의무화하고, 거주와 이동을 통제하는 것은 물론 '의료 경찰'을 도입해 성판매 여성이 성병을 가지고 있으면 처벌하는 법이다. 성매매 활동에서 여성만을 처벌하고 실질적인 가해자일 수도 있는 남성은 처벌하지 않는다는 점에서 대표적인 악법으로 꼽혔고 조세핀 버틀러를 대표로 한 여성 사회운동가들의 노력으로 1883년 폐지되었다.

살게 하려고 하느님께서 그러한 비극을 일으키셨다고 생각해서는 절대로 안 된다. 오히려 이를 통해 분명하게 드러나는 한 가지 진실은 하느님께서는 누군가 극심한 슬픔을 겪고 있는 중에도 한편에서 그 사람이 무너진 것을 다시 새롭게 세우도록 도우실 수 있으며 실제로 그렇게 하신다는 것이다. 그분이 행하신 첫 번째 부활이 그러했듯 새로운 삶, 새로운 생명은 옛 삶, 옛 생명이 죽음으로써 시작한다.

'거룩한 불만족'이란 무엇일까? 거룩한 불만족은 계속해서 성장하고 움직이고 변화하며 다시 자리 잡을 때까지 안식하지 못하는 마음을 뜻한다. 출생에서 죽음으로, 죽음에서 죽음 너머로 가는 모든 길에서 이 '거룩한 불만족'은 필수적인 요소다. 건강하지 못한 '불만족'은 어느 것에도 헌신하지 못하고 정착할 줄 모르는 본성일 뿐이지만, 건강한 '불만족'은 가장 좋은 것이 아직 오지 않았다는 확신, 가장 좋은 시기는 하느님께서 우리에게 주시는 미래에 펼쳐진다는 확신이다. 이러한 건강한 불만족이 우리를 움직일 때 우리는 너무 들뜨지도, 그렇다고 가라앉지도 않은 채 고요하게, 이미 갖고 있는 것에 안주해서는 안 된다는 믿음, 차선에 만족해서는 안 된다는 믿음을 가질 수 있다. '좋은 것'은 '최고의 것'이 아니다. 아마도, 우리가 이 지상에 살고 있는 한 천국을 향한 향수병은 치유될 수 없을 것이다. 귀소본능이 있는 비둘기처럼, 우리는 본능적으로 영원이라는 기초 위에 세워진 불멸의 도시를 찾아 헤맨다. 그곳에 이르기 전까지 우리는 집 없이 천막을 치고 사는 사람처럼 계속해서 '안식하지 못하고', 끊임없이 자리를 옮겨야 한다.

'거룩한 불만족', 안식하지 못하는 마음을 인류사에서 가장 대표적으로 보여준 이는 다름 아닌 아우구스티누스다. 『고백록』은 그가 자신의 불만족, 안식하지 못하는 마음을 밝히며 그 마음이 오래도록 자신을 이끌어왔다는 유명한 고백으로 시작된다.

> 당신을 향해서 저희를 만들어놓으셨으므로
> 당신 안에 쉬기까지는 저희 마음이 안달합니다.[7]

헌신적이며 신심 깊은 어머니가 있었음에도 아우구스티누스는 간접적으로 전해 받은 신앙에 머무를 수 없었다. 자신이 태어난 타가스테에 머무를 수 없었던 것처럼 말이다. 부모의 입장에서 자녀가 자신이 물려준 신앙을 져버리는 것은 고통스러운 일이다. 그러나 그 신앙은 사라지지 않는다. 이후 자녀는 자신의 살아있는 신앙을 발견하기 위한 여정을 걸을 것이고 이 모험에 부모가 물려준 신앙은 늘 함께할 것이다. 부모는 씨를 잘 뿌리는 데 관심해야지 추수를 염려해서는 안 된다. 신앙의 여정에서, 때로는 구체적인 모습을 갖춘 신앙생활을 한다고 해도 우리는 우리의 신앙을 더 두텁게 하기 위해, 그리고 사랑을 발견하기 위해 (이 신앙과 사랑은 하느님께서 주시는 선물, 은총이다) 기존에 갖고 있던 신앙을 내려놓아야 할 때가 있다. 이는 여정을 마무리하는 지점이라 하더라도 마찬가지다.

33세가 되기까지, 아우구스티누스는 어머니가 믿었던 그리스

---

[7] *Confessiones*, 1.1.

도교 신앙에 완전히 정착할 때까지 쉼 없이 움직였다. 여러 철학과
종교라는 '천막'을 거쳤고 기존에 있던 곳에서 이탈해 새로운 곳에
자리 잡기를 반복했다. 실제로도 타가스테에서 마다우라, 마다우
라에서 카르타고, 카르타고에서 다시 타가스테로 거처를 계속 옮
겼다. 카르타고에서 아우구스티누스는 선생이 되었다. 좋은 기회
가 찾아왔고 어느 날 밤 그는 카르타고에서 로마로 가는 작은 배를
탔다. 그렇게 아우구스티누스는 어머니의 품에서 벗어났다. 이후
그는 밀라노에서 수사학 교수라는 명망 있는 자리를 거머쥐었다.

『고백록』에서 아우구스티누스는 자신이 어떠한 점에서 카르타
고에 환멸을 느꼈는지를 말한다. 환멸을 느낀 이유 중 하나는 "생
도들의 방종이 끔찍스럽고도 절도가 없었"기 때문이다. 그들은
"함부로 교실로 우르르 몰려드는가 하면, 마치 미치광이처럼 차려
입고서 그래도 누군가가 제자들의 유익을 위해 세웠을 질서를 어
지럽히곤" 했다. 이를 못마땅해하며 사뭇 독선적인 말투를 담아
그는 말했다.

> 제가 공부할 적에 결코 제 행습으로 삼고 싶지 않았던 짓들을 제
> 가 가르칠 적에 딴 사람들 행습으로 해서 어쩔 수 없이 겪어야 했
> 습니다.[8]

그래서 기회가 오자 그는 기꺼이 머무르고 있던 천막에서 벗어나

---

[8]   *Confessiones*, 5.8.

로마로 떠났다. 당시 국제적으로 연결되어 있었던 학계는 그에게 로마로 오면 더 많은 수입을 주겠다고 약속했다. 매혹적인 제안이었다. 마침 아우구스티누스의 가까운 친구 중 한 사람이었던 알리피우스Alypius가 법을 공부하기 위해 로마에 있기도 했다. 그는 "믿기지 않을 정도로 검투사 경기에 사로잡"혀 있던 상태였다(이는 타인이 강박에 빠져있을 때 이를 예민하게 감지한 아우구스티누스의 모습을 보여준다). 그는 로마에 가서 친구와 함께하게 된다.

그렇다면 당시 자식에 대한 소유욕이 남달랐던 모니카와 지나치게 타인에게 의존적이었던 아우구스티누스의 관계는 어땠을까? 어찌 되었든 모니카는 자기 아들이 자신을 벗어나도록 내버려 두었다. 그가 아직 진정한 본향, 궁극적인 안식처를 찾지 못한 채 방황하고 있음을 알았기 때문이다.

한사코 붙들고 늘어지면서 함께 집으로 돌아가든지 아니면 같이 떠나자고 애원하는 어머니를 저는 속여 넘겼습니다. 한 친구가 먼 길을 떠나는데 순풍이 일어 배가 출항할 때까지 그 친구를 혼자 버려두지 않으려는 것뿐이라고 둘러댔습니다. 저는 어머니에게 거짓말을, 저런 어머니에게 거짓말을 했습니다.[9]

그러나 모니카는 아들을 알았기에 그가 하는 말에 속지 않았다. 그녀는 아들에 대한 사랑과 직관으로 거의 분명하게 알 수 있었다.

---

[9] *Confessiones*, 5.8.

그때 어머니가 저 없이 혼자 돌아가지 않으려 하였기에 마침 저
희가 타고 갈 배 가까운 곳에 있는 복되신 키프리아누스 기념경
당이 있었기에 그곳에서 밤을 보내시라고 겨우 어머니를 달랬습
니다. 그리고는 그 밤을 틈타 저는 몰래 떠나버렸고 그이는 못 떠
났습니다. 기도하며 울며 거기 남았습니다. … 바람이 일었고, 저
희 돛을 부풀렸고, 저희 시야에서 해안을 멀리 떼놓았습니다.[10]

그 당시에 본인은 알지 못했지만, 이 사건을 포함한 여러 사건, 떠
나고 떠나보내는 쓰라린 일을 겪는 중에도 성령의 바람은 그를 돕
고 있었다. 어쨌든 모니카는 집으로 돌아왔고 방황하는 아우구스
티누스는 로마에 갔다.

사랑하는 이를 떠나보내는 것은 고통스럽다. 그러나 모든 사랑
에는 이러한 과정이 있다. 이생에서 우리가 하는 모든 사랑이 그렇
다. 우리는 머무르던 자리를 떠나 성장해야 하고, 마찬가지로 다
른 이도 떠나고 성장하도록 해주어야 한다. 안전하게 살기를 고수
하려는 태도는 궁극적으로 우리가 자라나는 것을 방해 할 수 있다.
익숙한 둥지를 떠나는 일은 고통스럽고, 심지어 잔인하게 느껴지
지만, 우리가 본래 자라야 하는 모습으로 자라나려면 자리를 다시
찾는 과정이 반드시 있어야 한다. 자녀를 향한 부모의 집착은 자녀
를 망가뜨리거나 무능하게 만들 뿐이다.

사랑하는 이를 떠나보내는 정신을 가장 감동적으로 그린 작품

---

[10] *Confessiones*, 5.15.

으로 티치아노Tiziano의 《나를 붙잡지 말라》Noli me tangere를 꼽을 수 있다. 이 그림의 배경은 첫 번째 부활절이다. 동산에서 막달라 마리아는 부활한 예수를 알아보고 그를 붙잡으려 한다. 이에 예수는 말한다.

> 내가 아직 아버지께 올라가지 않았으니
> 나를 붙잡지 말라. (요한 20:17)

우리가 살핀 맥락에서 예수가 전한 말을 풀자면 이렇게 될 것이다.

> 우리의 관계는 바뀌었다. 이제 우리는 서로를 새롭게, 이전과는 다른 식으로 알게 될 것이고 사랑하게 될 것이다. 이 길이야말로 참된 길이다. 그러니 나에게 매달리며 과거의 관계에 집착하지 마라. 이전 것은 죽어야만 한다. 그것들은 떠나보내고 새로운 관계 속으로, 더욱 깊은 관계 속으로, 더는 육체적 친밀함에 의존하지 않는 깊은 영적 관계 속으로 들어오라.

과거를 깨뜨리고 성장하기 위해 아우구스티누스는 전에 있던 곳을 떠나 새로운 곳으로 자리를 옮겨야 했다. 물론 거처를 옮기는 일을 그의 지적 여정에 견줄 수는 없다. 그는 끊임없이 이 철학 저 철학, 이 종교 저 종교를 살폈고 어느 하나에 헌신하기도 했다.

로마 제국은 무너져가고 있었고 이러한 분위기를 틈타 여러 종교가 횡행하고 있었다. 젊은 아우구스티누스가 보기에 4세기 그리스도교는 '참된 지혜' 중 한 형태였다.[11] 영민했던, 동시에 거만했던 이 청년은 그리스도교에 매력을 느꼈다. 그리스도를 따르는 것은 분명 깨달음에 이르는 한 방편이었다. 그러나 당시 아우구스티누스에게 깨달음이란 정신이라는 영역에 한정되어 있었다.

젊고 안식하지 못해 방황하던 아우구스티누스는 마니교 선교사들에게 좋은 먹잇감이었다. 그들은 자신들이 신에게 직접 계시를 받는다고, 신의 참된 본성도 자신들만이 알고 있다고 믿었다. 아우구스티누스가 살던 시대 카르타고는 이러한 선교사들로 북적였고 아우구스티누스는 세계에 대해 분열적인 견해를 갖게 하는 이 이원론적인 종교에 손쉽게 매혹되었다. 그러나 이탈리아에 도착하고 얼마 지나지 않아 그는 마니교처럼 당시에 유행하는 종교와 철학에 환멸을 느끼게 되었다. 이 환멸이 그가 밀라노에 있는 성당 뒷자리에 앉아 암브로시우스 주교의 가르침을 (처음에는 다소 불편함을 느꼈지만) 듣는 동력이 되었다.

아우구스티누스는 수차례 사상의 변화를 겪었다. 그 과정은 그가 전체 순례 여정을 지나며, 그리스도를 따르는 길에서 지나야 할 일종의 필수 관문 같은 것이었다. 아우구스티누스는 과거를 회상하며 자신이 예전에 그런 시절을 거쳤음을 흔쾌히(부끄러움 없이) 인정한다. 그가 이곳저곳으로, 또 이 사상 저 사상으로 옮겨 갔던 모

---

[11] 당시 아우구스티누스가 그리스도를 (오늘날 대다수 사람이 이해하는) 고난 받는 이, 십자가에 매달린 구세주로 묘사하지 않는다는 점은 흥미롭다. 사실 이러한 그리스도에 대한 심상들이 신앙의 중심으로 자리 잡은 것은 중세부터다. 4세기에 대다수 신학자는 그리스도를 '하느님의 위대한 말씀', '하느님의 지혜'로 묘사했다. 그리고 이러한 묘사는 아우구스티누스에게 호소력 있게 다가왔다.

든 과정이 그분의 큰 그림이었음을 알게 된 까닭이다. 그분은 신앙 여정 중에 매 순간 그를 이끄시고 추동하셨다. 그러나 이 영민한 지성의 소유자는 이때까지만 해도 본인의 관심사가 정신의 영역에만 국한되어 있음을 깨닫지 못했다. 자신을 안식하지 못하게 하는 근원이 정신보다 더 깊은 곳에 있고 정신, 마음, 의지에 걸쳐 전반적으로 작용하고 있음을 알게 된 일은 한참 지나서다. 그렇기에 당시 아우구스티누스는 자신이 도덕적으로 어떻게 살아야 하는지는 미처 생각하지 않고 있었다. 믿음이 행동의 바탕이 되기 위해서는 여전히 가야 할 길이 남아 있었다.

사람들이 하는 놀이

젊은 시절 어떤 면에서 아우구스티누스는 놀이를 하고 있었다. 놀이는 아이들만 하는 것이 아니다. 우리는 살아가면서 모두 일종의 놀이를 한다. 이를 통해 우리는 철없던 어린 시절로 돌아간다 (그렇게 어린 시절을 흉내 낸다). 놀이의 특징 중의 하나는 '속임'이다. 다른 사람을 속이고, 또 자기 자신을 속인다. 어떤 면에서 우리는 인생에 걸쳐 하느님과 놀이를 한다고도 볼 수 있다. 우리는 그분을 속이고 그분에게서 벗어나 숨으면서도 그렇지 않은 척한다. 첫 번째 아담처럼 우리는 자신을 보호하려 갑옷 뒤에 숨는다. 그렇게 우리는 갑옷을 열고 우리 안으로 진리, 사랑, 아름다움이 침입해 들어올까 두려워한다.

우리는 제각기 자신을 '속이고 감추는' 장치를 가지고 있다. 우리는 공허감을 감추려 장을 보거나, 술을 마시거나, 맛난 음식을 먹거나, 성에 몰입하거나, 일에 몰두하거나 또 다른 무언가를 한다. 그렇게 우리 안에 있는 근원적인 갈망을 피해 도망한다. 그러나 이러한 숨바꼭질로는 우리 내면에 자리한 갈망이 채워지지 않는다. 그 갈망은 하느님이 만드신, 그분을 향한 갈망이기 때문이다. 14세기 잉글랜드의 영성가 리처드 롤Richard Rolle이 한 말은 여전히 참이다.

> 인간의 영혼은 하느님 한 분만이 채울 수 있도록 창조되었기에, 하느님보다 작은 그 어떤 것도 인간을 채울 수 없다. 세상에 있는 것들을 사랑하는 이들이 무엇으로도 결코 온전히 만족할 수 없는 것은 이 때문이다.[12]

진실로 우리는 그분보다 작은 어떤 것으로도 우리를 채울 수 없다! 무신론이 횡행하는 오늘 이 시대는, 모든 형태의 욕망을 충족하는 것을 우선시한다. 우리는 잘못된 곳을 바라보며 결코 채워질 수 없는 것으로 자신을 채우려 한다. 물론 이편이 (젊은이들에게서 엿보이는) 현재에 만족하지 못하는 태도와 이를 극복하기 위해 행하는 여러 시도조차 포기한 채 차선에 만족하는 (그리고 빚에 평생 매여 아이를 낳는 것조차 포기하는) 문화보다는 덜 병든 것인지도 모른다. 그 때문에 몇몇 사람들이 제기하는, 현시대를 향한 강력한 비판은 아우구스티누스, 프란치스코 및 다른 무수한 그리스도교 성인들이

---

[12] Richard Rolle, *The Fire of Love* (Hodder and Stoughton Christian Classics, 1992), p.52.

끊임없이 외친 이야기와 크게 다르지 않다. 삶에는 삶 이상의 무언가가 있으며, 우리는 무엇을 위해 살아야 할지를 발견해야 한다. 이를 발견하기까지 우리는 자신의 존재 이유에 대한 질문에 파괴적이고 무책임하고 부정적인 삶으로 답하게 된다.

우리는 너무 쉽게 만족하며 절반의 진실에 매료된다. 그런 우리에게 '저 너머'에 관한 이야기는 별 매력이 없고, 무력할 뿐이다. 손 안에 든 한 마리 새를 (설령 가짜일지라도) 숲에 있는 (진짜) 새보다 낫다고 여기는 것이다. 그러나 가짜 새를 놓아 버리고 진짜 새를 잡아야 하지 않을까. 진짜 새는 사실 우리가 생각했던 것보다 훨씬 더 가까이에, 쉽게 잡을 수 있는 곳까지 다가와 있는지도 모른다. 현실에 안주하려는 태도에 그리스도교 신앙이 던지는 진정한 도전은 바로 이것이다. 그러나 우리는 빈손이 되기까지 손을 펴지 않는다. 하느님은 더 좋은 선물을 들고 우리가 손을 펴기를 기다리고 계시나 우리는 손을 펴려 하지 않는다. 이때 '거룩한 불만족'은 진정한 탐험의 동력이 된다. 좋은 것이 있던 자리에 더 좋은 것이, 더 좋은 것이 있던 자리에 최선의 것이 있게 되기까지는 기나긴 여정을 거쳐야 하며 이 여정에 오르기 위해서는, 이 여정을 유지하기 위해서는 안식하지 못하는 마음이 있어야 한다. 이는 신앙생활을 할 때도 마찬가지다. 그리스도를 따르는 길에서, 순례자로 훈련을 받는 과정에서 너무나 쉽게, 너무나 빨리 안주해서는 안 된다. C. S. 루이스는 말했다.

우리 주님은 우리의 갈망이 너무 강하기는커녕 오히려 너무 약하
다고 말씀하실 듯합니다. 우리는 무한한 기쁨을 준다고 해도 술
과 섹스와 야망에만 집착하는 냉담한 피조물들입니다. 마치 바닷
가에서 휴일을 보내자고 말해도 그게 무슨 뜻인지 상상하지 못해
서 그저 빈민가 한구석에서 진흙 파이나 만들며 놀고 싶어 하는
철없는 어린아이와 같습니다. 우리는 너무 쉽게 만족합니다.[13]

실로 오늘날 인류의 가장 큰 문제는 너무나 쉽게, 빨리 만족한다
는 것에 있다. 때로는 하느님께서 실재를 반짝하고 섬광처럼 보여
주시고는 그 섬광 같은 경험이나 상징 안에 들어 있는 실재는 주지
않으시며 우리를 놀리시는 것도 같다. 그러나 우리 존재의 가장 깊
은 중심에, 자아의 심부에 자리한 진리, 아름다움, 선, 기쁨 같은
것들은 우리가 경험한, 그 참된 것을 싸고 있는 포장지에 예속되지
않음을 알 필요가 있다. 마르틴 루터는 말했다.

은총은 경험으로부터 온 경험이다.

또한 C. S. 루이스는 말했다.

아름다움, 과거의 기억 등은 우리가 정말 바라는 대상에 대한 좋
은 심상이지만, 그것들을 대상 자체로 오해하면 어리석은 우상들

---

13 C. S. Lewis, *They asked for a paper: Papers and addresses* (Geoffrey Bles, 1962), p.197.

여정의 시작 | 87

로 변질되어 숭배자들은 결국 상심하고 맙니다. 그것들은 우리가 발견하지 못한 꽃의 향기이고, 들어 보지 못한 곡조의 메아리이고, 우리가 아직 방문하지 못한 나라에서 온 소식입니다.[14]

구약성서에 나오는 이스라엘 사람들처럼 우리는 계속해서 움직여야 한다. 영적으로도 그렇고, 때로는 물리적으로도 그렇다. 그런 우리가 살아가면서 만나는 진리, 선함, 아름다움은 우리가 여정을 이어갈 수 있도록 영양분이 되어 우리를 이끌어준다. 그러나 그러한 것들은 손쉽게 찾을 수 없고, 이 세상에서는 어떠한 방식으로든 영구히 소유할 수 없다. 이 세상 어느 곳이든, 어느 때든 우리는 진리, 선, 아름다움을 발견할 수 있지만 그것들은 궁극적으로 이 세상에 속한 것이 아니며 우리가 쌓고 소유할 수 있는 성질의 것이 아니다. 우리는 단지 이들을 섬광을 보듯, 일시적으로 맛볼 수 있을 뿐이다. 그러나 동시에 이들은 여러분과 나, 아우구스티누스와 같이 순례의 여정 중에 있는 이들에게 기운을 북돋우는 영양분이 되어준다. 우리의 여정은 편안치 않으며 예측할 수도 없다. 민수기에 기록된 이스라엘 백성의 여정은 우리가 걷고 있는 여정의 원형이다. 그들은 이집트에서 노예로 살고 있다가 사막을 지나 약속의 땅으로, 자유를 향해 간다. 하느님께서 함께하심을 알리는 구름이 장막에 내려앉을 때마다 이스라엘 백성은 그곳에 천막을 치고 머물렀다. 진정한 순례자들과 그리스도를 따르는 이들은 이렇게 낮

---

[14] C.S. Lewis, *They asked for a paper: Papers and addresses*, p.197.

선, 정착하지 않는 삶을 산다. 그것이 우리가 살아가는 방식이다.

> 혹은 그 구름이 이틀이고 한 달이고 한 해고, 오래 성막 위에 머
> 물러 있으면 이스라엘 백성은 진을 친 채 길 떠날 생각을 하지 않
> 았다. 그 구름이 걷혀 올라가야 길을 떠났다. (민수 9:22)

이렇게 헤매다 보면 하느님께서는 우리가 한 곳에 머무는 것을 싫
어하시는 게 아닐까, 우리가 쉴 곳을 미처 마련해두지 못하신 것은
아닐까 생각이 들 수 있다. 그러나 그분은 우리에게 언제나 더 좋
은 것을 주고자 하신다. 문제는 (우리가 우리를 불편하게 하는 성령, 움
직이도록 하는 성령에 제대로 반응하지 않으면) 우리에게는 언제나 우리
가 가진 것, 편안하다고 느끼는 것, 차선에 불과한 것에 안주하려
는 경향이 있다는 것이다. C.S.루이스의 말대로 우리는 너무 쉽게
만족한다.

　실제 삶이라는 여정이든, 우리 내면에서 진행되는 여정이든 아
우구스티누스에게 그랬듯, 성령은 우리의 정신을 먼저 밝혀 준다.
그러나 여기서 여행이 시작된다 할지라도 그 여정의 종착지는 정
신이 아니다. 내면의 여정은 우리의 정신이 밝히는 데서 시작해 우
리 마음을 따뜻하게 하고 궁극적으로 우리의 의지에 불을 붙이는
데까지 이어진다. 참된 변화는 내면에서 일어나며, 우리는 이러한
변화가 일어나기를 갈망해야 한다. 삶에서 의도치 않게 살던 곳을
옮기게 되고, 집 안에 있는 가구들을 재배치할 때, 어딘가로 여행
을 떠날 때 우리는 내심 무언가 좋은 결과가 일어나기를 바란다.

그러나 풍경이 바뀐다고 해서 참된 변화가 일어나는 것이 아니다. 풍경이 바뀐다고 해서 '내'가 바뀌지는 않기 때문이다. 삶이라는 여정에서 가장 무거운 짐은 나 자신이다. 순례자가 변하지 않으면 그가 가는 곳은 어디든(설령 그곳이 천국이라 할지라도) 지옥으로 변하고 말 것이다.

아우구스티누스가 자신의 여정 중 첫 번째 단계를 마무리한 시점이 33세 때였음을 잊지 말자. 그 지점에 이르러서야 그는 자신이 엉뚱한 곳에 온 마음을 쏟아왔음을 알았고 온 마음으로 바라고 갈망하던 것이 무언지를 깨달았다. 『고백록』에서 아우구스티누스는 말했다.

또 보십시오, 당신께서는 안에 계셨고 저는 밖에 있었는데, 저는 거기서 당신을 찾고 있었고, (당신께서 만드신 아름다운 것들 속으로 제가 추루하게 쑤시고 들어갔었습니다.) 당신께서는 저와 함께 계셨건만 저는 당신과 함께 있지 않았습니다. 당신 안에 존재하지 않았더라면 아예 존재조차 하지 않았을 것들이 저를 당신께로부터 멀리 붙들어 놓고 있었습니다. 당신께서 저를 부르시고 소리 지르시고 제 어두운 귀를 뚫어 놓으셨고, 당신께서 비추시고 밝히시어 제 맹목을 몰아내셨으며, 당신께서 향기를 풍기셨으므로 저는 숨을 깊이 들이키고서 당신이 그리워 숨 가쁘며, 맛보고 주리고 목이 마르며, 당신께서 저를 만져주시고 나니 저는 당신의 평화

가 그리워 불타올랐습니다.[15]

늦은 나이에, 지난 시간을 되돌아보면서 아우구스티누스는 깨달
았다. 안식하지 못한 채 방황하며 이곳저곳에 머무는 동안 그가 실
제로 좇은 것은 하느님이 아니었음을 말이다. 오히려 그를 찾아 헤
매신 분은 하느님이셨으며, 그는 (아담이 그랬듯) 하느님을 피해 숨
으려 했음을 깨달았다. 프랜시스 톰슨이 시에서 표현한 대로 하느
님은 '천국의 사냥개'다. 그분은 인생이라는 미로를 뚫고 사냥개가
먹이를 좇듯 우리를 좇아오신다. 이를 깨닫는 순간 우리는 성 요한
의 말을 이해할 수 있다.

> 내가 말하는 사랑은 하느님에게 대한 우리의 사랑이 아니라
>
> 우리에게 대한 하느님의 사랑입니다. (1요한 4:10)

그분은 처음부터, 처음이 있기 전부터, 우리가 모태에 있을 때부
터 우리를 사랑하셨고 사랑하고 계신다. 언제나 그리고 영원히 우
리를 사랑하신다. 그분은 우리를 버려두지 않으신다. 그러니 우리
가 하느님을 찾고 싶어 한다고 확신하는 실수를 범해선 안 된다.
이는 진실과 정반대이기 때문이다. 고집스레 우리를 찾아 헤매시
는 분은 바로 하느님이다. 그리고 우리는 계속해서, 정신과 마음에
있는 각종 도구를 활용해 그분으로부터 숨으려 한다. C.S.루이스는

---

[15] *Confessiones*, 10.27.

이 지점에서 하느님을 찾는 인간을 고양이를 찾는 쥐에 빗댄 적이
있다.[16] 쥐가 고양이를 찾아 헤맨다고 말하는 것은 얼마나 우스꽝
스러운가. 쥐를 쫓는 것은 고양이다. 쥐는 잡히지 않으려 조심하는
편이 낫다.

　　그리스도교는 우리를 집요하게 찾아오시는 하느님을 이야기한
다. 이 놀라운 계시를 시편 기자는 위대한 통찰력으로 포착한다.

　　　　야훼여 당신께서는 나를 환히 아십니다. …
　　　　걸어갈 때나 누웠을 때나 환히 아시고,
　　　　내 모든 행실을 당신은 매양 아십니다. (시편 139:1,3)

하느님은 우리가 어떤 사람이며 어떤 일을 겪고 있는지를 아신다.
복음은 모든 소식 중에도 최고의 소식, 좋은 소식을 선포한다. 바
로 하느님이 우리를 너무나 사랑하셔서, 당신이 계시던 자리를 스
스로 떠나 우리 있는 곳에 오셨다는, 성육신하신 아들 예수 그리스
도를 통해 그 사랑을 드러내셨다는 소식 말이다. 진정한 사랑은 언
제나, 스스로를 기꺼이 내어놓는다. 사랑의 하느님은 기꺼이 길을
잃고, 하늘에서 이 땅으로 오시며 지옥까지 가셨다가 다시 이 땅으
로 오신다. 그렇기에 그리스도 안에 계신 하느님은 성령을 통해 우
리가 삶이라는 여정에서 어떠한 상황에 처해 있든지 우리를 만나
주시며 우리를 본향으로 이끌어 주신다. 황망히 엠마오로 가는 두

---

[16]　　C.S. Lewis, *Surprised by Joy* (Harcourt, Inc.,1955), pp.227. 『예기치 못한 기쁨』(홍성사)

제자를 만나주셨듯이 말이다. 심지어 우리가 지옥에 있을지라도 그분은 우리를 만나주신다. 이 때문에 그리스도교 전통에서는 신경을 통해 그분이 "지옥으로 내려가셨다"고 단언한다.

물론 우리의 수준에서 보기에 그분은 짓궂으리만치 숨어 계신 것 같고, 그분을 찾으려는 노력은 자주 헛수고로 돌아가는 듯 보이기도 한다. (이럴 때 교회가 그들을 도와주어야 한다.) 교회가 신경에 있는 모든 내용을 단번에 받아들이지 못하면 그리스도인이 아니라거나, 성서가 명하는 바를 그대로 행하지 못하면 참된 그리스도인이 아니라고 말하는 듯한 인상을 주어서는 그들을 돕기 어렵다. 참된 그리스도인의 모습에 이르지 못하였더라도 지금의 자리에 머무르지 않으려 하며 거룩한 불만족을 느끼는 이들은 진리를 따르는 그리스도의 제자다. 진정 궁극적인 것, 영원, 진리와 생명을 추구하면 어느 날엔가 분명 복음서에 기록된 말씀이 귀에 들리는 날이 올 것이다.

하느님의 나라가 멀지 않았다. (마르 12:34)

성 바울로 성당의 관할 사제였던 존 던John Donne은 온 힘을 다해 기도했다.

삼위일체 하느님이시여, 제 마음을 부수어 주소서.[17]

---

[17] John Donne, Holy Sonnets XIV

우리는 용기를 가지고 존 던처럼 기도해야 한다. 마음을 다해 드리는 기도는 언제나 우리 안에 있는 가장 깊은 열정과 갈망으로 타오르기 마련이다. 그리고 그 기도에 응해 그분은 (과거에 머무르고자 하는) 우리 마음을 부서뜨리신다. 그렇게 그는 다마스쿠스로 가던 바울로의 마음을 부서뜨리셨다. 더운 어느 날 오후, 밀라노의 정원을 거닐던 아우구스티누스의 마음을 부서뜨리셨다. 어느 날 밤 올더스게이트 거리에서 집회에 참석하던 존 웨슬리John Wesley의 마음을 부서뜨리셨다. 물론 우리가 기존에 있던 곳을 떠나 하느님에게 자리를 잡기 위해 언제나 이렇게 극적인 사건이 일어나야만 하는 것은 아니다. 어느 날 불현듯, 우리의 마음에 있던 빗장이 열릴 때, 그 틈에 그분께서 우리 마음의 방 안으로 한 걸음 들어오시는 것, 그것으로 충분한 때도 있다. 그렇게 되면 이제 우리는 나아갈 뿐, 다시는 그 일이 있기 전으로 돌아갈 수 없다.

1960년대 사제 서품을 받고 몇 년간 우울증을 겪은 적이 있다. 결과적으로 짧은 기간 내 회복되었지만 당시에는 자칫하면 완전히 무너질 수도 있을 정도로 간신히 하루하루를 버텨 나가고 있었다. 그런 내게 친구는 수도원에서 피정하며 푹 쉬라고 권했다. 현명한 친구의 조언을 따라 시간을 내 베네딕도 수도회가 운영하는 내쉬돔 수도원에 머물렀다. 피정을 하던 어느 날, 점심을 먹고 수도원에 있는 작은 방 의자에 앉아 잠시 잠이 들었다. 갑자기 설명할 수 없는 눈물이 터져 나와 잠에서 깨어났다. 무언가가 성서를 꺼내 읽게끔 나를 이끌었고 요한의 복음서 6장이 내 눈에 들어왔다. 구절의 단어 하나하나가 살아 숨 쉬었다. 그때만큼은, 그 모든 말이 오롯이 나를 위해 있는 듯했다.

영원한 생명이 여기 계시오니
내가 어디로 가겠습니까? (요한 6:68)

그 순간 나는 방에 더는 나 홀로 있지 않음을 깨달았다. 그곳에는
회복과 새로운 생명을 주는 반짝이는 빛이 나와 함께 있었다. 사
람들이 말하는 '깨달음의 순간'이었다. 나는 알았다. 이 순간, 이제
이전으로 돌아가는 것은 불가능하다고. 글자 그대로 나는, 다시 움
직이게 되었다.

아우구스티누스의 기도

아버지,

저는 찾고 있습니다.

망설이며 확신하지 못하는 중에 찾고 있습니다.

그러나 오 하느님, (이런 저라도,)

제 모든 발걸음을 살피시고

저를 인도해주시겠습니까.

◇ 더 깊은 묵상을 위한 질문들

개인을 위한 질문

1. "이곳, 지상에서 살아간다는 것은 변화를 뜻하며 완성에
   이른다는 것은 곧 자주 변화한다는 것을 뜻한다." 삶의 과
   정에서 어떠한 변화의 순간들이 있었는가? 가장 큰 변화
   는 무엇이었는가? 중요한 순간들을 그래프나 시간표로 그
   려보자(전학, 커다란 영향을 미친 사람과의 만남, 누군가의 죽음,
   휴일, 교통사고, 사랑에 빠진 일, 특별한 책과의 만남). 그 일은
   당신의 정신적인 성장, 혹은 신앙에 어떠한 영향을 미쳤
   는가? 그 변화는 기뻤는가, 고통스러웠는가? 당시 일어난

일에 대한 이해는 시간이 흐르면서 바뀌었는가? 아니면 그대로인가? 당신의 선택과 하느님의 손길은 어떻게 상호작용했다고 생각하는가? 시간표를 간직하고 질문들에 대한 답은 나중에 적어도 좋다.

2. 나이가 들고 몸이 변화할 때 어떠한 느낌이 들었는가? 사춘기, 부모가 된 일, 혼자임을 받아들인 일, 중년, 신체능력이 쇠퇴하는 일 등. 그런 일들을 겪을 때 느낀 감정(두려움, 자랑스러움, 흥미로움, 만족감)을 기록해 보자. 앞서 기록한 시간표에 이 일들을 표시해보자.

3. 최근에 (동창회나 누군가의 결혼식, 혹은 장례식에서, 혹은 우연히) 한동안 보지 않은 사람을 만난 적이 있는지 생각해보자. 그 사람은 어떤 모습으로 변해 있었는가? 또한 그 사람은 당신을 어떻게 보았는가? 당신의 변화에 대한 그들의 반응에 당신은 어떻게 대응했는가?

4. 당신은 궁극적으로 어디를 향해 가고 있다고 생각하는가? 당신이 생각하는 궁극적인 목적지는 당신이 의사 결정을 하

는데 어떠한 영향을 미치는가? 목적지에 맞추어 의사 결정을 하기 위한 더 좋은 방법은 없는가? 당신이 생각하는 궁극적 가치에 비추어 당신의 인생을 분석해보자. 그 분석 결과는 만족스러운가?

5. 당신이 무언가를 회피하려 할 때 사용하는 도구가 무엇인지 알고 있는가? 이 도피를 위한 도구에는 일 중독, 회피, 부산한 활동, 음주, 다른 사람을 탓하기 등이 포함되어 있다. 어쩌면 골프, 친구와 시간 보내기, 쇼핑, 여행 같은 것일지도 모르겠다(이 중 몇몇은 그 자체로는 괜찮은 활동이다). 내가 주로 사용하는 도구가 무엇인지 기록해보라. 편안한 느낌이 드는가? 아니면 어떤 부분에서 변해야겠다는 생각이 드는가?

공동체를 위한 질문

1. 바울로의 회심 이야기를 살펴보자. 사도행전 9:1~9를 먼저 읽고 다음에 26:9~20을 읽어보라.

한편 사울은 여전히 살기를 띠고 주의 제자들을 위협하며 대사제에게 가서 다마스쿠스에 있는 여러 회당에 보내는 공문을 청하였다. 그렇게 해서 그리스도교를 믿는 사람은 남자여자 할 것 없이 눈에 띄는 대로 잡아서 예루살렘으로 끌어올 수 있는 권한을 받았다. 사울이 길을 떠나 다마스쿠스 가까이에 이르렀을 때에 갑자기 하늘에서 빛이 번쩍이며 그의 둘레를 환히 비추었다. 그가 땅에 엎드러지자 "사울아, 사울아, 네가 왜 나를 박해하느냐?" 하는 음성이 들려왔다. 사울이 "당신은 누구십니까?" 하고 물으니 "나는 네가 박해하는 예수다. 일어나서 시내로 들어가거라. 그러면 네가 해야 할 일을 일러줄 사람이 있을 것이다." 하는 대답이 들려왔다. 사울과 동행하던 사람들도 그 음성은 들었지만 아무것도 보이지 않아 벙벙해서 서 있기만 하였다. 사울은 땅에서 일어나 눈을 떴으나 앞이 보이지 않았다. 그래서 사람들이 그의 손을 끌고 다마스쿠스로 데리고 갔다. 사울은 사흘 동안 앞을 못 보고 먹지도 않고 마시지도 않았다. (사도 9:1~9)

사실은 저도 한때는 온갖 힘을 다해서 나자렛 예수를 대항해야 한다고 생각하고 예루살렘에서 그 일에 손을 댔었습니다. 저는 대사제들에게서 권한을 받아가지고 많은 성도들을 감옥에 처넣고 그들을 처형하는 일에 찬동하였습니다. 그리고 회당마다 찾아가서 그들에게 여러 번 벌을 주어 강제로 신앙을 부인하게 하려고 하였습니다. 그들에 대한 분노가 극도에

달해서 저는 심지어 이방 여러 도시에까지 찾아가서 그들을 박해하였습니다. 이런 일로 저는 대사제들에게서 권한과 위임을 받아가지고 다마스쿠스로 내려가게 되었습니다. 그런데 전하, 제가 그리로 가다가 한낮에 하늘에서 번쩍이는 빛을 보았습니다. 그 빛은 해보다도 더 눈부시게 번쩍이며 저와 저의 일행을 두루 비추었습니다. 저희는 모두 땅에 엎드렸습니다. 그리고 히브리 말로 "사울아, 사울아, 왜 나를 박해하느냐? 가시 돋친 채찍에다 발길질을 하다가는 너만 다칠 뿐이다."하는 음성을 제가 들었습니다. 그 때 제가 "당신은 누구십니까?"하고 물었더니 주께서는 이렇게 말씀하셨습니다. "나는 네가 박해하는 예수다. 자, 일어나 바로 서라. 내가 나타난 것은 너를 내 일꾼으로 삼아 네가 오늘 나를 본 사실과 또 장차 너에게 보여줄 일들을 사람들에게 증언하게 하려는 것이다. 나는 너를 유다인들과 이방인들에게서 구해 내겠다. 그리고 다시 너를 이방인들에게 보내어 그들의 눈을 뜨게 하여 그들을 어둠에서 빛으로, 사탄의 세력에서 하느님께로 돌아가게 하겠다. 그리하여 나를 믿고 죄를 용서받아 성도들이 차지할 몫을 나누어받게 하려는 것이다."

아그리빠 전하, 그 때부터 저는 하늘로부터 받은 계시를 거역할 수가 없어 우선 다마스쿠스 사람들에게, 그 다음은 예루살렘과 유다 온 지방 사람들에게, 나아가서는 이방인들에

게까지 회개하고 하느님께 돌아와서 회개한 증거를 행실로 보이라고 가르쳤습니다. (사도 26:9~20)

두 본문을 비교하는 표를 그려보자. 각 본문은 무엇을 의도하고 무엇을 강조하는가? 차이점을 발견할 수 있는가? 이제 바울로가 로마인들에게 보낸 편지 7:15~24를 일순간에 일어나는 회심 사건과 대조해 보자.

나는 내가 하는 일을 도무지 알 수가 없습니다. 내가 해야겠다고 생각하는 일은 하지 않고 도리어 해서는 안 되겠다고 생각하는 일을 하고 있으니 말입니다. 그런데 그런 일을 하면서도 그것을 해서는 안 되겠다고 생각하는 것은 곧 율법이 좋다는 것을 인정하는 것입니다. 그렇다면 그런 일을 하는 것은 내가 아니라 내 속에 도사리고 있는 죄입니다. 내 속에 곧 내 육체 속에는 선한 것이 하나도 들어 있지 않다는 것을 나는 알고 있습니다. 마음으로는 선을 행하려고 하면서도 나에게는 그것을 실천할 힘이 없습니다. 나는 내가 해야 하겠다고 생각하는 선은 행하지 않고 해서는 안 되겠다고 생각하는 악을 행하고 있습니다. 그런 일을 하면서도 그것을 해서는 안 되겠다고 생각하고 있으니 결국 그런 일을 하는 것은 내가 아니라 내 속에 들어 있는 죄입니다. 여기에서 나는 한 법칙을 발견했습니다. 곧 내가 선을 행하려 할 때에는 언제나 바로 곁에 악이 도사리고 있다는 것입니다. 나는 내 마음속으로는 하느님의 율법을 반기지만 내 몸 속에는 내 이성의 법과 대결하여 싸우고 있는 다른 법이 있다는 것을 알고 있습니다. 그 법은 나를 사로잡아 내 몸 속에 있는 죄의 법의 종이 되게 합니다. 나는 과연 비참한 인간입니다. 누가 이 죽음의 육체에서 나를 구해 줄 것입니까? (로마 7:15~24)

갑작스러운 변화와 지속되는 분투를 구별할 수 있는가? 어떻게 신앙을 갖게 되었고, 그 이후로 어떤 도전들을 받고 있는지 서로의 이야기를 나누어 보자.

2. '개인을 위한 질문'에서 작성한 답변과 질문을 살펴보자. 그 내용을 공동체와 나누고 다른 구성원의 이야기를 들어 보자. 각 사람이 준비된 만큼만 나눌 수 있도록 하라. 어떤 사람은 구체적인 내용보다는 (추상적인) 원리에 관해 이야기하는 편을 좋아할 수 있다. 실제로 타고난 성격에 따라 선호하는 소통 방식은 다르다. 이를 고려해 이야기를 나눔으로써 모두가 대화에 참여할 수 있게 해보자.

3. 오늘날 사회는 얼마나 빠르게 변하고 있다고 생각하는가? 그리고 이는 사회와 개인에게 어떠한 영향을 미치고 있는가?

4. 어떻게 신앙이 두려움을 내어쫓을 수 있을까? "옛 아담의 두려움에 휘말린 채 죽음으로 되돌아가느냐 새로운 아담 안에 있는 사랑과 생명을 좇아 신앙으로 돌아서느냐 …" 오늘날 우리에게 이 말은 어떠한 의미가 있을까?

5. 본문에 나온 유전자 공학에 관한 이야기를 당신은 어떻게 생각하는가? 유전자 공학이 계속 발전하기 위해서는 어떠한 지침이 필요하다고 생각하는가?

묵상을 위한 성구

여기 적힌 성구를 읽을 때는 본문이 품고 있는 진리 안에서 몸과 마음의 긴장을 풀고 그 진리를 지성, 감정, 의지로 흡수해보라. 침묵의 시간을 갖거나 묵상하기에 좋은 음악을 틀어도 좋다. 앞서 그린 인생 시간표를 살펴보고, 내 인생에 대한 그림을 마음에 담고, 이를 하느님의 손에 올려드리며 묵상해보라.

그러므로 내 사랑하는 교우 여러분, 여러분은 … 언제나 순종하였거니와 … 지금에 와서는 더욱 순종하여 두렵고 떨리는 마음으로 여러분 자신의 구원을 위해 힘쓰십시오. 여러분 안에 계셔서 여러분에게 당신의 뜻에 맞는 일을 하고자 하는 마음을 일으켜 주시고 그 일을 할 힘을 주시는 분은 하느님이십니다. (필립 2:12~13)

제2장

마음에 있는 갈망을 쫓아서

주께서 그들의 청을 들어주시었으나
속이 뒤틀리는 아픔을 함께 주셨다.

- 시편 106:15(커버데일coverdale 성서)

"이제 그 일에는 마음 두지 마!" 지나간 일에 마음을 쏟는 이들에게 우리는 그렇게 조언한다. 이는 과거에 실망한 일에 매여 보았던 경험에서 우러나오는 조언이지만 잘 먹히지는 않는다. 우리를 조정해주는 것은 경험 자체이기 때문이다. 기꺼이 경험이 주는 지혜를 얻고자 하기만 하면, 우리는 언제나 배울 수 있다. 바라던 바를 이루지 못하여 실망하였을 때는 물론, 바라던 바를 이루었을 때도 우리는 배운다. 그 성취가 우리를 온전히 채워주지 못하며 도리어 깊은 실망과 환멸을 안겨줄 수 있음을 말이다.

그럼에도 무언가를 바라고 갈망하는 것은 인간의 천성이다. 이러한 마음은 우리가 큰 꿈을 갖게 하고 힘을 주며 우리가 이르고자 하는 자리에 닿도록, 닮고자 하는 누군가를 '기어코' 쫓도록 우리를 자극한다. 물론 한 마음으로 정신을 조정한다고 해서 바람이 이루어지지는 않는다. 판단을 냉철히 하는 것만으로도 안 된다.

우리는 거기에서 더 나아가야 한다. 참된 만족, 영원한 만족을 향한 첫 번째 단계는 바로 '간절함'을 갖는 것이다. 그것을 이루기 위해서라면, 그래야 한다면, 자신이 가진 나머지 모든 것을 희생할 수 있을 만큼 '간절히' 원하는 것, 이것이 만족으로 나아가는 첫걸음이다. 예수께서는 하느님의 나라에 관한 비유를 통해 그것만을 바라는 간절한 마음(신약성서의 표현을 빌자면 '순결한 마음')이 무엇인지를 이야기하신다. 이 이야기를 통해 그분은 우리에게 하느님 나라를 간절히 염원하라고 호소하며 설득한다.

> 하늘나라는 밭에 묻혀 있는 보물에 비길 수 있다. 그 보물을 찾아낸 사람은 그것을 다시 묻어두고 기뻐하며 돌아가서 있는 것을 다 팔아 그 밭을 산다. 또 하늘나라는 어떤 장사꾼이 좋은 진주를 찾아다니는 것에 비길 수 있다. 그는 값진 진주를 하나 발견하면 돌아가서 있는 것을 다 팔아 그것을 산다. (마태 13:44~46)

온 마음으로 바라고 갈망하는 바(신약성서는 이를 '보물'이라 불렀다)를 알고, 그 갈망이 증류되어 깨끗해지기까지 우리는 지금 서 있는 자리를 떠날 수도, 성장할 수도, 영원한 변화를 경험할 수도 없다. 우리 마음이 어디에 머물고 있는지, 우리가 무엇에 '마음을 두고' 있는지를, 즉 우리의 '보물'이 어디에 묻혀 있는지를 알아야 한다. 우리 마음이 무엇을 갈망하는지에 따라 우리 의지가 어디를 향해 움직일지가 정해진다. 예수께서는 말씀하셨다.

너희 보물이 있는 곳에, 너희 마음도 있다. (마태 6:21)

영혼, 우리 내면의 생명은 정신이라는 영역에만 자리 잡고 있지 않다. 뇌, 혹은 지성의 영역은 종교를 다 담을 수 없다. 정신이 품고 있는 생각은 우리 마음에 자리한 갈망과 연결되어야 하며 의지를 통해 행동으로 발현됨으로써 완성된다. 행동은 말보다 강하며 우리가 삶을 살아가는 방식, 우리 삶의 우선순위, 우리 삶의 목적에 근본적인 영향을 미친다. 마찬가지로 신앙의 삶에서 하느님께서는 우리의 갈망이라는 '물'을 취하셔서 당신의 갈망을 불어넣어 순수한 '포도주'로 바꾸신다. 궁극적으로 우리의 갈망은 하느님이 아닌 그 무엇으로도 충족될 수 없다. 그분은 우리가 바라는 모든 것보다 크다. 성령의 바람은 우리 지성에서 일어나는 이성적인 사고를 바로 세우고 마음에서 일어나는 갈망을 타오르게 하며 의지에 불을 붙여서 우리가 하느님을 향하도록 삶의 방향을 재조정 한다. 그리스도교에서 말하는 제자도는 우리에게 있는 갈망을 꺾어버리지 않는다. 대신, 갈망의 방향을 조정한다. 그리스도를 따르고자 한다면 우리는 우리를 움직이게 하는 동력과 우리가 진정으로 중시하는 것을 하느님 앞에 내놓아야 한다. 순례의 초입에서 우리의 갈망은 대개 잘못된 곳을 향하기 마련이다. 그렇기에, 그럼에도 그것을 가지고 나와야 한다. 언젠가 아우구스티누스는 갈망에 관해 말했다.

> 사랑에 빠진 사람을 데려와 보십시오, 그는 내가 하는 말이 무엇인지 알 것입니다. 무언가를 갈망하는 사람, 굶주린 사람, 먼 사막에 있는 사람, 목마른 사람, 영원한 나라가 일어나기를 바라며 한숨짓고 있는 사람. 그러한 사람을 데려와 보십시오. 그는 내가 무엇을 말하는지 알 것입니다. 그러나 냉담한 사람, 그는 내가 무슨 말을 하고 있는지 알지 못할 것입니다.[1]

또한 어느 시인은 갈망에 관해 이렇게 노래했다.

> 전날 밤 나는 나방과 이야기했다.
> 그는 전구를 향해 뛰어들어
> 전선 위에서 스스로 타버렸다.
> "한순간이라도
> 행복한 편이 나아.
> 아름답게 타버리는 것이,
> 오래도록 살기 위해 사는 것보다…"

---

[1] *In Iohannis evangelium tractatus*, 26. 4.

나는 그에게 동의하지 않았으나

그러나 동시에 나는 바랐다.

그가 스스로를 태워버려도 좋을 만큼 원했던,

그처럼 간절히 원하는 것이 내게도 있기를.[2]

어떤 동양 종교들과 달리 진정한 그리스도교 영성은 우리에게 있는 갈망과 동경을 표현하며 이들을 따스한 영성으로 품는다. 시편은 인간의 마음과 그 마음이 갈망하는 바를 셀 수 없이 언급한다. 시편 전체가 그러한 실들로 엮인 직물이라 해도 과언은 아니다. 이 문헌에는 우리 안에 얽혀 있는 빛과 어두움, 온갖 열망을 담은 기도들이 신비롭게 엮여 있다.

암사슴이 시냇물을 찾듯이,

하느님, 이 몸은 애타게 당신을 찾습니다. (시편 42:1)

주님, 제가 주님의 구원을 간절히 기다립니다. (시편 119:174)

하늘에 가도 나에게는 당신밖에 없사옵고

땅에서도 당신만 계셔 주시면

그에게 무엇을 더 바라리이까? (시편 73:25)

---

[2] Don Marquis, 'The lesson of the moth', quoted in *Prayer* (vol. 1) by Simon Tugwell (Veritas, 1974), p.92.

그리스도교 영성가 토머스 트러헌Thomas Traherne은 오롯이 '갈망'에
헌정하는 시를 썼다.

내게 갈망을 주시네.

열렬한 갈증을, 타오르는, 뜨거운 불을,

순결하고 순수한 불꽃을,

내가 사는 세상에 대한 사랑을,

내면에 숨겨진 천상을 향한 사랑을 주시네.

그 사랑이 내 영혼을 일하게, 움직이게 하네.

영원히, 언제나

안식하지 못하는 갈망으로, 천상을 향한 욕망으로

나를 타오르게 하네.

결코 채워지지 않는 갈망으로

쉴 새 없이 천국에 대한 갈망으로.

미지의 것에 대한 암시를 줌으로 설명할 수 없는 그것을

어렴풋이 알아보게 하네. 그리하여 나를 견디게 하네.

영원히 그분의 이름을 찬양하도록 하네.[3]

오늘날 적잖은 영성 작가들의 글은 우리가 우리의 갈망과 친구가
되도록 돕기보다는, 갈망을 진정시키려 애쓰는 것 같다. 이는 참된
그리스도교 영성과는 거리가 멀다.

---

[3]   Thomas Traherne, 'Desire' in *Selected Poems and Prose* (Penguin, 1991), p.43.

그리스도교 영성, 유대-그리스도교 전통은 우리 마음에 있는 간절함을 직설적으로 이야기한다. 종종 사람들은 여러 성인, 거룩하기로 유명한 남성과 여성들이 경험한 압도적인 회심 이야기를 접하고 그 사건 이후 그들이 자기 안에서 타오르던 욕망을 버렸으리라 추측한다. 그러나 그러한 추측은 그들의 일부 모습을 과장하고 단순화한 것에 지나지 않는다. 그들은 자신들에게 있던 갈망과 열정을 냉정하게 거부하지 않았다. 집착에 가까운, 병든 욕망을 가진 이들에게는 욕망을 진정시키라는 충고가 어느 정도 유효할지도 모르나 그러한 경우에도 그것이 최선의 해법은 아니다. 수도사나 수녀가 되는 이들 중 일부는 수도사나 수녀가 되기 전에 매우 열정적인 인물들이었다. 이를테면 아씨시의 프란치스코Francis of Assisi는 어린 시절 옷을 집착에 가까울 정도로 좋아했다. 청빈 서약을 하고 오늘날 프란치스코회를 상징하는 단순한 복장을 하고 수도사로 살게 되면서 비로소 그는 옷에 대한 집착에서 벗어날 수 있었다. 프란치스코의 욕망은 식지 않았으며 자유롭게, 하느님을 향해 재조정되었다. 그렇게 되자 그는 자신의 갈망에서 나오는 힘과 열정을 훨씬 건설적이고 하느님이 채우시는 길에 쏟을 수 있었다. 그리스도교가 추구하는 삶이란 바로 이것이며 이러한 면에서 수도사와 수녀들의 삶은 하나의 본이 되어 준다.

마침표가 아닌 이정표

오늘날 금욕주의asceticism에 대한 여러 왜곡되고 과장된 이야기가 떠돌고 있다. 그렇다면 제대로 된 금욕주의란 무엇일까. 오늘날 우리는 세속적인 것에 지나치게 많이 얽매여 있고 우리에게는 이러한 잘못에서 벗어나고자 하는 열망이 있다. 세속적인 것들이 그 자체로 늘 나쁜 것은 아니다. 어쩌면 무해하며, 때로는 꽤 좋은 것이기도 하다. 그러나 그럼에도 그러한 세속적인 즐거움은 그 자체로 충분한 '선', 우리를 궁극적으로 채워줄 수 있을 만큼 충분한 '선'은 아니다. 그러한 면에서 "덧없는 세상에서 … 영원한 진리를 잃지" 않도록 도와주는 이정표signpost, 성화icon, 상징symbol이 세상 곳곳에 새겨져 있다는 점은 감사한 일이다.[4]

성화는 자신 너머에 있는 영광을 가리키기 위해 만들어진 그림이다. 이 영광은 우리가 지나온 지점 훨씬 너머에 있다. 그러한 면에서 성화는 그 자체를 바라보는 거울이 아니라 일종의 창이다. 우리는 성화라는 창을 통해 창 너머에 있는 더 큰 세계를 바라본다. 인생이라는 여정은, 길 곳곳에 하느님의 위대한 임재를 가리키는 이러한 기호들로 가득하다. 이를 바라보는 이들에게 이 세계는 "하느님의 영광으로 가득"(이사 6:3)하다. 이들의 눈에 온 세계는 마치 하느님이 당신의 DNA와 지문을 남겨 두신 곳 같다. 실제로 그 흔적은 자주, 가장 그럴 법하지 않은 곳에 남아있다.

이를테면 이사야는 하느님이 성전에 당신의 영광을 드러내고 임하시리라 기대했다. 성전의 건립 이유가 거기에 있었으니 이사야가 그렇게 기대한 것은 당연했다. 그러나 하느님이 임하시던 바로 그 날, 그분은 이사야에게 성전을 나가라 하시며 그분의 영광과

---

[4] 1662년판 잉글랜드 성공회 기도서 삼위일체 주일 후 네 번째 주일 본기도 일부.

임재가 모든 곳에 드러나고, 회복하고, 발견될 수 있도록 하라고 명령하신다. 이는 분명 그가 기대했던 바와 달랐다. 여기서 우리는 순례와 선교의 본성을 발견할 수 있다. 선한 사마리아인은 "길을 가던"(루가 10:33) 중에 상처 입은 사람을 만나 그를 맡아 책임졌다. 순례의 여정도 이와 같다. 우리는 하느님의 위대한 목적 안에서 자신의 소명과 자기 자신을 발견하며, 기나긴 신앙 여정의 어느 지점에서부터는 순례자임과 동시에 자신에게 주어진 임무를 수행하는 자로 서게 된다. 이 과정은 나중에 좀 더 자세히 살펴볼 것이다. 일단은 그리스도교인의 순례는 결코 자신의 만족을 위해 자신에게로 몰입하는 여정이 아님을 기억하자. 참된 만족은 '자기'를 의식하지 않는 데서 나오며, 하느님의 부름에 신앙으로 응답할 때 (거의 자연스레) 따라오는 산물이다.

때로는 고통을 마주할 때 우리는 어떤 이정표나 삶의 경로에 대한 암시를 발견한다. 가슴 저린 사랑, 청년기에 뜨겁게 하는 연애조차 우리 자신을 깨뜨리는 계기가 될 수 있다. 그렇게 연약해진 탓에 오히려 무언가를 더욱 바라고, 찾고, 구하고 갈망하게 되기도 한다. 경외감이 절로 들게 하는 해 저물녘 아름다운 노을이나, 우주에서 바라본 지구처럼 신비로운 광경은 물론 시각 예술이나 음악도 때로는 우리를 깨워 저 너머를 가리키는 성화나 기호가 될 수 있다. 이러한 체험들은 우리의 무감각한 상태를 벗어나게 해주고 상상력을 사로잡아 갈망이 일어나게 해 더 깊은 갈망을 향해 나아가도록 우리를 인도한다.

초승달 모양의 바닷가에 밀려드는 물결같이

달이 새로이 가늘어질 때

우리 마음 높은 곳을 향한 동경이

밀려들어 우리를 휘감는다.

그것은 아무도 밟아보지 못한

신비로운 대양에서 왔으니

누군가는 이를 갈망이라 부르고

누군가는 이를 하느님이라 부른다.[5]

앞서 언급했듯 모든 성화, 상징은 (적절하게 본다면) 자신 너머의 것을 가리킨다. 우리가 살아가며 만나는 최상의 상징들은 모두 우리를 흔들어 궁극적으로 모든 것 너머에 있는 무언가를 바라보게 한 뒤 사라진다. 언젠가 토머스 모어Thomas More는 말했다.

모든 참된 예술은 예술 너머에 있는, 모든 창작자의 창조자를 가리킨다.

성화, 상징은 모두 일종의 도구다. 그러나 우리에게는 그 상징 자체에 집착하여 상징을 우상으로 만들 위험이 언제나 상존한다. 이러한 유혹은 늘 계속된다. 요한은 신약성서에 수록된 편지에서 독자들에게 우상숭배를 조심해야 한다고 반복해서 경고한다. 그리

---

[5] W.H. Carruth, *Each in His own Tongue and Other Poems* (Putnum, 1908), p.33.

스도를 따르고자 하는 이들, 순례를 걷는 이들이 반드시 새겨들어야 할 말이다. "우상숭배를 조심하라." 하느님께서 우리를 괴롭히는 고약한 취미가 있어서 우상숭배를 금하시는 것이 아니다. 이 명령을 통해 그분은 우리 안에 있는, 자기 자신을 만족시키려는 욕망이 참 빛을 향해 눈을 뜨도록 빛을 비추신다. 그분은 우리가 영원한 기쁨과 진정한 만족에 이르기를 지독하리만치 끈질기게 열망하신다. 우리는 참되신 한 분 하느님을 예배하기 위해 창조되었으며, 웨스트민스터 요리문답에 기록된 대로 "영원토록 하느님을 온전히 즐거워"하기 위해 만들어졌다.

이 솟구치는, 성스러운 목마름.
축복의 사절인 그가 먼저 다가와
내 안에 자리를 잡네.
내가 상을 받기 쉽게, 맛보기 쉽게, 보기 쉽게
그 대상들이 아니라, 감각을 통해
내 영혼에 축복을 나누어 주며
주 당신처럼 나를 만드시네.
감각, 느낌, 맛봄, 만족, 봄.
여기에 참되고 진정한 기쁨이 있네.
살아서 흐르며 깊은 곳을 향하고 녹이며 밝혀
천상의 기쁨을 주네. 다른 것들은 모두 장난감일 뿐.
이 모든 것은 우리 안에 있는 갈망을 토대로 세워지는 것.

불꽃에서 빛이 나오듯, 불길에서 열기가 나오듯.[6]

이 시에서 토머스 트러헌은 "대상"이라고 부른 상징과 실재에 대한 "감각"을 구별한다. 실재에 대한 "감각"은 상징을 거쳐 일어나며, 그 후 이전에 갖고 있던 것들은 "장난감"에 지나지 않게 된다.

그러므로 우리는 하느님을 가리키는 상징들을 우상화하지 않도록 경계해야 한다. 우상은 자주 상징이라는 가면을 쓰고 나타나 자신을 숭배하는 이들에게서 영원한 기쁨을 앗아간다. 그들은 자신이 약속한 바를 행하지 못한다. 이러한 맥락에서 죄란 결국 예배해서는 안 되는 대상을 예배하는 것이며, 모든 것을 창조하신 창조주 대신 피조물을 숭배해 덫에 걸려 스스로 넘어지는 것이라 해도 과장은 아니다. 성 바울로는 말했다.

사람들은 하느님의 진리를 거짓과 바꾸고 창조주 대신에 피조물을 예배하고 섬겼습니다. 그러나 영원히 찬양을 받으실 분은 창조주이십니다. 아멘. (로마 1:25)

이 구절을 윌리엄 쿠퍼William Cowper는 찬양으로 표현했다.

내가 알던 가장 사랑스러운 우상,
그 우상이 무엇입니까.

---

[6] Traherne, 'Desire', p.43.

오 당신의 왕좌 앞에서 그 우상을 찢고,

오직 당신만을 예배하도록 나를 도우소서.

이 시대의 우상들

오늘날 우상숭배에 가장 끌리기 쉬운 영역은 성sexuality이다. 이에 대해 그리스도교 제자도를 가르친 상당수 사람은 아가페, 혹은 정신적인 사랑과 성적인 사랑을 분리하라고 제안하며 순결이라는 덕을 강조했다. 이러한 제안은 "(욕망의) 불을 끄라"는 충고, 강렬한 욕망을 억누르라는 말로 들린다. 그러나 엄연한 현실을 외면해서는 안 된다. 현실을 회피하거나 억누르는 방식으로는 궁극적인 자유에 이를 수 없다. 성과 그 안에 타오르는 욕망을 단박에 잘라냈다가는 인간의 성(이는 생물학적 성sex과 문화적 성gender을 모두 포함한다)을 연료로 하는 생명력, 창조적인 힘을 잘라버리게 된다. 여기에 지름길은 없다. 우리는 어느 것 하나를 임의로 제거하지 않고, 전체를 아우르는 온전한 순결을 향해 천천히 나아가야 한다.

성적인 사랑과 정신적인 사랑, 에로스와 아가페를 성숙하고도 아름답게 함께 붙들기 위해서는 우리의 사고, 느낌, 감각이 제대로 엮여야 한다. 히브리 전통에서는 사고, 느낌, 감각이 통합된 앎을 '야다'yada라는 동사로 표현했다. 야다는 정신, 마음, 의지가 통합되었을 때, 지정의가 한목소리를 내며 한 방향을 가리킬 때 나오는 앎을 가리킨다. 19세기 러시아 정교회의 위대한 철학자 이반 키레예프스키Ivan Kireyevsky는 우리 안에서 우리를 움직이는 모든 힘이 통합된 상태를 '통합적 인식'integral cognition이라 불렀다.

사고력을 향상시키기 위해서는 우선 분리 되어있는 모든 힘을 나누어지지 않는 전체로 모으기 위해 분투해야만 한다. 이것이 사고력 향상의 선결 조건이다. 이러한 노력을 기울이지 않는 인간의 일상적인 상태는 불완전하고 모순적이다. 이러한 상태에서는 추상화 할 수 있고 논리적인 사고를 할 수 있다고 해도 진리를 이해할 수는 없다. 또한 다른 모든 능력과 분리된 채로 황홀 체험을 한다거나 신비로운 음성을 듣는다 하여, 그 체험이 그를 진리를 향해 인도하지 못한다. 그러한 체험은 무오한 안내자가 아니다. 개념의 도움을 받지 않은 미적 감각은 이 세계를 이루는 고차원적인 질서를 이해하는 곳으로 우리를 이끌지 못한다. 심지어 우리 마음을 사로잡은 사랑조차, 그것이 영혼의 다른 요구들을 외면한다면 우리를 지고의 선으로 안내하지 못한다. 우리는 끊임없이 우리 영혼 깊은 곳에 자리한 근원, 모든 이해의 뿌리라 할 수 있는, 모든 분리된 힘이 한데 어우러진 살아 있는 정신, 전체 비전에 이르는 길을 추구해야 한다.[7]

이러한 통합과 온전함에 이르기 위해서는 훈련이 필요하다. 훈련과 제자도는 늘 함께하며 많은 면에서 서로 긴밀하게 연결되어 있다. 우리가 우리 자신의 욕망을 단련하고 창조력을 단련하는 것은 그 자체가 목적이 아니다. 우리는 충만하고 풍요로운 삶, 예수께서 말씀하신 "풍성한 생명"(요한 10:10)을 추구해야 하며 이를 위해 훈

7   Peter Frauce, *Journey: A Spiritual Odyssey* (Chatte and Windus, 1998), p.155. 에서 재인용.

련해야 한다. 하느님이 주시는 은총으로, 온전히 하나 된 '앎'을 갖게 되면 우리는 우리를 이루는 모든 부분을 통해 들려오는 그분의 메시지를 들을 수 있게 된다. 그리스도교는 온갖 관념들로 만들어진 종교가 아니라 성사와 성육신을 바탕으로 하는 종교다. 그리스도교에서 말씀(사랑)은 몸을 우회하지 않으며 끊임없이 몸으로, 물질로 자기 자신을 드러낸다. 전 캔터베리 대주교 윌리엄 템플William Temple은 이러한 맥락에서 그리스도교는 "모든 종교 중 가장 물질을 강조하는 종교"라고 말했다. 또한 예수 그리스도께서는 제자들에게 말씀하셨다.

이것은 너희를 위하여 내어주는 내 몸이다. (루가 22:19)

그분은 이렇게 말씀하기를 부끄러워하지 않으셨으며 이를 따르는 그리스도교 신앙 또한 마찬가지다. 옛 성공회 기도서에는 이를 인상적인 언어로 표현해냈다.

제 몸으로 당신께 예배합니다.

이와 유사하게 신랑과 신부는 결혼식을 올리며 서로에 대한 사랑을 맹세한다. 남편과 아내가 '한 몸'이 되어야 하듯 예수와 제자들은 '그리스도 안에서 한 몸'이 되어야 한다.

아우구스티누스는 한때 짓궂기로 유명한 기도를 드렸다.

주여 나를 순결하게 하소서. 그러나 아직은 그렇게 하지 마소서.

이때까지 그에게 순결이란 언젠가 실제로 도달해야 할 지점이라기보다는 머리로만 그리고 있던 어떤 관념(마음에서 일어나는 깊은 갈망을 없애는 것, 의지에 작용하는 힘을 궁극적으로 제거하는 것에 가까운 것)이었다. 그러나 그리스도를 따르는 여정을 걸으며 다른 많은 이가 알게 된 것을 그도 알게 되었다. 순결이란 오직 하느님의 은총으로 도달할 수 있으며 '자연스럽게' 행동하여서는 그를 향해 나아갈 수 없음을 말이다.

　오늘날, 특히 서구 문명권에 사는 다수에게 가장 치명적인 우상은 소비주의와 탐욕이다. 물론 바울로는 (몇몇 사람이 잘못 인용하듯) "돈은 모든 악의 뿌리다"라고 말하지 않았다. 그러나 그는 말했다.

　돈을 사랑하는 것이 모든 악의 뿌리입니다. (1디모 6:10)

하느님은 사물을 사랑하고 사람은 이용하도록 인간을 창조하지 않으셨다. 그분은 우리가 사람을 사랑하고 사물을 이용하도록 창조하셨다. 그중에서도 돈은 선하게, 어려움에 처한 이들을 돕는 데써야 한다. 돈을 숭배하고 돈을 과도하게 욕망하면 예배가 왜곡되는 결과를 낳는다. 부유함 그 자체는 전혀 잘못이 아니다. 우리는 부유하든 가난하든 부에 대해 바른 태도를 지닐 수도 있고 잘못된 태도를 지닐 수도 있다. 그러나 돈을 너무 많이 갖고 있으면 돈이 너무 부족한 사람만큼이나 더 많이 돈을 갖고 싶은 욕망을 제어하기 힘들다. 우리에게 있는 갈망은 돈으로 채울 수 없기에, 만족할 만큼의 돈을 가지기란 불가능하다. 하느님이 창조하신 많은 피조물이 그렇듯 돈은 그 자체로는 중립적이다. 결국 중요한 건 돈을 가지고 무엇을 하느냐이다. 어떤 이들이 섹스나 술에 사로잡히고, 그것들에 끌려다니며 더 많은 섹스와 술을 원하게 되고 완전히 끊어버리지 않고서는 중독에서 헤어나지 못한다. 돈도 마찬가지다. 무엇이든 중독되면 철저하게 도려내야만 그것에서 자유를 얻을 수 있다. 이와 관련해 예수께서는 말씀하셨다.

> 오른손이 죄를 짓게 하거든 그 손을 찍어 던져버려라. 몸의 한 부분을 잃는 것이 온몸이 지옥에 던져지는 것보다 낫다. (마태 5:30)

방향을 잃은, 절제하지 않는 욕망은 결국 우리를 통제 불능 상태로 끌고 간다. 이렇게 되면 우리가 욕망하던 그것은 더는 우리를 기쁘게 하지도 즐겁게 하지도 못한다. 이렇게 자기를 파괴하는 상태에 이른 그는 그와 함께하는 친구, 그가 사랑하는 이에게서까지 즐거움과 기쁨을 앗아가게 된다.

자리를 이탈하기, 그리고 제자리 찾기

신약성서에 기록된 예수 그리스도의 말씀 중 종종 오해를 받는 구절이 있다.

> 내 아버지 집에는 거할 저택이 많도다. …

나는 그것을 준비하러 가노라. (요한 14:2, KJV)

제임스흠정역 성서King James Bible(이 번역본은 여전히 영어권에 있는 공동체들의 정신에 커다란 영향을 미치고 있다)의 이 번역은 잘못되었다. 여기서 '저택'mansion으로 번역된 그리스어는 본래 '이동식 숙소'caravan에 가까우며 '머무는 거처', '쉼터' 정도로 번역하는 것이 온당하다. 친숙한 용어로 번역한다 할지라도 모텔 정도이지 호텔은 아니다. 예수가 살던 시대, 동방과 주요 교역로를 따라 늘어서 있던 이 '거처'는 상인들이 하룻밤 쉬어가도록 숙식을 제공한 곳이었다. 이 '거처'에서 잠시 쉴 수는 있을지언정 영원히 머무를 수는 없다.

긴 여행 중인 여행자, 순례자, 도보 여행자들에게 언젠가 G.K.체스터튼G. K. Chesterton은 말했다.

때로 길이 주막을 향하나, 때로는 주막이 길을 향한다.

아침나절 내내 걷고 점심을 먹을 시간이 되었을 때, 요기를 할 필요를 느낄 때는 "길이 주막을" 향한다. 이때 주막은 여행자를 이끌어 간단한 점심식사를 하고 휴식을 취하게 해준다. 여행자는 주막에서 밥을 먹고 따뜻한 난로 앞에서 휴식을 취한다. 그러나 그 안락함에 너무 취해서는 안 된다. 여행자가 주막에 영영 머무를 수는 없는 노릇이다. 그는 아직 목적지에 이르지 못했기 때문이다. 다시 밖으로 나가 상쾌한 공기를 마시고 싶지 않아도, 우리는 떠나야 한다. 계속 주막에 머무르더라도 머잖아 우리에게는 일종의 안달하는 마음이 찾아오고 만다. 찰나의 위안이라는 유혹에 **빠지면** 모든 것(도착하게 될 집, 따뜻한 목욕물, 만족스러운 여정을 보낸 뒤 누리는 휴식)을 잃게 된다. 주막은 결국 길을 가리킨다. 우리는 그 지시를 따라 다시금 길을 향한다.

기존에 있던 자리에서 이탈하는 것, 제자리에 정착하는 것, 이두 활동은 서로를 보완하며 서로를 수정한다. 기존에 있던 자리에서 이탈해 새롭게 자리를 잡는 것은 모든 인간관계를 유지할 때 좋은 태도이며 하느님을 알아갈 때도 우리가 견지해야 할 태도이다. 우리가 갖고 있는 하느님에 대한 개념과 상은 유한하다. 이러한 한계에 묶여 있기에 우리는 하느님을 다 알 수 없다. 우리는 끊임없이 움직이며 우리가 가진 개념과 상을 다시금 조정해야 한다. 실제 순례자들이 그러하듯 신앙의 순례자들인 우리 또한 기존에 머물고 있던 곳을 떠나 길가에 있는 임시 거처에 잠시 머무르면 다시금 그곳을 떠나야 한다. 이 과정에서 우리는 잠시 엿보았던 하느님 영광의 더 커다란 모습을 볼 수 있으며 그분이 바라보시는 것을 우리 또한 볼 수 있게 된다. 예수께서 하신 말씀은 우리가 여정을 이어가게 해주는 영원한 송가다. 그분은 말씀하셨다.

조금 있으면 나를 보지 못하게 될 것이다.
그러나 얼마 안 가서 나를 다시 보게 될 것이다. (요한 16:16)

그분도 우리처럼 아버지께로 돌아가는 여정을 경험하셨다.

그리고 나는 너희가 있을 곳을 마련하러 간다. …

너희를 데려다가 내가 있는 곳에 같이 있게 하겠다. (요한 14:2,3)

J. J. 발포어J.J. Balfour는 썼다.

우리가 가진 최상의 진리도 반쪽 진리일 뿐.

어떤 진리에도 영원히 머무르려 하지 말라.

그 진리로 집을 지으려 하지 말고,

그것으로 여름밤을 지내는 천막으로 삼으라.

그렇지 않으면 그 진리는 우리의 무덤이 될 것이니.

처음 내가 알던 그 진리가 완전하지 못하다는 암시를 받고

그 너머로 희미하게 정반대의 진실이

떠오르는 것이 보이기 시작하면,

좌절하지 말고 오히려 감사드리라.

그것은 우리 주님의 음성이니,

그분은 이렇게 속삭이신다.

"침상을 들고 일어나 가라."[8]

순례자들과 제자들은 무덤덤하게, 무관심하게, 냉담하게 살도록 부름받지 않았다. 오늘날 젊은이들은 이러한 태도를 미덕으로 여기지만 말이다. 무심해진다는 것은 우리의 인간성을 발휘하지

---

[8] Raynor C. Johnson, *Nurslings of Immortality* (Hodder and Stoughten, 1957), p.149. 에서 재인용

않는다는 것이고, 더 나아가 하느님의 손길에 반응할 가능성을 차단한다는 것을 뜻한다. 욕망을 이성으로 극복하거나 욕망의 자리에 냉철한 사유를 갖다 놓으려는 시도는 비현실적이며 비인간적이다. 하느님이 우리를 어루만지시면 우리는 '무덤덤'해질 수 없다. 그분의 손길이 닿을 때 우리는 모든 면에서 강렬함을 느낀다. 순례자는 끊임없이 이끌리고 그 이끌린 방향을 향해 나아간다. 이것이 성령 안에서 살아가는 모습이다. 기존에 살던 곳에서 머나먼 길을 거쳐 새로운 곳에 자리할 때까지 우리는 "우리의 믿음의 근원이시며 완성자"(히브 1:22)의 발걸음을 좇는다. 머리를 누일 곳 없으셨던 그분은 결국 고개 숙인 채 자신의 영을 내어주셨던 갈보리 십자가까지 나아갔다. 니사의 그레고리우스Gregory of Nyssa는 말했다.

이것이 하느님의 비전이다. 하느님은 당신을 보고자 하는 우리의 갈망이 결코 채워지지 않게 하셨다. 그러나 우리는 최선을 다해 그분을 바라보며 그분을 더 보고자 하는 갈망에 다시금 불을 붙여야 한다.[9]

그리스도교 영성가들은 순례자가 되려는 이들에게 자신이 머무르던 자리를 떠나야 한다고 여러 방식으로 이야기했다. 그들은 우리가 세상에 있되 세상에 속하지 않아야 한다고 거듭 말했다. 우리 안에 있는 갈망을 절제하고, 제대로 된 방향을 부여하기 위해서는

---

[9] Gregory of Nyssa, *The Life of Moses*, Book 2 (Paulist Press), p.239.

기존에 머무르던 자리에서 떠나야만 함을 알고 있었기 때문이다. 때로 우리는 무슨 일을 하기에는 너무 늦었다고 이야기한다. 하지만 순례자라면 같은 사안에 대해 그 일을 너무 빨리 했으므로 더 기다려야 한다고 말한다. 무언가를 갈망하는 일, 그 무언가에서 초연해지는 일은 서로 상호작용하며 서로를 보완해 준다. 둘은 긴 신앙 여정에서 우리를 움직이게 하고 이끌어가는 동력이다. 로마가 그러했듯, 우리의 여정도 하루아침에 완성될 수 없다. 우리는 속도를 조절해야 하며, 여정의 단계마다 다르게 반응해야 한다.

불안한 사랑에서 나오는 갈망을 통해서는
영혼은 쉼을 얻을 수 없으며,
강한 사랑에서 나오는 갈망은
쉼과 내면의 고요를 앗아간다.
그리하여 숭고한 사랑에 빠져들면
그렇게 그 사랑 가까이에 있는
도달할 수 없는 갈망을 알게 되면,
그 갈망이 채워지지 않고서는
어느 불쌍한 사람도 만족을 찾을 수 없으니,
그 갈망이 그처럼 고귀한 본성으로부터 나오는 것인 까닭에,
(그보다) 작은 무엇으로도 편히 쉴 수 없게 되고 만다.
사랑은 날아가고, 갈망이 그 뒤를 바짝 쫓으며,

결코 쉴 곳을 찾을 수 없으리.[10]

갈망의 방향을 찾기, 그리고 제자리 찾기

지금까지 살펴보았듯 신앙의 순례 여정에서 반드시 지켜야 할 규칙은 한곳에 머물러 있지 않는 것이다. 이정표를 종착지인 듯 붙들어서는 안 된다. 예수의 제자들도 그러한 순간을 겪었다. 엠마오로 가는 길에 그들은 "침통한 표정인 채 걸음을 멈추었다"(루가 24:17). 그들이 간절히 바라던 대로 일이 풀리지 않았기 때문이다. 그들은 실망에 고개를 푹 숙이고 예수에게 말했다.

우리는 그분이야말로 이스라엘을 구원해 주실 분이라고 희망을 걸고 있었습니다. 그러나 그분은 이미 처형을 당하셨고 …

(루가 24:21)

한때는 희망을 품고 있었지만 그것은 '한때'의 일일 뿐, 현재와 미래에 대한 희망은 그들에게 남아 있지 않았다. 이들처럼 한때 견진을 받고, 사제 서품을 받고, 일생을 서약했던 사제, 수도사, 수녀, 성도들이 더는 신앙의 순례를 이어가지 못하고, 슬프게도 멈춰 서 있는 모습을 볼 때가 있다. 그들이 신앙을 잃은 것은 아니다. 다만 그들은 처음 신앙을 갖게 된 후에, 매일 새로워지는, 살아 움직이는 신앙을 찾지 못한 것이다. 처음 신앙을 갖게 되었던 때 보

---

[10] Hadewitch, Poems in Couplets, in the *Complete Works* (Paulist Press, 1978), pp.10, 103~14.

았던 빛은 사라졌고 처음 미소 또한 희미해졌다. 그 자리에 멈추어 서게 된 이들은 '슬픈 얼굴'을 하고 있기 마련이다.

더 나쁜 일은 그 자리에 멈춰 선 채 '좋았던 때'를 되돌아보라는 유혹에 빠지는 것이다. 멈춰 서서 뒤를 돌아본 롯의 아내는 그 즉시 소금 기둥이 되었다. 그녀는 시들어버렸다. 말라서 죽어버렸다고 말할 수 있을지도 모르겠다. 예수께서는 분명하게 말씀하셨다.

> 누구든 쟁기를 지고 뒤를 돌아보는 자는 하느님 나라에 합당하지
> 않다. (루가 9:62)

구약에서 하느님은 아브라함에게 언제나 눈을 들라고 말씀하셨다. 뒤를 돌아보지 않고, 먼 지평선 그 너머를 응시하며 약속의 땅을 고대하기 위해서 말이다. 이는 신앙의 조상인 아브라함의 모든 후손을 향한 권면이기도 하다. 현재 상황 때문에 고개를 숙여서는 안 된다. 언제나 우리는 위를, 당면한 현실 너머에 있는 궁극적인 목적지를 바라보아야 한다.

그러므로 건강하다는 것은 온전히 현재를 산다는 뜻이며 삶이라는 여정에서 어느 시기를 지나고 있든 그 시기를 충만하게 사는 것을 의미한다. 생의 각 단계는 고유한 빛을 갖고 있기에 어린 시절은 어린 시절답게, 청소년기는 청소년기답게, 청년기는 청년기답게, 중년기는 중년기답게, 노년기는 노년기답게 살아야 한다. 셰익스피어는 인생을 일곱 시기로 분류했는데 각 시기는 각 시기에 맞는 특성이 있다. 뒤를 돌아보거나, 다음 시기로 이동하고 성

장하기를 거부하지 않을 때 우리는 그 시기만이 우리에게 주는 선물을 받는다.

세상은 온통 무대죠.

온갖 남녀는 배우일 뿐이고요.

모두 등장과 퇴장이 있고,

한 남자는 평생 여러 가지 역할을 하는데,

시기별로 모두 7막입니다. 제1막은 젖먹이,

유모의 품에 안겨 앵앵 울고 침을 질질 흘리지요.

그다음에는 투덜거리는 학생,

아침에는 빛나는 얼굴이지만 달팽이가 기어가듯

마지못해 학교에 가지요. 그다음에는 연인,

용광로처럼 한숨을 쉬고, 애인의 눈썹을 생각하며

슬픈 노래를 부르지요. 그다음에는 군인,

기이한 맹세들을 늘어놓고, 표범 수염에다,

체면을 몹시 차리고, 툭하면 싸움질에

물거품 같은 명예를 위해서라면

대포 아가리에도 뛰어들지요. 그다음에는 법관인데,

살찐 식용 닭과 뇌물 덕분에 배는 제법 뚱뚱해져 놓고선

두 눈은 근엄하게 수염은 말쑥하게 정리하고

근사한 말 늘어놓고 케케묵은 판례 들먹이죠.

이렇게 해서 자기 배역을 연기하지요.

그런데 여섯 번째 단계에 들어서면

슬리퍼를 신은 말라빠진 어릿광대 역으로 변하는데
콧잔등 위에는 안경을 걸치고,
허리에는 돈주머니를 차며,
젊은 시절에 입었던 홀태바지는
말라빠진 허벅지에 너무나도 헐렁하고
사내다운 굵직한 음성은
어린애같이 가느다란 목소리로 되돌아가서
피리처럼 삑삑 소리만 내지요.
파란 많은 이 일대기의 끝부분인 마지막 장면은
제2의 어린아이 시절인데 오직 망각만 있을 뿐
이도 없고 눈도 없고 입맛도 없고 아무것도 없지요.[11]

우리가 건강하게 성장하기 위해서는 우리에게 있는 갈망이 제 자리를 찾을 뿐 아니라 제 방향을 향하도록 만들어야 한다. 갈망은 우리가 무언가를 간절히 바라게 하고 끊임없이 움직이며 무언가를 추구하게 만드는 원동력이다. 아우구스티누스는 말했다.

사랑은 게으를 수 없다. 사람이 악한 일을 하게 하는 것은 전적으로 사랑이다. 사랑 말고 무엇이 우리를 그렇게 움직이는가? 게으른 사랑, 아무것도 하지 않는 사랑을 보여 달라. 추문, 간통, 범죄, 살인, 모든 종류의 과도함은 다 사랑의 산물이 아니던가? 그

---

11   William Shakespeare, *As You like it*, 2.7. 『좋을 대로 하시든지』(아침이슬)

렇다고 하여 사랑을 씻어서 없애 보라. 다 소용없이 낭비되어 버릴 테니.[12]

그러므로 우리는 우리 자신의 욕망이 방향을 찾도록 해야 한다. 여기에는 우리가 악행을 하게 만들 수 있는 욕망 또한 포함한다. 그것이 무엇이든 우리는 우리의 욕망과 마음으로 바라 마땅한 대상을 이어야 한다. 엘리자베스 바세트Elizabeth Bassett는 말했다.

안타깝게도 갈망이 방향을 잃으면 우리는 약물 복용, 음주와 같은 흥밋거리에 이끌린다. 갈망이 무엇을 향하는지 미처 깨닫지 못한 채 갈망은 사라져 버린다. 우리가 잘못된, 혹은 무가치한 목적을 좇고 있음을 아는 데에는 때로 긴 시간이 걸린다.[13]

때로 우리는 잘못된 목적을 다 이루고 나서야 그것이 잘못되었고 무가치했음을 깨닫는다. 밝은 미래를 약속하는 것처럼 보이던 것도 우리를 깊이 채워주지는 못한다. 그리고 나면 우리에게는 결국 환멸만이 남는다. 아우구스티누스는 자신이 바라던 것은 순식간에 부서지고, 설사 얻는다 해도 쓴맛만 남길 뿐이라는 것을 깨닫는데 30년이 넘는 시간이 걸렸다. 30대까지 그는 야망, 즐거움, 행복, 부를 추구했으며 밀라노에서 수사학 교수가 되면서 저 모든 것을 얻었다. 그러나 동시에 그는 저 모든 것을 얻어도 내면 깊은 곳

---

[12] Augustine, *Reflections on the Psalms*: Psalm 31:5.

[13] Elizabeth Basstt, *The Bridge is Love* (Darton, Longman & Todd, 1981), p.31.

에 채워지지 않는 무언가가 남아 있음을 깨달았다. 이와 관련해 시몬 베유Simone Weil는 말한다.

> 우리는 우리가 이미 갖고 있는 것을 갈망하지 않는다. 우리는 거의 알지도 못하는 무언가를 갈망한다. 아름다움의 이면에 이르고자 하나 우리가 감지할 수 있는 건 그 표면일 뿐이다. 무언가는 우리를 괴롭도록 부추겨 감질나게 하는 스핑크스, 수수께끼, 불가사의이다.[14]

이탈리아의 산지미냐노에 있는 성 아우구스티누스 교회에는 아우구스티누스의 생애를 그린, 놀라우리만치 잘 보존된 프레스코화 연작이 있다. 그중 한 그림은 아우구스티누스가 신분 상승을 위해 로마에서 밀라노로 떠나는 시기를 그리고 있다. 베노초 고촐리Benozzo Gozzoli는 아우구스티누스를 성공을 이룬 청년으로 그렸다. 말과 함께 서 있는 이 그림에서 그는 자기 확신으로 가득 차 있다. 잘 차려입었고 빛나는 성공을 이루기 위한 도상에 서 있다. 그러나 이 이야기는 여기에서 끝나지 않는다. 훗날 그는 이 시기를 회상하며 통찰력 있게, 또한 가차 없이 당시 자신을 분석했다. 『고백록』에 따르면 밀라노에 갈 때까지 그는 "부와 명성을 갈망"했다. 갓 서른이 된 그는 자신이 "여전히 허둥대고" 있음을 알았다. 밀라노 왕실과 관계를 맺고 아첨이 늘자 진실성에 대한 감각은 둔해지

---

[14] Simone Weil, *Intimations of Christianity* (Routledge and Kegan, 1957), p.46.

고 있었다.

황제를 찬양하는 연설을 준비하며 그는 "진실과 얼마나 먼지를 충분히 잘 알면서도 청중들이 손뼉 치도록 만드는, 위대한 많은 거짓말"을 만들어냈다. 연설문을 준비하는 와중에 밀라노의 어느 거리를 걷다 아우구스티누스는 한 거지를 보게 되었다. 거지는 큰 소리로 웃고 농담을 하면서 자신이 먹을 것과 마실 것을 얻어내고 있었다. 거지는 만족스러워 보였고 그는 그 모습에 비참함을 느꼈다. 그는 친구들에게로 가서 자신의 처한 상황을 설명했다. "내 야망은 내 어깨에 비참이라는 짐을 얹어 주었고, 그 짐은 길을 걸어가면 갈수록 무거워지고 있네." 그 거지는 행복해 보였고 그 행복은 아우구스티누스에게 닿을 수 없는, 꽤 먼 곳에 있는 것 같았다. "힘겹게 여러 방법과 복잡한 묘책을 고안해 내고 써서 이 세상이 주는 복을 받고 기쁨을 느끼기를 바랐는데, 저 사람은 구걸해서 얻은 몇 푼으로 이미 그것을 이루었어."

아우구스티누스는 유능한 수사학 교수였고 세속적인 기준에서 성공을 이루었다. 그러나 그는 그러한 성공을 이룬다고 해서 마음이 풍족해지지 않음을 깨달았다. 신약성서에 나오는 젊은 부자 청년과 같은 깨달음을 얻었던 것이다(마르 10:17~22 참조). 이와 관련해 더글러스 라임스Douglas Rhymes는 말했다.

때로 우리는 우리가 갈망해 마땅한 것이 아닌, 우리가 욕망하던 것을 받는다. 그리고 그 결과 우리의 전 인격은 작아지고 협소해

진다.[15]

자신이 갈구하던 모든 것을 이루고 나서 아우구스티누스는 자신이 "작아지고 협소해"졌다고, 길가에 있는 거지보다 자신이 더 가난 하다고 느꼈다. 그의 야망, 갈망, 희망은 그 자체로는 잘못되지 않 았다. 다만 그는 자신의 갈망을 결코 채워주지 못하는 것들에 집착 했을 뿐이다. 앞서 토머스 트러헌이 말했듯 장난감들은 실재에 자 신의 자리를 기꺼이 내어주어야 한다. 아우구스티누스의 갈망도 제자리와 제 방향을 찾아야 했다.

무너짐과 돌파

그다음에는 무슨 일이 일어났을까? 아우구스티누스는 삶의 방 향을 바꾸었다. 그는 모든 것을 얻었으나 무엇을 위해 살아야 하는 지는 알지 못했다. 오늘날에도 많은 이가 삶을 살아가는 동안 그러 한 경험을 하며 이를 '중년의 위기'라 부른다. '위기'란 말은 그리스 어에서 유래했는데 의미심장하게도 '심판, 판결'이라는 뜻을 갖고 있다. 아우구스티누스의 경우 '위기'는 먼저 몸의 이상으로 나타났 다. AD 386년 여름, 그는 "폐가 약해"졌고, "숨쉬기가 어려워"졌 다. 흉부에 통증이 있었고 "목쉰 소리가" 났다. 그는 더는 "긴 시간 동안" 이야기할 수 없었다. 말을 다루는 웅변가, 말로 먹고사는 것 이 직업인 교수에게는 심각한 문제가 아닐 수 없었다. 이러한 증상

---

[15]   Douglas A. Rhymes, *Through Prayer to Reality* (The Upper Room, 1947), p.46.

과 함께 극심한 피로, 신경쇠약이 동반되었다. 오늘날이라면 이를 두고 공황 상태에 빠졌다고 말했을 것이다.

하느님은 종종 우리가 무너져 있을 때 우리에게로 침입해 들어오신다. 성공을 이루고 힘이 있을 때 우리는 문을 굳게 닫아 두지만 무너지면 그 문이 헐거워지기 때문이다. 이러한 순간은 사람마다 다르다. 병에 걸렸을 때일 수도 있고, 사랑하는 이를 잃거나 사별을 경험할 때일 수도, 커다란 실패를 경험했을 때일 수도 있다. 이때 우리는 우리 자신을 하찮고 쓸모없는 존재라고 느끼게 된다. 특히 자신이 하는 일로 성공을 거두거나 명성을 얻거나 탁월함을 인정받아 자신의 정체성을 자기 자신보다 자신이 하는 일에 두었을 경우 그러한 경향은 더 강해진다. 그리고 결과적으로 헐거워진 문을 열고 하느님은 우리에게 손을 내미신다. 아우구스티누스도 자신의 경력이 정점에 이르자 전형적인 무너짐을 경험하고 있었다. 자신이 그동안 바랐던 모든 것을 손에 거머쥐자 모든 것이 무너져 내렸다. 머빈 피크Mervyn Peaker가 쓴 시는 이런 아우구스티누스의 상태와 잘 어울린다.

내 모든 의심이 만들어낸 혼돈과
내 모든 노력으로 나온 혼돈 너머,
어쩔 수 없이 당신을 향해 돌아섭니다.
바늘이 전극을 향하듯 그렇게
차가운 뇌에서 영혼으로
그 불확실함을 향해 돌아섭니다.

그렇게 나는 당신을 향해 돌아서서 당신을 갈망합니다.

그렇게 당신을 갈망하며 당신을 향해 돌아섭니다.

제 혼돈을 통해 사랑으로 이끄소서.

진리를 태우셔서

제가 가는 길에 빛으로 삼아주소서.[16]

AD 386년 여름 아우구스티누스는 완전히 무너졌다. 그리고 같은 해 여름 하느님이 아우구스티누스를 향해 침입해 들어오셨다. 훗날 그는 이 시기를 이렇게 회상했다. "숙소에 딸린 자그마한 정원이 있었"고 "가슴에 일렁이는 소란"이 아우구스티누스를 그쪽으로 인도했다. "거기에서라면 심중에서 이는 격한 말싸움을 말릴 사람이 아무도 없"으리라고 그는 생각했다. 그리하여 정원에서 아우구스티누스는 "어떤 결말이 날 때까지 스스로를 공격"했다. 격렬한 싸움이었다. 그는 "머리칼을 쥐어뜯거나 이마를 찧거나 손가락으로 깍지를 끼고 무릎을 싸안아 당기기도"했다. 정원에서, 아우구스티누스는 영혼 "깊은 곳에 숨겨져 있는 것을 탐색"했다. 이와 같은 수준으로 자신의 모습을 묘사하는 일은 없을지라도, 우리는 모두 신앙의 순례에서 언젠가는 이러한 지점에 선 적이 있거나, 서 있거나, 서게 될 것이다.

자신과의 싸움 끝에 그는 영원히 충만해지고, 만족해지느냐 마느냐를 결정짓는 부분에서 자신은 완전히 '무력'하다는 것을 깨달

---

16   Mervyn Peake, 'Out of the Chaos of My Doubt', *Selected Poems* (Faber and Faber, 1972).

았다. 그는 갑자기 "거대한 폭풍이 많은 눈물이라는 소나기를 싣고 왔다"고 말했다. 그는 자리에서 일어나 곁에 있던 친구 알리피우스를 떠났다. "통곡에 곁들여, 그 눈물을 모조리 소리 내어 쏟아 낼 양"으로 말이다. 아우구스티누스는 무너져 "무화과나무 밑에 주저앉아 눈물을 강물처럼" 쏟아 냈다. 바로 그때였다. "난데없이 이웃집에서 나는 목소리들"이 들렸다. "노래로 부르고 자꾸만 되풀이하던 소린데 소년인지 소녀인지 모를" 목소리였다. 이 부분은 『고백록』에서 가장 유명하면서도 극적인 장면으로 꼽힌다.

노래로 부르고 자꾸만 되풀이하던 소린데 소년인지 소녀인지 모를 목소리였습니다. "집어라, 읽어라! 집어라, 읽어라!" 저는 즉시 낯빛을 바꾸고, 아이들이 무슨 놀인가 하면서 저와 비슷한 노래를 한 적이 있던가 골똘히 생각하기 시작했습니다. 여태까지 제가 도무지 들어본 적이 없었습니다. 저는 걷잡을 수 없이 흐르는 눈물을 억누르고서, 성서를 펴들고 거기 눈에 들어오는 첫 대목을 읽으라고 하늘에서 제게 시키시는 것 외에 다름 아니라고 해석하고서는 벌떡 일어났습니다. 안토니우스에 관해서 듣기로도 우연히 그에게 닥친 복음서 낭독 중에 "가서 너의 가진 것을 모두 팔아 가난한 이들에게 주어라. 그러면 네가 하늘에서 보물을 차지하게 될 것이다. 그리고 와서 나를 따라라"라는 구절이 나왔는데 거기서 읽히던 구절이 바로 자기한테 건네진 권고로 받아들였다고 합니다. … 그래서 저는 알리피우스가 앉아 있던 자리로 급히 돌아갔습니다. 제가 일어섰던 그 자리에 사도의 책을 놓아두었던 까닭입니다.

아우구스티누스는 책을 집어, 책을 열고, 처음 눈을 사로잡는 단락을 읽었다. 펼쳐진 부분은 로마인들에게 보낸 편지였다.

> 진탕 먹고 마시고 취하거나 음행과 방종에 빠지거나 분쟁과 시기를 일삼거나 하지 말고 언제나 대낮으로 생각하고 단정하게 살아갑시다. 주 예수 그리스도로 온몸을 무장하십시오. (로마 13:13~14)

이 구절 자체도 매우 의미심장하지만, 그날 아우구스티누스는 여기서 한 걸음 더 나아가 이 구절을 자신을 향한 말씀으로, 예수 그리스도께서 자신을 드러내신 사건으로 받아들였다. 그는 그저 지성이 아니라(그러니까 머리로만 아는 지식head knowledge, 그저 알고만 있을 뿐인 지식이 아니라) 마음으로, 깊이 그분을 알게 되었다. 이 사건은 성서에 기록된 말이 우리를 치유하고 구원하는 생명의 말씀을 실어 나르는 통로가 될 수 있음을 보여주는 전형적인 예다. 살아있는 하느님의 말씀인 예수는 성령의 활동을 통해 자신을 드러내신다. 성서에 기록되어 있는 말들이 중요한 게 아니라 그 말들을 통해 예수 그리스도께서 드러났다는 것이 중요하다. 성서가 지니는 권위와 진정성은 성서에 적힌 말들에 달린 게 아니라 성서를 적힌 말들을 통해 누가 드러나느냐에 달려 있다.

이 사건은 아우구스티누스의 신앙 여정에서 가장 중요한 전환점이었다. 그 날, 아우구스티누스가 무너졌던 그 순간, 하느님은 마침내 그 부서진 틈을 통해 들어오실 수 있었다. 윈스턴 처칠 Winston Churchill 식으로 이야기하자면, 이 사건은 이야기의 끝이 아니었으며 끝의 시작도 아니었고, 차라리 시작이 끝나는 지점이라고 해야 온당할 것이다. 좀 더 풀자면 인생의 1막이 끝나는 지점이라고 할 수 있을지도 모르겠다. 카르타고에 있던 때에, 타가스테와 북아프리카 고향으로 가는 길은 아우구스티누스에게 너무 멀어 보였다. 그는 다른 환경에서라면 새로운 사람이 될 수 있으리라는 헛된 희망을 품고 고향을 떠나왔다. 이전의 자기 자신이라는 짐을 지고 떠나온 것이기에 저 계시의 날이 이르기 전까지 그는 이전과 별반 달라질 수 없었다. 우리 모두가 그러하듯 말이다. 그러나 어느 더운 여름날 오후, 그 정원에서 일어난 사건은 이후 아우구스티누스를 빚어낸 중요한 사건이 되었다. 이제 그는 더는 그 사건 이전으로 돌아갈 수 없었다.

정원 체험을 한 뒤 아우구스티누스는 이제까지 한 일을 뒤로하고 휴식 시간을 갖기로 마음먹었다. 때마침 방학이 다가오고 있었고 친한 친구 베르쿤두스Verecundus가 카시키아쿰에 있는 본인 소유의 별장을 써도 좋다며 머물고 싶은 만큼 머물라고 권했고, 아우구스티누스는 그 제안을 받아들였다(베르쿤두스는 이듬해 죽게 되고, 죽음 직전 침상에서 그리스도교 신앙을 영접했다). 방학이 끝나자마자 아우구스티누스는 밀라노 당국에 학생들에게 수사학을 가르칠 다른 이를 찾아보라고 통지했다. 그가 밝힌 사임 사유는 두 가지였다. 첫 번째는 이제 그리스도교인이 되었고 세례를 받을 생각이라는 것, 두 번째는 자신이 그 일을 잘 하지 못한다는 것이었다.

이로써 아우구스티누스는 자신이 만든 올가미에서 벗어났다. 그는 열려 있는 신앙의 길에서 비켜나 제 방향을, 제자리를 찾고자 했으나 그가 젊은 날 품었던 갈망은 그를 막다른 길에 이르게 할 뿐이었다. 그러나 그가 바로 그 막다른 길에 몰리고 나서야 비로소 하느님은 아우구스티누스를 만날 수 있었다. 그분은 샛길로 빠진 그가 방향을 돌려 큰길과 만날 수 있게 해주셨다. 일하지 않은 자에게 값없이 놀라운 은총을 베풀어 주신 것이다.

아우구스티누스의 기도

오 강하신 하느님

저희를 당신께로 돌아가게 하여 주십시오.

자비를 베푸셔서 우리가 구원을 얻게 해 주십시오.

내가 당신으로부터 돌아서 멀어지면 그곳이 어디든

내가 얼마나 아름다운 것에 매달리든

내 영혼, 인간의 영혼은 슬픔에 젖어 있습니다.

당신께로부터 나지 않은 아름다움이란

존재하지 않는 까닭입니다.

당신께로부터 난 것과, 그렇지 않은 것 모두에게

삶과 죽음이 있고

태어나면 살아가고, 자라고

성숙하게 되지만

성숙하자

곧 시들고 죽어버립니다.

태어나는 바로 그 순간

존재를 향해 발돋움하며,

서둘러 한층 더 빨리

죽음을 향할 뿐입니다.

그것이

당신께서 우리에게 두신 한계이며,

우리는 그러한 실재의 부분일 뿐

스스로 존재할 수 없고,

순전히 스러져갈 파편들로 이루어져 있을 뿐입니다. …

내 영혼은

피조물에게 집착해서는 안 되며,

오히려 당신을 찬양해야 합니다.

오 하느님, 모든 것을 만드신 창조주시여.

◇ 더 깊은 묵상을 위한 질문들

개인을 위한 질문

1. "온 마음으로 바라고 갈망하는 바를 알고, 그 갈망이 증류되어 깨끗해지기까지 우리는 지금 서 있는 자리를 떠날 수도, 성장할 수도, 영원한 변화를 경험할 수도 없다." 진정으로 갈망하는 것들의 목록을 만들어보자(인정하기 싫은 것도 진솔하게 적어보자). 이들 중 우상이 된 소원들은 무엇인가? 이로 인해 발생한 문제점은 무엇인가? 이 우상이 당신으로 하여금 어디를 향하도록 만드는가?

2. "성과 그 안에 타오르는 욕망을 단박에 잘라냈다가는 인간의 성(이는 생물학적 성sex와 문화적 성gender을 모두 포함한다)을 연료로 하는 생명력, 창조적인 힘을 잘라버리게 된다. 여기에 지름길은 없다. 우리는 전체를 아우르는 온전한 순결을 향해 천천히 나아가야 한다." 사회적인 차원에서 이 문제를 어떻게 다루어야 할지 공동체와 함께 이야기해보자. 당신의 경험과 이 이야기를 연결해보자. 당신은 성을 어떻게 표현하고 있으며 조절하고 있는가? 이 부분에 대해서 당신은 당신 자신에 대해 얼마나 잘 알고 있는가?

3. "때로 우리는 잘못된 목적을 다 이루고 나서야 그것이 잘못되었고 무가치했음을 깨닫는다. 밝은 미래를 약속하는 것처럼 보이던 것도 우리를 깊이 채워주지는 못한다. 그러고 나면 우리에게는 결국 환멸만이 남는다." 당신 주변에 이러한 일을 겪은 사람이 있는가? 혹은 당신은 이러한 경험을 한 적이 있는가? 앞서 그린 인생 시간표를 보며 생각해보자.

4. 당신은 아우구스티누스처럼 막다른 길에 몰린 경험이 있는가? 인생 시간표에 이 사건을 표시해보자. 그 사건 후에 어떤 돌파의 체험(하느님이 침입하시는 체험)이 있었는가?

5. 당신이 쉽게 유혹당하는 것이 있는가? 은행에 있는 돈? 아름다운 집? 여행할 수 있는 자유? 금전에 관한 욕망? 이를 조절하기 위해 어떤 행동을 하고 있는가? 그 행동은 무엇인가?

6. "무언가를 갈망하는 일, 그 무언가에서 초연해지는 일은 상호작용하며 서로를 보완해 준다. 둘은 긴 신앙 여정에서 우리를 움직이게 하고 이끌어가는 동력이다." 1번에 기록한 욕

망과 5번에 기록한 갈망을 조절할 수 있는 능력, 행동을 살펴보라. 당신의 삶에서 당신에게 있는 갈망과 갈망에서 초연해지는 것이 서로를 보완해주고 있다고 생각하는가?

공동체를 위한 질문

1. 루가의 복음서 24:13~35에 엠마오로 가는 제자들의 이야기를 살펴보라.

바로 그 날 거기 모였던 사람들 중 두 사람이 예루살렘에서 한 삼십리쯤 떨어진 곳에 있는 엠마오라는 동네로 걸어가면서 이 즈음에 일어난 모든 사건에 대하여 말을 주고받고 있었다. 그들이 이야기를 나누며 토론하고 있을 때에 예수께서 그들에게 다가가서 나란히 걸어가셨다. 그러나 그들은 눈이 가려져서 그분이 누구신지 알아보지 못하였다. 예수께서 그들에게 "길을 걸으면서 무슨 이야기들을 그렇게 하고 있느냐?" 하고 물으셨다. 그러자 그들은 침통한 표정인 채 걸음을 멈추었다. 그리고 글레오파라는 사람이 "예루살렘에 머물러 있던 사람으로서 요새 며칠 동안에 거기에서 일어난 일을 모르다니, 그런 사람이 당신말고 어디 또 있겠습니까?" 하고 말하였다. 예수께서 "무슨 일이냐?" 하고 물으시자 그들은 이렇게 설명하였다. "나자렛 사람 예수에 관한 일이오. 그분은 하느님과 모든 백성들 앞에서 그 하신 일과 말씀에 큰 능력을 보이신 예언자였습니다. 그런데 대사제들과 우리 백성의 지도자들이 그분을 관헌에게 넘겨 사형 선고를 받아 십자가형을 당하게 하였습니다. 우리는 그분이야말로 이스라엘을 구원해 주실 분이라고 희망을 걸고 있었습니다. 그러나 그분은 이미 처형을 당하셨고, 더구나 그 일이 있은 지도 벌써 사흘째나 됩니다. 그런데 우리 가운데 몇몇 여인이 우리를 깜짝 놀라게 하였습니다. 그들이 새벽에 무덤을 찾아가 보았더니 그분의 시체가 없어졌더랍니다. 그뿐만 아니라 천사들이 나타나 그분은 살아 계시다고 일러주더라는 것이었습니다. 그래서 우리 동료 몇 사람이 무덤에 가보았으나 과연 그 여자들의 말대로였고 그분은 보지 못했습니다." 그 때에 예수께서 "너희는 어리석기도 하다! 예언자들이 말한 모든 것을 그렇게도 믿기가 어려우냐? 그리스도는 영광을 차지하기 전에 그런 고난을 겪어야 하는 것이 아니냐?" 하시며 모세의 율법서와 모든 예언서를 비롯하여 성서 전체에서 당신에 관한 기사를 들어 설명해 주셨다. 그들이 찾아가던 동네에 거의 다다랐을 때에 예수께서 더 멀리 가시려는 듯이 보이자 그들은 "이젠 날도 저물어 저녁이 다 되었으니 여기서 우리와 함께 묵어가십시오" 하고 붙들었다. 그래서 예수께서 그들과 함께 묵으시려고 집으로 들어가셨다. 예수께서 함께 식탁에 앉아 빵을 들어 감사의 기도를 드리신 다음 그것을 떼어 나누어주셨다.

그제서야 그들은 눈이 열려 예수를 알아보았는데 예수의 모습은 이미 사라져서 보이지 않았다. 그들은 "길에서 그분이 우리에게 말씀하실 때나 성서를 설명해 주실 때에 우리가 얼마나 뜨거운 감동을 느꼈던가!" 하고 서로 말하였다. 그들은 곧 그 곳을 떠나 예루살렘으로 돌아갔다. 가보았더니 거기에 열한 제자가 다른 사람들과 함께 모여서 주께서 확실히 다시 살아나셔서 시몬에게 나타나셨다는 말을 하고 있었다. 그 두 사람도 길에서 당한 일과 빵을 떼어주실 때에야 비로소 그분이 예수시라는 것을 알아보게 되었다는 이야기를 들려주었다. (루가 24:13~35)

이 본문에서 희망과, 절망, 그리고 다시 희망이 어떻게 표현되는지를 살펴보라.

2. 앞서 개인을 위한 질문을 살펴보고 구성원끼리 서로의 이야기를 나누어보자.

3. "성과 그 안에 타오르는 욕망을 단박에 잘라냈다가는 인간의 성(이는 생물학적 성sex와 문화적 성gender을 모두 포함한다)을 연료로 하는 생명력, 창조적인 힘을 잘라버리게 된다. 여기에 지름길은 없다. 우리는 전체를 아우르는 온전한 순결을 향해 천천히 나아가야 한다." 오늘날 사회에서 성의 창조적인 힘이 긍정적으로 발현된 예를 찾아보자. 안 좋게 드러난 경우들도 이야기해보자. 어떻게 하면 성이 긍정적으로 (혹은 부정적으로) 발현될까? 이에 관한 사례들을 알고 있다면 서로 나누어 보자.

묵상을 위한 성구

앞서 그린 인생 시간표를 살펴보라. 특히 환멸과 무너짐을 경험했을 때를 떠올려 보라. 아래 성서 구절을 마음에 새기며 그 경험들을 하느님께 올려 드려 보라.

주 야훼의 영을 내려주시며
야훼께서 나에게 기름을 부어 주시고
나를 보내시며 이르셨다.
"억눌린 자들에게 복음을 전하여라.
찢긴 마음을 싸매 주고,

포로들에게 해방을 알려라.

옥에 갇힌 자들에게 자유를 선포하여라.

야훼께서 우리를 반겨주실 해,

우리 하느님께서 원수 갚으실 날이

이르렀다고 선포하여라.

슬퍼하는 모든 사람을 위로하여라.

시온에서 슬퍼하는 사람에게 희망을 주어라.

재를 뒤집어썼던 사람에게 빛나는 관을 씌워주어라.

상복을 입었던 몸에 기쁨의 기름을 발라주어라.

침울한 마음에서 찬양이 울려 퍼지게 하여라.

그들을 이름하여 '정의의 느티나무 숲'이라 하여라.

야훼가 자기의 자랑거리로 손수 심은 것. (이사 61:1~3)

제3장

놀라운 은총

주의 말씀은 내 발에 등이요, 내 길에 빛이라.

- 시편 119:105

물러서서 생각하기

좋은 일이든 가슴 아픈 일이든 큰 일을 겪고 나면 우리는 잠시
물러서서 곰곰이 생각해 보는 시간을 가져야 한다. 자동차로 먼 길
을 여행하다가 재충전을 하려면, 혹은 어디쯤 와 있는지 살피려면
도로에서 벗어나 잠시 멈춰서야 하듯 말이다. 신앙의 여정을 걷는
중에도 새롭고 중요한 통찰을 얻게 되고, 이를 바탕으로 완전히 새
로운 전망, 새로운 관점으로 상황을 바라보게 되는 때가 있다. 이
러한 통찰력을 온전히 흡수하기 위해서는 잠시 물러서서 시간을

가져야 한다. 새로운 시각을 바탕으로 모든 것에 질문을 던지고 이 제껏 가지고 있던 삶에 대한 견해 또한 새롭게 조정해야 한다. 차 차 알게 되겠지만, 이렇게 물러서서 곰곰이 생각해 보는 일은 단번 에 끝나지 않는다. 때마다 물러서서 생각하는 것 역시 우리 여정의 일부다.

물론 새로운 현실과 새로운 관점을 흡수하는 것은 편안하지 않 으며 수월하지도 않다. 좀 더 정확하게 말하면 매우 불편한 일이 다. 우리는 우리를 움직이는 동기와 내면이 가리키는 방향을 분명 하게 보고 싶고, 깨닫고 싶다고 말한다. 그러나 정작 실제로 눈이 열려 이를 보게 되면, 우리는 대개 환한 한낮의 빛을 향해 나아가 기보다는 친숙한 어둠을 향해 다시 돌아가려 한다. 빛은 금이 간 곳, 회피하고 싶은 모습, 불편한 사실을 드러낸다. 이때 우리는 그 간 우리 곁에 있었으나 외면하고 있었던 불편한 사실을 직시하기 보다는 눈을 감는 쪽을 택한다. (물론 이러한 모습들을 '나'를 둘러싼 사 람들은 이미 잘 알고 있다.) 신앙의 여정을 걷고 있다 할지라도 바르티 매오처럼 진심을 담아 "제 눈을 뜨게 해주십시오"(마르 10:51) 라고 말하는 데는 몇 년의 시간이 걸릴 수도 있다. 앞에서 언급했던 아 우구스티누스의 기도처럼 우리는 종종 순간의 기분에 따라, 절반 의 진심만 담아 기도한다. 그는 『고백록』에서 말한다.

저는 당신께 순결을 빌었습니다. ··· "저에게 순결과 절제를 주소 서. 그러나 당장은 마소서." 당신께서 저의 기도를 당장 들어주 실까 두려웠고 육욕의 질병을 즉시 낫게 해 주실까 겁났으니, 육

욕이 꺼지기보다는 채워지기를 더 바랐던 까닭입니다.[1]

우리는 식단 조절을 하겠다고 결심하더라도 대부분 '내일부터' 해야겠다고 다짐한다. 그렇게 오늘 마무리 지어야 할 일을 내일로 미룬다. 뉴먼 추기경은 "'지금' 거룩해지기란 쉽다"고 말했지만, 우리는 모두 미루는 데 타고난 재능이 있다. 우리는 자신을 분명하게 보고 싶어 하지 않는다. T.S. 엘리엇이 옳았다. "인간은 진정한 현실을 견디지 못한다."[2] 예수께서도 말씀하셨다.

> 빛이 세상에 왔지만 사람들은 자기들의 행실이 악하여 빛보다 어둠을 더 사랑했다. 이것이 벌써 죄인으로 판결받았다는 것을 말해 준다. (요한 3:19)

길버트와 설리번Gilbert and Sullivan은 이런 우리 모습을 익살스럽게 묘사했다.

> 그녀는 43년간 잘 살아왔다. 바로 뒤에 있는 빛을 등지고 자신이 어둠 속에 있다고 여기면서![3]

우리는 자신을 더 분명하게 아는 것을 꺼리지만, 기대하지도 않

---

[1]   *Confessiones*, 8.7.17.

[2]   T.S. Eliot, *Four Quartets*, 'Burnt Norton', Part I (Faber and Faber, 1940)

[3]   *Trial by Jury*, 1875.

고 예상치도 못한 때에 눈이 열리는 순간이 찾아오고, 어쩔 수 없이 우리는 자신의 참된 모습을 보게 된다. 성서에는 이렇게 눈이 열려 모든 것을 다시 검토하게 하는 극적인 순간이 자주 등장한다. 아브라함, 이삭, 야곱, 모세, 이사야는 모두 이런 순간을 체험했다. 이들의 체험은 일회적이고 예외적인 사건으로 끝나지 않았다. 그 순간은 인생 전체의 일부가 되어 풍성한 삶을 구성하는 재료로 쓰였다. 성서는 그저 먼 옛날, 특별한 이에게 일어났던 일을 기록한 책이 아니다. 성서는 지금 이 순간 우리 모두에게 일어나고 있는 일, 내일 우리 모두에게 일어날 일, 이 세상 마지막 날까지 일어나게 될 일을 기록한 책이다.

예상하지도, 기대하지도 못했던 순간에 하느님은 우리 삶에 잠입해 들어와서 요구하신다. 기존에 세워둔 우선순위를 다시 세우라 명하시고, 때로는 삶을 완전히 바꾸라 하신다. 성서는 이러한 전환점을 회심의 순간이라고 부른다. 회심은 우리 눈을 덮고 있던 비늘이 벗겨지면서 삶이 진정 무엇인지를 깨닫는 사건이다. "하느님, 이제 보입니다!" 물론, 그렇게 눈을 뜬다고 해서 눈앞에 이전과 전혀 다른 세상이 펼쳐지지는 않는다. 그러나 그 후 우리는 이전과 같은 세상을 이전과는 다른 방식으로 보게 된다. 언제나 그곳에 있었던 세상을 처음, (밝은 눈으로) 보게 된다. 어느 신학자는 이를 "온 세계의 정체가 드러난 순간"이라고 말했다. 이 사건이 일어날 때 우리는 우리도 모르게 숨을 고르고 탄식하듯 말한다. "오, 하느님."

진리와 선, 아름다움이, 사랑이 가득한 그 순간 우리는 본능적으로 영혼을 담아 경배하는 마음으로 그분을 부른다. 이때 우리는 전에는 결코 마주한 적 없던 것을 보게 되며 평생을 갈망해온 무언가, 누군가를 만난다. 그리고 성령의 도움을 따라 기도드린다.

눈이 멀어 아둔한 우리에게 이제부터 영원히 빛이 되어 주소서.

혹은 웨슬리가 드렸던 겸손한 기도를 드릴 수도 있다.

주여, 저에게 가르쳐주소서.
그러나 제 영혼이 견딜 수 있을 만큼만 가르쳐주소서.

실제로 한꺼번에 모든 신비를 체험한다면 우리 중 누구도 이를 감당할 수 없다. 그러므로 우리는 때마다 한 발씩 물러나 우리를 비추는 계시의 빛에 비추어 상황을 숙고해 보아야 한다. 그렇게 한 걸음씩, 1미터씩 우리는 걸어간다.

AD 386년 여름 정원에서 충격적인 체험을 한 뒤 아우구스티누스에게 그 사건을 한발 물러서서 생각해 볼 기회가 생겼다. 그때 그에게 꼭 필요했던 것이 주어진 것이다. 베르쿤두스가 아우구스티누스에게 쉼과 동시에 자신에게 일어난 일을 한발 물러서서 숙고할 수 있는 시간과 장소를 제공해주었다. 그는 (신앙의 여정으로 보나, 실제 삶의 여정으로 보나) 집으로 가는 중이었고 카시키아쿰은 일종의 기항지가 되어주었다. 카시키아쿰의 별장은 친구를 통해 하느님이 은총으로 아우구스티누스에게 주신, 하늘이 베풀어준 거처였다. 그곳에서 그는 하느님의 은총에 충분히 잠길 수 있었다.

아우구스티누스는 새로운 삶을 알게 되었다. 우리가 아무리 그분을 향한다 해도, 그분에게 무언가를 바친다 해도 그분이 우리를 위해 행하는 일보다 클 수 없고 그분이 우리에게 주시고 베푸시는 것보다 좋을 수 없다. 이것이 새로운 삶, 새로운 생명의 특징이었다. 머리에서 가슴으로 가슴에서 실천으로 나아가는 긴 여정에서, 참된 변화는 하느님이 주시는 은총으로 일어난다. 은총은 우리 삶에 거저 주어진다. 은총으로, 오직 은총으로만 우리는 변화를 경험한다. 이 은총은 한 걸음씩, 한 단계에서 다음 단계의 영광으로 우리를 치유하며 변화시킨다. 그렇게 우리를 구원한다. 존 뉴턴John Newton은 자신이 경험한 회심을, 자신이 경험한 새로운 삶과 새로운 생명을 노래 가사에 담아냈다. 그 가사는 오늘날까지 무수히 많은 사람의 입에서 불리며 하느님께서 주시는 놀라운 은총의 진실을 보여주고 있다.

놀라운 은총! 얼마나 감미로운 말인지.
나같이 비참한 사람을 구원하시다니!
전에는 길을 잃었으나, 이제 길을 찾았고,
전에는 눈멀었으나, 이제는 보네.

숙고와 마음의 변화

아우구스티누스의 정원 체험 같은 불가해한 사건, 혹은 갑작스럽게 새로운 통찰력을 얻는 일이 일어났을 때 우리는 이를 합리적으로 설명하고 싶은 충동을 느낀다. 하지만 이러한 부류의 사건은 우리 손에 잡히지 않는다. 이 사건으로 기존에 예측했던 많은 것은 저 너머로 사라진다. 우리는 그 순간 자제력을 잃는다. 기존에 알고 있던 세계가 산산이 부서지고 상하좌우가 뒤바뀐다. 이러한 순간이 오면 우리는 이를 '설명'하려 애쓰기보다는 잠자코 물러서서 우선순위를 점검해보아야 한다. 성서, 그리고 신학에는 이러한 행동을 가리키는 (자주 곡해되고 왜곡되는) 특별한 단어가 있다. 바로 참회repentance다. 참회는 그리스어 메타노이아μετάνοια를 번역한 말로, 문자적으로는 다시 생각하는 것을 뜻하며, 멈추어 서서 깊이 살펴본다는 의미를 갖고 있다. 뮤지컬 《올리버!》Oliver!에 소매치기단 두목 패긴fagan이 등장해 부르는 노래처럼 말이다.

상황을 다시 검토해봐야겠군. …
멈추어 서서 다시 생각해 봐야겠어.

참회란 이런 것이다. 충격적인 깨달음을 얻고 나면 세상을 보는 관점이 근본적으로 변한다. 이는 그 충격에 걸맞은, 건강한 반응이다. 기존에 알던 세계가 근본적으로 달라졌다면 모든 것을 다른 방식으로 보는 것이 마땅하다.

"우찌야 왕이 죽던 해에"(이사야 6:1) 성전에 들어간 이사야는 바로 그러한 일을 겪었다. 왕을 보필하는 신하였던 그에게 주군인 왕의 죽음은 세상이 무너져 내린 것과 같았다. 왕을 보필하느라, 자신의 직무에 충실 하느라 그는 우상숭배를 해야 했다. 진정한 왕과 그분의 나라에 바치는 충성 이상의 충성을 이 땅에 있는 왕과 왕국에 모두 바친 것이다. 아마도 셰익스피어가 쓴 『헨리 8세』Henry VIII에 나오는 울시Wolsey 추기경이 이사야에 비견될 수 있을 것이다. 울시는 자신이 은총을 저버렸음을 깨닫고 "마음이 새로이 열린" 채로 울부짖는다.

내가 왕을 섬겼던 열정의 절반이라도 하느님을 섬겼더라면!⁴

그날 성전에서 이사야는 진정한 왕이신 하느님을 엿보고 말한다.

큰일 났구나. 이제 나는 죽었다. 나는 입술이 더러운 사람, 입술이 더러운 사람들 틈에 끼여 살면서 만군의 야훼, 나의 왕을 눈으로 뵙다니… (이사 6:5)

이사야는 참회했다. 그는 생각하고, 생각하고 또 생각했다. 이 생각이 이전에 자신이 했던 생각들, 그의 원칙, 우선순위를 바꾸게 했다. 그는 남은 삶을 무엇을 하며 보낼지를 근본적으로 숙고했다. 이 땅에 있는 왕이 아닌, 하늘에 계신 왕, 주인들의 주인을 섬기기 위해서 무엇을 해야 할지를 말이다. 이사야의 삶은 변해야만 했고 하느님이 자신을 섬기는 자리로 그를 초대하자 이사야는 답했다.

---

⁴ William Shakespeare, Henry VIII, 3.2. 『헨리 8세』(아침이슬)

제가 있지 않습니까? 저를 보내십시오. (이사 6:8)

환상, 그리고 새로운 깨달음에 응답해 그는 모든 삶을 하느님에게
바쳤다. 세례자 요한과 예수께서 전한 설교와 가르침의 핵심에 놓
여 있던 참회 또한 이사야가 보여준 것과 같은 참회였다. 예수께서
는 간명한 문장으로 당신이 우리에게 준 강령을 요약했다.

때가 다 되어 하느님의 나라가 다가왔다.
회개하고 이 복음을 믿어라. (마르 1:15)

무언가 일어났으며, 일어나고 있다. 이제 세상은 전과 같을 수 없
게 되었다. 그러니 좋든 싫든 우리는 이 변화에 응답해야만 한다.
이렇게 세례자 요한과 예수는 새로운 질서가 도래했음을 알렸다.
이 선언은 우리 삶에 근본적인 변화를 요구한다.

때로 우리는 개인적인 차원뿐만 아니라 사회적인 차원에서도
우리 인생을 바꾸어 놓는 사건을 접한다. 이를테면 9.11 테러가 그
렇다. 타임스The Times는 이 충격적인 사건에 대한 사람들의 반응을
조사했고 '(9.11 테러 이후) 정말 당신의 세계가 달라졌는가?' 라는 매
력적인 제목을 달고 나온 기사에서 설문조사 결과를 공개했다. 영
국에 사는 이들 중 1/3이 9.11 테러 이후 자신의 삶이 완전히 바뀌
었고 그로 인해 자신의 삶이 가치 있음을 느꼈다고 말했다. 한 사
람은 말했다.

그 일이 일어났다고 해서 제가 비행기를 타지 않는 일은 없을 겁니다. 하지만 이 사건은 저를 멈추어 세웠지요. 저는 멈추어 서서 남은 생애 동안 무엇을 진정으로 하고 싶은지를 생각해 보게 되었습니다.

어쩌면 정원 체험을 한 후 아우구스티누스를 인터뷰했다면 같은 답을 듣게 되었을지도 모르겠다. 친구의 별장에서 휴식을 취하며 그는 삶의 큰 그림을 다시 그리려 했을 것이다. 그리고 이를 위해서는 다시 생각할 시간, 여태껏 살아오는 동안 자신의 마음 근간에 자리하고 있는 원칙과 관심사에 대해 숙고해 볼 시간이 필요했다.

AD 386년 9월에서 387년 2월까지 아우구스티누스는 별장에 머무르며 휴식을 취했다. 그는 글을 쓰고 묵상을 하며 시간을 보냈다. 카시키아쿰은 오늘날 카사고브리안차 혹은 카사고로 추정된다. 코모호수 남쪽에 자리한 카시키아쿰은 알프스산맥을 배경으로 밤나무들과 짙은 초록빛 숲이 있는, 박하와 아니스 향기가 나던 곳이었다. 훗날 아우구스티누스는 숨을 고를 수 있었던 이 복된 시절을 자주 회상하곤 했다. AD 386년 가을, 그는 아름다운 황금빛 나뭇잎 샤프란, 긴 여름을 마치고 떨어진 나뭇잎들이 떠다니고 있는 시냇가를 자세히 그렸다. 몇 달 동안 별장에서 그는 여러 사람과 함께 있었다. 친구 알리피우스, 당시 열다섯 살이 된 아데오다투스, 동생 나비기우스, 사촌 라르티디아누스와 루스티쿠스, 당시 열여섯 살이었던 동향인 제자 트리게티우스, 리켄티우스가 그와 함께했다. 물론 언제나 그들을 지켜보고 살펴주던 어머니 모니카도 있었다.

카시키아쿰에서 그들이 무엇을 했는지는 잘 알려져 있다. 휴식과 독서 모임이 섞인 이 모임에서 진행된 철학적 토론에 관해 아우구스티누스가 상세한 기록을 남겼기 때문이다. 그해 겨울 그는 네 권의 책을 집필했는데, 그중 한 권인 『아카데미아 학파 반박』Contra Academicos에 이 시기 진행된 토론의 내용이 담겨 있다. 카시키아쿰에서 그의 사고는 주목할 만한 진전을 이루었고 이는 고스란히 그의 글에 반영되었다. 아우구스티누스의 생애에서 글과 사고는 밀접한 연관을 갖고 있다. 때로는 글을 씀으로써 사고가 진전되기도 했고, 때로는 진전된 사고가 글을 빚어내기도 했다. 이후 그는 한 편지에서 말했다.

성장함으로 글을 쓰고 또 글을 씀으로 성장하는 사람이 되고자 애썼다네.[5]

AD 386년 11월, 그는 『아카데미아 학파 반박』을 탈고했다. 이 책에서 그는 새롭게 발견한 신앙이 어떻게 학문 영역에서 회의론과 불가지론을 거부하게 했는지, 이성만을 통해 신앙에 이르는 게 왜 불가능한지, 왜 이성과 지성의 활동 너머를 지향해야 하는지 이야기한다. 이 시기 그는 자신의 정신을 밝혀준 불꽃의 온기가 마음으로 퍼지는 것을 느끼며 머리에서 가슴으로 이르는 여정을 걷고

---

[5]   *Epistolae*, 143.2.

있었다.

휴식 기간에 쓴 두 번째 책 『행복한 삶』De Beata Vita은 11월 13일
아우구스티누스 생일 전후에 있었던 일을 배경으로 나왔다. 아우
구스티누스는 "3일간 나눈 대화를 바탕으로 이 책이 태어났다"고
말한다. 토론 중 상당수는 대개 목욕탕에서 나눈 대화였던 것으로
보인다. 이 책을 보면 당시 아우구스티누스는 참된 행복은 하느님
을 아는 데서 나옴을 확신했다. 그에게 하느님에 대한 앎은 단순한
지식 그 이상의 것이었다. 하느님에 대한 앎은 하느님에 대한 많은
정보가 아니라 진심으로 드리는 기도를 중심으로 그분과의 인격적
인 관계를 맺음으로써, 이를 통해서만 알게 되는 앎을 뜻했다.

두 권의 책은 카시키아쿰에서 동료들과 진행한 끊임없는 토론,
그리고 숙고의 산물이었다. 그는 말했다.

놀랍게도 토론은 종종 작은 사람을 크게 성장시킨다.[6]

카시키아쿰에서의 경험을 통해 그는 철학과 형이상학이 대학에서
활동하는 전문가들에게만 의미가 있는, 배타적인 자산이 아님을
알게 되었다. 그가 보기에 철학과 형이상학이 다루는 주제들은 모
든 이의 마음에 다가가 교회에서 드리는 예배와 끊임없는 기도 중
에 기꺼이 진리를 구하도록 돕는다. 신학적 성찰은 도서관이나 강
의실에 매이지 않을 때 오히려 최상의 빛을 발한다. 신학의 실험

---

[6] *Contra Academicos*, 1.2.6. 『아카데미아학파 반박』(분도출판사)

공간은 교회, 특히 교회의 전례다. 전례에서 이루어지는 예배와 기도는 신학적 사고에 영향을 미치며 신학적 사고는 다시금 예배와 기도에 영향을 미친다.

그리스도교 신앙은 역사나 과학을 배우듯 배울 수 없다. 그리스도교 신앙은 무언가를 머리에 집어넣는다고 알 수 있는 것이 아니라 누군가를 따름으로써 알 수 있다. 그리스도를 따르는 것, 제자도는 우리 존재의 모든 면과 관련이 있다. 우리는 삶이라는 구체적인 정황 속에서 그리스도교인으로 사는 법을 익혀야 한다. 제자로 살아가는 법을 배운다는 것은 바로 이런 뜻이다. 루가는 사도행전에 초대 교회의 모습을 그리며 이를 우리에게 알려주고자 했다.

> 그들은 사도들의 가르침을 듣고 서로 도와주며 빵을 나누어 먹고 기도하는 일에 전념하였다. (사도 2:42)

"사도들의 가르침"이 뿌리를 내리고 자라려면 반드시 이 네 요소("듣고", "서로 도와주며", "빵을 나누어 먹고", "기도하는 일")가, 특히 서로를 도와주는 교제fellowship가 있어야 한다. 교회에서 이루어지는 성도의 교제와 예배는 신앙의 씨앗이 자라기 위한 환경을 구성한다. 이러한 환경 아래 성도는 모두 진심으로 진리를 구할 수 있다. 여기서 그가 지식인이냐 지식인이 아니냐는 그리 중요치 않다.

아우구스티누스는 교회란 지식인들로 이루어진 집단이 아니라 진리를 삶으로 살아내는 길을 함께 추구하는 공동체라고 힘주어 말했다. 또한 진리는 홀로, 추상적인 사변을 통해 다가갈 수 있는 것이 아니라 서로 이야기를 나누며 교제하는 가운데 알게 되는 것이라고 했다. 그리스도교 신앙에 대한 가르침은 언제나 구체적인 상황과 결부되어 있다. 교리와 신조는 신학자들이 자기 생각을 쏟아부은 책에서 나온 게 아니라 공동체로 드리는 예배와 기도에서 나왔다. 다시 말하면 그리스도교인은 신앙을 표현하기 전에 먼저 신앙을 몸으로 겪는다. 동방 교회에서는 '신학자'theologian를 기도하는 사람으로 정의한다. 삶, 공동체의 신앙과 유리된 신학은 이미 죽은 것이나 다름없다. 이와 관련해 앤서니 블룸Anthony Bloom 대주교는 말했다.

> 신학은 하느님에 '관해' 아는 것이 아니며 다른 사람이 하느님에 '관해' 쓴 내용을 아는 것은 더더욱 아니다. 신학은 하느님을 아는 것이다.

어떻게 하느님을 알 수 있는가? 기도와 예배와 경배를 통해서만 우리는 그분을 알 수 있다. 제자도의 본질을 충분히 이해하는 것이 오늘날 현실 교회의 갱신에 얼마나 유익한지는 이미 많은 사례를 통해 드러났다. 알파 코스와 엠마우스 코스와 같은 프로그램에 많은 사람이 반응한 이유는 이 과정에 성도 간 교제, 환대, 예배, 휴식 등과 같은 제자도의 필수 요소들이 충분히 반영되어 있기 때문이다. 머리와 가슴이 함께 진리의 도전을 받고, 진리를 양식으로 삼을 때 우리의 인격은 성장한다.

"지식만으로 우리는 구원받지 못한다." 1,700년 전 아우구스티누스가 이 말을 했을 때 그는 진리의 원리를 말하고자 한 것이었다. 그는 이를 자신의 삶으로 해설했다. 많은 이들이 알듯이 아우구스티누스는 크게 두 번 회심했다. 한 번은 머리로, 한 번은 가슴으로. 다양한 이방 종교와 삶의 방식을 겪은 뒤에 그는 머리로 그리스도교가 옳다고 확신했다. 그러나 머리를 제외한 나머지 부분까지 회심하지는 못했다. 9년이 더 지나, 34세가 될 때까지 그가 지적으로 받아들인 신앙과 그의 삶은 조화를 이루지 못했다. 진리를 알고, 이를 머리로 확신하고, 이성적으로 우리 삶이 어디를 향해 가야 하는지 아는 것만으로는 충분치 않다. 물론 그렇다 하더라도 이러한 회심으로 어떤 도상에 서게 되었다는 것 또한 부정할 수는 없다. 이제 중요한 것은 머리로 깨달은 바와 마음, 우리 안에 갖고 있는 힘과 의지를 한 데 엮는 것, 우리 자신을 지키며 막 오르게 된 여정을 계속 이어나가는 것이다.[7]

AD 386년 겨울이 끝나갈 무렵 아우구스티누스는 『독백』Solioquia 이라는 책을 집필했다. 그는 이 책을 두고 "처음으로 쓴 내밀한 자화상"이라고 말했다. 책은 아우구스티누스의 이성과 영혼, 내면의 자아, 마음과 직관 사이에서 일어나는 분투를 다룬다. 밤이 길어지고 낮이 짧아지는 겨울, 그는 외향적인 활동과 거리를 두고 자기 내면에 있는 빛, 빛과 열을 제공하는 무언가, 따스해진 마음, 그 마음이 향하는 곳에 관해 성찰한다. 환멸을 느꼈던 시기, 폐허가 되었던 시기만큼이나 그에게 중요한 시기였다. 아우구스티누스는 겨

[7] Ronald Rolheiser, *The Holy Longing: The Search for a Christian Spirituality* (Doubleday, 1999), p.213.

울이 옛날의 자신이 죽은 시기, 자신의 내면을 반영한다고 여겼다. 겨울이 봄을 예시하듯, 옛 자아의 죽음은 새로운 생명과 새로운 시작을 암시한다. 그는 새로운 삶이 시작되는 곳은 단 하나, 세례를 받는 물속임을 너무나 잘 알고 있었다. 그는 밀라노로 가 암브로시우스 주교에게 세례를 받기로 마음먹었다. 그곳에서 모든 것은 새로워질 것이었다.

실제로 그는 밀라노에서 수사학 교수를 그만두며 암브로시우스에게 편지를 썼다. 편지에서 그는 세례를 받기 전 "보다 준비되고 적격한" 모습이 되는 데 도움이 될 만한 성서 본문을 알려 달라고 주교에게 요청했다.[8] 암브로시우스는 이사야서를 추천했으나 그는 첫 장을 읽다가 내용을 이해하기 힘들어 제쳐두었다. 그가 세례를 받기 전에 6장까지도 읽지 않은 채 이사야서를 제쳐두었다는 점은 안타까운 일이다. "우찌야 왕이 죽던 해에" 이사야가 본 환상과 성전에서 참회한 기록을 읽었다면 자신이 걷고 있는 여정에 대해서도 무언가를 깨닫게 되었을 텐데 말이다.

카시키아쿰에서의 (삶의 경로에서 잠시 물러나 있던) 시간은 그를 하느님께 더욱 가까운 곳으로 이끌었다. AD 387년 아우구스티누스는 사순절과 부활절을 준비하기 위해, 암브로시우스가 가르치는 학교에 등록했다. 4~5세기, 사순절은 모든 교회가 학교가 되어 성주간과 부활절에 드릴 예배를 준비하는 기간이었다. 아우구스티누스처럼 세례를 받지 않은 이들은 주교가 담당하는 학교에 들어가

---

[8] *Confessiones*, 9.5.

서 세례와 견진을 받은 신자들과 함께 수업을 받았다. 기존 신자들에게 사순절 기간은 그리스도의 제자로 한 걸음 더 나아가는 기회였다. 이 기간을 보낸 후 부활절(이른 아침)에 새로 그리스도교인이 된 이들은 떠오르는 해를 맞이하며 세례를 받았다. 이전에 세례를 받은 신자들은 그들과 함께 서로를 새롭게 하며 영광스러운 부활절을 기념했다.

신앙을 배우는 학교 - 탐구와 묵상

그리스도교에 관한 몇 가지 사실, 신경과 성서의 가르침, 교리가 섞인 칵테일을 삼킨다고 그리스도인이 되는 게 아니다. 그리스도인이 된다는 것은 이러한 차원을 훨씬 넘어선다. 그리스도인은 연결하는 사람이다. 그리스도인은 우리가 아는 세계와 계시를 통해 아는 세계를 연결하며 일상에서 깨닫는 진리, 깨달음과 그리스도교 신앙의 명제들을 연결한다. 길이요, 진리요, 생명이신 예수 그리스도라는 인물에 집중하면서 말이다. 『리어왕』King Lear에서 셰익스피어는 "하느님의 염탐꾼"God's spies에 관해 이야기한 바 있다.

사물에 깃든 신비를 뒤집어쓰는 거야.
마치 하느님의 염탐꾼인 것처럼.[9]

이러한 시각이 열리면 우리는 더는 매일의 삶을 그저 눈에 보이는

---

[9] William Shakespeare, *King Lear*, 5.3. 『리어왕』(아침이슬)

대로만 받아들이지 않게 된다. 그리스도인은 우리가 마주하는 일들이 궁극적인 실재를 가리킬 수 있다고 믿는다. 성숙한 그리스도인들에게 그리스도는 우리 일상의 문제들과 동떨어진, 현실 세계 바깥에 서 계신 분이 아니다. 그분은 만물 위에, 만물 너머에 계시나 동시에 만물 안에 계셔서 우리 삶 전체에 새로운 의미와 더 풍요로운 생명을 주시는 분이다. 그리스도교 신앙은 이전의 앎과 맞물려 울림을 내기 때문에 우리는 처음 경험한 일임에도 불구하고 마치 이미 아는 일을 겪는 것 같은 느낌을 받는다. 그리스도교가 진리라면, 참되기에 진리가 되는 것이지 그리스도교여서 진리가 되는 것은 아니다. 그러므로 그리스도교 신앙을 가르치는 학교, 교회는 단순히 그리스도교에 관한 사실들을 전파하는 곳일 수 없다. 교회는 신앙의 길에 막 들어선 이, 세례를 받고자 하는 이가 이미 체험한 진리를 그리스도라는 인격과 연결해주어야 한다. 그리스도교는 이념이 아니며 철학도 아니고 엄밀한 의미에서 종교도 아니다. 그리스도교는 어떤 '무엇'이 아니라 어떤 '누구'다. 그리스도교는 예수와 부활하신 그분 자체다.

그리스도교 신앙을 배우는 과정은 결코 이 세계에서 완성될 수 없다. 많은 이가 세례를 받고 그리스도교 신앙을 새로이 접하게 되지만 그것으로 끝이 아니다. 그리스도교에 대해 많이 안다고 해서 그리스도인이 되지는 않는다. 그리스도인은 그리스도와 살아있는 관계를 맺고 이 관계를 통해 그분을 알아가는 사람을 뜻한다. 위대한 신학자 버나드 로너간Bernard Lonergan은 참된 회심은 지적 회심을 포함한다고 말했다. 분명 그렇다. 그러나 지적 회심은 전체 회심의 일부이며 거기서 멈추지 않는다. 아우구스티누스가 안식하지 못하던 시기 후반에 그는 이미 지적으로는 상당 부분 그리스도교 신앙을 향해 돌아서 있었다. 이제 그는 더 온전한 의미에서 진리를 익혀야 했다. 진리이고 길이고 생명이신 분과 만남으로써 그는 완전히 다른 삶, 다른 방식으로 사는 법을 익혀야 했다.

이러한 이유로 AD 387년 사순절, 아우구스티누스는 암브로시우스 주교가 연 학교에서 그리스도에 관해 배웠다. 그곳에서 그는 세례를 준비하는 다른 이들, 자신의 신앙을 새롭게 하고자 찾아온 많은 신자, 신앙의 길을 이탈했다가 다시금 공의롭고 거룩한 길로 돌아온 이들을 만났다. 이렇게 배움의 장소로 돌아가 신앙에 '활력을 불어넣는 과정'을 듣는 것은 모든 그리스도인에게 유익한 일이다. 그리고 신앙에 활력을 불어넣는 데, 예수의 죽음과 부활을 기념하는 데 부활절 세례를 준비하는 이들과 사순절을 함께 보내는 것만큼 좋은 것도 없다.

성서로, 신경으로, 기도와 신앙생활에 대한 가르침으로, 기본으로 돌아가기. 아우구스티누스는 밀라노에서 이 기본을 익혔다. 암브로시우스 주교는 매일 성당에서 이를 가르쳤다. 고대 교회에서 주교들은 불신자가 신자가 되도록 도와야 했을 뿐 아니라 기존 신자들의 신앙에 활력을 불어넣는데도 도움을 주어야 했다. 따라서 하느님의 말씀을 선포하고 성사를 행하는 '으뜸 성직자'로서 그들은 견진 수업을 열어 부활절 아침부터 시작되는 전체 의례(세례, 견진, 첫영성체)를 잘 할 수 있도록 준비했다.

암브로시우스 주교가 주관한 모든 수업, 모든 가르침은 예수 그리스도의 죽음과 부활을 가리켰고 이를 향했다. 그것이 그리스도교 신앙의 핵심이었기 때문이다. 삶을 온전히 누리기 위해서는(혹은 영생을 누리기 위해서는) 그리스도의 죽음과 부활이라는 신비로 들어가야 한다. 이는 예수께서 요르단강에서 세례자 요한에게 세례를 받을 때 예표豫表되었으며 그분의 죽음과 부활을 통해 궁극적으로 드러났다.

그리스도인으로 거듭난 사람은 삶을 완전히 다른 방식으로 본다. 그래야만 한다. 그렇게 서서히 참된 삶은 역설적으로 죽음을 통해야 한다는 것을, 다시 태어나 전혀 다른 성격의 삶을 사는 것임을 깨닫기 시작한다. 그리스도께서는 "어느 날 밤에 예수를 찾아"(요한 3:2) 온 유대 신학자 니고데모를 놀라게, 당혹스럽게 하시며 가르치셨다. 온전한 인간이 되기 위해서 우리는 적어도 두 번의 탄생과 죽음을 거쳐야 한다고 말이다. 이는 애벌레가 나비가 되는 과정과 유사하다. 땅에 묶여 있던 애벌레는 어떤 의미에서는 번데기가 되어 죽고, 다시 태어나는 과정을 거쳐야 하늘을 나는 나비가 될 수 있다.

예수께서는 니고데모에게 사람이 다시 태어나지 않으면 하느님의 나라에 들어가기는커녕 볼 수조차 없다고 말씀하셨다. 다른 곳에서 그분은 또 다른 비유를 들어 이 이야기를 하신다.

밀알 하나가 땅에 떨어져 죽지 않으면 한 알 그대로 남아 있고 죽으면 많은 열매를 맺는다. (요한 12:24)

세례는 이 두 번째 탄생과 때 이른 죽음을 몸으로 완전히 받아들이는 성사적 활동sacramental activity이다. 새롭게 그리스도인이 될 때, 우리는 세례를 받는 물에 잠겼다가('묻히다', 혹은 '물에 빠져 죽음을 맞이하다'라는 뜻을 갖고 있다) 새로운 생명, 영원한 생명, 그리스도가 약속하는 새로운 삶을 향해 일어선다. 물론 그리스도인이 되고서도 애벌레나 번데기처럼 우리는 이전의 몸에 갇혀 있고 이 몸은 여러 면에서 한계가 있다. 몸이 두 번째 죽음(육신의 죽음)으로 사라질 때까지, 저 새로운 길을 향해 발을 내딛기까지 우리에게는 한계가 있다. '영원한 생명'을 주신다는 예수의 약속은 우리가 죽음을 맞이하고 나서야 풍성한 삶이 시작된다는 뜻으로 들린다. 하지만 그렇지 않다. 우리는 세례를 받으며 죽음과 다시 태어남을 경험하며 이때부터 풍성한 생명은 우리 안에 깃든다. 비록 우리가 이 새로운 생명을 온전히 표현할 수 있는 새로운 몸을 갖고 있지 않다고 해도 말이다. 거칠게 표현하면 영원한 생명은 우리가 죽은 다음에야 먹을 수 있는 그림의 떡이 아니라 접시 위에서 우리를 기다리는 스테이크에 가깝다.

이렇게 아우구스티누스, 알리피우스, 아데오다투스는 사순절 기간 성당에서 열리는 강좌에 참석하며 그리스도의 제자로서 삶을 시작하는 위대한 날을 준비했다. 당시 정식으로 그리스도교인이 되는 일은 1년 중에 하루만 가능했다. 어머니가 그리스도교인이었으므로 아우구스티누스는 아마도 어렸을 적에 소금을 먹는 예식을 치렀을 것이다. 당시 세례를 받지 않은 아기에게는 악에서 보호한다는 의미에서 혀에 소금 한 조각을 올려놓는 예식을 했다. 세례는 성인들을 대상으로 했고 부활절에만 받을 수 있었다. 세례 성사를 성인만이 받을 수 있게 하는 것은 여러 위험 요소가 있다. 그렇게 하면 그리스도교 신앙을 어느 정도 '이해'해야 세례를 받을 수 있다는 인상을 줄 수 있다. 그러나 이생에서 우리는 그리스도교가 전하는 내용을 결코 온전히 이해할 수 없다. 우리의 제한된 정신은 무한하신 하느님의 실재를 품을 수 없기 때문이다. 온전한 이해에 이르기를 기다렸다가는 누구도 세례를 받지 못할 것이다. 또 하나, 은총은 하느님께서 거저 주시는 선물, 우리가 노력해서 얻어낸 무언가가 아닌, 믿음으로 받은 선물이다. 세례란 은총을 헤아림으로써 신앙을 얻는 것, 선물을 주시는 분에게 우리의 신앙을 건넴으로써 은총을 얻는 것이 아니다. 지금까지 살펴보았듯 주도권은 언제나 하느님께 있다. 제자도는 신앙에서 나오는 응답이며 신앙에 대한 응답이다. 이 은총의 역설로만 우리는 그리스도인이 받은 생명을 제대로 이해할 수 있다. 아우구스티누스는 이 역설을 다음과 같이 정리했다.

하느님 없이 우리는 아무것도 할 수 없다.
우리 없이 그분은 아무 일도 행하지 않으신다.

그리스도인이 되고자 하는 이가 가장 먼저 익혀야 하는 것은 하느님 없이 우리는 어떤 선한 일도 할 수 없다는 것이다. 삶이라는 여정에서 하느님이 당신의 손으로 우리를 붙들어 주시지 않으면 우리는 결코 그분께로 가는 길을 찾지 못한다. 아무리 머리로 추론하고 선한 행동을 하고 내면에서 고군분투한다 해도 우리는 그 길을 찾을 수 없다. 이 지점에서 우리는 이사야가 표현한 확신에 의지하고 또 의지해야 한다.

> 나 야훼가 너의 하느님, 내가 너의 오른손을 붙들어주며 이르지 않았느냐? "두려워하지 마라. 내가 너를 도와준다." (이사 41:13)

우리가 우리 자신에 관한 진실을 알게 되면 아우구스티누스가 이야기한 역설의 나머지 한쪽이 작동한다는 점을 배워야 한다. 우리 없이 그분은 아무 일도 하지 않으신다. 하느님은 우리를 향해, 교회를 향해, 이 세계를 향해 당신이 목적하시는 바를 우리 없이 이루지 않으신다. 아우구스티누스는 말했다.

> 당신을 창조하신 분은 당신의 협력 없이 당신을 구원하지 않으실 것입니다.[10]

하느님은 우리와 협력하여 당신의 목적을 이루기로 하셨다. 그분은 당신 홀로 이 세계를 창조하시고 구원하시는 계획을 완성하실 수 있으나, 우리가 그분께 기꺼이 협력하지 않는 한 그 일을 이루지 않기로 하셨다.

이는 세례를 받는 것에도 적용할 수 있다. 은총에 담긴 역설은

---

10   *Sermones*, 169.13.

아기에게도 세례를 주고 어른에게도 세례를 주는 이 명백한 모순에서 가장 잘 드러난다. 아기에게만 세례를 주면 성사는 일종의 주술로 격하될 위험이 있다. 반면 일련의 교육 과정을 제대로 이수한 성인에게만 세례를 주면 신앙을 우리의 행위로, 그리스도인으로서 얻은 생명을 우리가 성취한 것으로 왜곡할 위험이 있다. 이는 그리스도교에서 오래된 이단인 펠라기우스주의가 가르치는 바이기도 하다. 이에 반해 성서는 우리에게 신앙은 하느님이 전적으로 거저 주시는, 받을 자격이 없는 우리에게 주시는 선물이라고 가르친다. 신약성서를 통해 우리는 그리스도교 초기부터 모든 세대가 함께 세례를 받았음을 알 수 있다. 사도행전 16장 나오는 간수는 그 대표적인 예다. 기록에 따르면 "그와 온 가족이" 세례를 받았다고 하는데 여기에는 어린아이들과 노예도 포함되어 있었을 것이다. 그리스도교 신앙을 전혀 알지 못하는 아기에게도, 그리스도교 신앙을 이제야 조금씩 알기 시작한 성인에게도 세례를 주는 이 본문은 이후 교회에서 세례 성사를 진행하는 데 하나의 본이 되었다.

이전 것의 끝, 새로운 것의 시작

물론 그리스도교 신자인 부모에게서 태어나 아기 때 세례를 받는 것보다 성인이 되었을 때 회심을 해 세례를 받는 편이 좀 더 극적이다. 아우구스티누스처럼 사순절 기간 그리스도교 신앙에 대해 배우고 거룩한 3일(성목요일, 성금요일, 성토요일)을, 정점인 부활밤을 거쳐 새벽에 세례를 받고, 견진을 받고 부활절 전례에서 첫영성체를 받는 경우는 특히 그렇다.

부활밤 고대 교회에서는 해가 저물 무렵부터 다음날 새벽까지 예배가 이어졌다. 이때 예배에서 성서 독서 본문은 창세기부터 출애굽기까지였는데 이를 통해 회중은 하느님이 당신의 백성을 이집트에서 해방시키시고 광야를 거쳐 약속하신 땅으로 인도하시는 과정을 들으며 하느님의 구원 활동을 되새겼다. 또한 성서 독서를 하는 중간마다 시편을 낭독하고 성가를 부르고 기도를 드림으로써 본문의 내용을 다시 한번 되새기는 시간을 가졌다. 해 뜨기 직전이 되면 예배에 참석한 모든 신자와 주교는 함께 본당에서 세례당을 향해 행진하며 시편 성가를 불렀다.

> 암사슴이 시냇물을 찾듯이, 하느님,
> 이 몸은 애타게 당신을 찾습니다. (시편 42:1)

아우구스티누스 같은 이들, 오랜 시간 하느님을 찾아 헤매고, 우리를 새롭게 하는 은총을 구하려는 열망의 짐을 지고 있던 이들에게 이 구절은 자신의 마음을 대변하는 고백으로 다가갔을 것이다. 행진은 무덤처럼 생긴 세례당에 이르면 마무리된다. 이렇게 아우구스티누스는 마침내 집으로 돌아왔다. 안식하지 못하고 헤매던 마음이 마침내 참되며 영원한 평화를 찾게 되었다.

얼마 전 밀라노에 있는 주교좌성당 지하를 발굴하다 세례당이 발견되었다. 세례당은 부유한 귀족의 집에 있던 개인 욕실과는 달리 팔각형 모양을 하고 있다. 중앙에는 물통으로 향하는 3층의 계단이 있고 바닥은 아름답게 채색된 섬세한 모자이크 장식으로 처리되었다. 특히나 작은 물고기가 그려져 있는 게 인상적인데 북아프리카 출신 교부 테르툴리아누스Tertullianus는 이를 두고 새신자는 세례를 받으며 물속에서 위대한 물고기(그리스어로 익투스ἰχθύς)인 예수 그리스도와 함께 작은 물고기로 물에서 다시 태어난다고 말한 바 있다. 세례당 가장자리에는 램프가 켜져 있고 세례 후보자들은 물통 주위를 돌다 탈의를 하고 앉아 절정의 순간(세례를 받으며 예수 그리스도의 죽음과 부활로 들어가는 순간)을 기다린다.

　주교는 물통 곁 벽에 마련된 자리에 앉아 있다가 세례 성사를 집전한다. 아우구스티누스, 알리피우스, 아데오다투스가 차례로 세례를 받는다. 그들은 '무덤'으로 들어갔다가 '자궁'에서 새로운 생명을 입고 다시 태어난다. 그리스도인으로 거듭나 새로운 삶이 시작되었다. 이제 세례당에는 강처럼 물이 흐르고(당시 세례 성사 때 사용한 물은 자유롭게 흘려보냈는데 더운 나라에서 고인 물은 질병과 부패의 온상이었기 때문이다), 새롭게 신자가 된 이들은(이전에 세례를 받았으나 다시금 신앙의 활력을 되찾은 이들과 함께) 기도하며 부활을 준비하는 마음으로 그 강(그들의 홍해)을 건너간다. 그렇게 죄의 속박에서 광야를 지나 약속의 땅으로 나아간다. 세례 성사를 하는 와중에 암브로시우스 주교가 묻는다.

　아우구스티누스 당신은 그리스도를 향해 돌아섰습니까?

아우구스티누스는 허리까지 오는 물에 서서, 어두운 서쪽을 향하고 서 있다가 밝은 동쪽을 향해 돌아서며 대답한다.

나는 그리스도를 향해 돌아섭니다.

이제 그는 아침 해가 떠오르는 동쪽을 향해 서 있다. 언젠가 C.S.루이스는 말했다.

> 저는 태양이 떠오른 것을 믿듯 그리스도교를 믿습니다.
> 그것을 보기 때문만이 아니라
> 그것으로 다른 모든 것을 보기 때문입니다.[11]

세례를 받은 그리스도인은 누구도 자신의 위치에 대해 환상을 갖지 않는다. 그들은 모두 홍해를 건넌 그리스도인이다. 그들은 각기 나름의 방식으로 그 길을 통과한다. 약속의 땅을 향해 순례를 떠나기 전, 속박으로부터 풀려나 (여정을 위한 양식이 있는) 교회로 돌아왔다.

이 모든 여정을 형상화한 심상들은 모두 강력하고 인상적이다. 불과 물, 탄생과 죽음, 옛것과 새것, 무덤과 자궁 … 이 역설적인 심상들은 우리 머리와 마음, 상상력에 풍성한 영향을 미친다. 죄로 뒤틀려 있던 지성과 감정, 의지를 신앙이라는 불로 녹이고 다시 이들을 주조한다. 부활절 아침이 밝았다. 말이 아닌, 행동이 더 널리 퍼진다. 신앙에 관한 모든 표현, 논증, 말들은 전례적 활동의 뒤를 느릿하게 쫓을 뿐이다. 먼 옛날 모세가 그랬듯 암브로시우스 주

---

[11] C.S. Lewis, 'Is Theology Poetry?' in *The Weight of Glory: And Other Addresses* (HarperCollins, 1949), p.140. 『영광의 무게』(홍성사)

교는 사람들을 이끌고 본당으로 간다. 성찬례의 절정인, 부활절 첫 영성체를 집전하기 위해.

새로운 삶

부활절이 지나고 나서도 훈련은 계속된다. 흥미진진하면서도 막중한 책임이 따르는 새로운 삶이 시작되었다. 아우구스티누스, 아데오다투스, 알리피우스는 흰색 예복을 입고 매일 본당에 가서 성찬례에 참여하고 암브로시우스가 가르치는 마무리 수업을 들었다. 수년이 지난 후 아우구스티누스는 자신이 세례를 받았던 날을 회고했다.

저희가 세례를 받고 나니 지나간 생애에 대한 근심과 걱정이 저희한테서 사라져버렸습니다. 그즈음에는 인류의 구원을 위한 당신의 심오한 경륜을 숙고하는 일, 그 놀라운 감미로움을 제대로 맛보지 못하던 중이었습니다. 당신 교회에 감미롭게 울려 퍼지는 당신의 시편과 찬미가에 얼마나 눈물을 흘렸는지 모르며 그 노랫소리에 얼마나 깊이 감동했는지 모릅니다. 그 소리들은 제 귀에 스며들고 있었고, 진리는 저의 마음에 베어들고 있었으며, 신심의 열기가 타오르는데 눈물은 흐르고 흘러 제게 마냥 흐뭇하기만 했습니다.[12]

_____

[12] *Confessiones*, 9.6.

성령은 아우구스티누스의 정신뿐 아니라 마음에도 영향을 미쳤다. 그리스도의 제자가 되는 전환점에서, 새로이 부어주시는 하느님의 거룩한 영을 받을 때, 특히 세례를 받을 때 성령이 임했음이 몸으로 나타나는 일이 종종 있다. 구약성서를 보면 사라는 웃음을 터뜨렸으며 한나는 술에 취한 듯한 모습을 보였다. 신약에서 오순절에 관한 기록을 보면 성령이 그들에게 임하자 몇몇 사람들은 방언을 했다. 테르툴리아누스는 "눈물의 세례"baptism of tears에 관해 이야기한 바 있는데 아우구스티누스가 바로 이 일을 경험했다. 이 눈물은 우리가 통상 흘리는 눈물과는 구별된다. 이 눈물은 본질적으로 고통에서 나오는 눈물이 아닌, 기쁨으로 인한 눈물이다.

머리에서 가슴으로, 가슴에서 삶으로 가는 긴 여정을 걸을 때 우리는 모두 장애물이나 방해물을 마주하게 된다. 아우구스티누스의 경우 그를 지배했던 지성이 신앙을 갖는데 수시로 끼어들었다. 이 때문에 성령은 그에게 지성이라는 올가미에서 자신을 해방하는 분으로, 아름다운 분이자 자유로운 분으로 나타났던 것 같다. 그는 더는 자기 인생의 운전대를 자신이 쥐고 있지 않음을 깨달았다. 그는 더 이상 자기 인생을 자기 마음대로 할 수 없었다. 제멋대로인 열정이 자신을 덮쳤을 때를 제외하고는 언제나 스스로 방향을 정하며 살아왔던 그에게 코사드Jean pierre de Caussade가 "하느님의 섭리를 향해 자기 자신을 버리는 것"이라고 부른, 이전에는 없었던 감각이 생겼기 때문이다. 하느님과 성령이 주신 선물이었다. 새롭게 그리스도인이 된 아우구스티누스가 새로운 힘을 얻어 긴 여정을 헤쳐 나갈 수 있도록 준비시켜 주신 것이다. 어떤 면에서 세례받은 그리스도인이 된다는 것은 수영을 배우는 일과 비슷하다. 땅바닥에서 발을 떼고 물에 뛰어들기까지는 진짜 수영을 한다고 할 수 없다. '이론적으로 수영을 잘한다'는 것이 불가능하듯 '이론적으로 그리스도인'이라는 말도 성립불가능하다. 물에 뛰어든다 해도 수영을 잘 못할 수 있듯 그리스도인으로 제대로 잘 살지 못할 수도 있다. 수영을 배운다는 것은 곧 자기 키보다 더 깊은 물속에서도 자신감을 잃지 않는 법을 익히는 것이듯, 그리스도인이 된다는 것은 곧 자신이 통제할 수 없는 상황에 처하더라도 자신감을 잃지 않는 법을 익히는 것이다. 내면에서 나오는 이러한 자신감은 자신이 사랑과 은총으로 품으시는 하느님의 "영원한 팔 아래"(신명 33:27)있음을 깨달을 때 생긴다.

아우구스티누스에게 세례는 어떤 점에서 '한 시작의 끝'이었다. 성수에 잠김으로써 그는 자신의 홍해를 통과했다. 이제 약속의 땅을 향해 나아가는 여정이 시작되었다. 성령의 구름과 그리스도의 밝은 빛이 이스라엘 백성을 인도하며 만나라는 성체를 먹여 주었듯 성령과 그리스도는 그를 인도했다. 그는 모든 그리스도인 순례자들의 궁극적인 목적지인, 하느님께서 약속하신 천국을 향한 여정을 걷기 시작했으나 아직 그곳에 도달한 것은 아니었다. 새로운 인간, 새로운 피조물이 되었으나 그 앞에는 여전히 긴 여정이 남아 있었다. 애벌레가 곧바로 나비가 되지 않듯 옛 자아에서 새 자아로 넘어가는 동안에 우리는 잠시 중간 지대에 머물게 된다. 이를 두고 찰스 윌리엄스Charles Williams는 사이-시간a between-time 동안 새로운 사람은 얼마간 '옛 방식'으로 살아간다고 이야기한 바 있다.

신약성서는 이러한 사이-시간과 관련해 "세례 이후에 짓는 죄"post-baptismal sin를 언급한다. 옛사람에서 새사람이 되는 과정이 한번에, 모든 것이 바뀌는 것이라 여기는 이들에게 이는 신학적으로 곤혹스러운 문제다. 은총을 받아 신앙을 통해 그리스도 안으로 세례를 받은 이들은, 하느님 앞에서 죄가 없는 자로 여겨지고, 실제로 의롭다는 판정을 받으나, 그것은 우리가 소유하고 있는 의로움으로 인해 받는 판정이 아니다. 이제 순례자들은 우리를 의롭다하신 그 은총에 의지해 성화를 향해 나아가야만 한다. 한 걸음씩 영화榮華를 향해 성장하고 변화되어야 한다. 이는 지난한 여정이며 길에는 여전히 장애물들이 있다. 그러나 옛 기도서에 쓰여 있듯 우리가 그렇게 "죄에 빠질" 때마다 우리는 "참회하고 주님께로 돌아가야" 한다. 주님께로 돌아간다는 말에는 그리스도 안에서 우리의 지위와, 세례를 받으며 했던 맹세를 다시 기억하고 재차 그 고백을 확언한다는 의미도 들어 있다. 운전면허를 갱신하듯 그 고백을 갱신해야 한다는 뜻이 아니다. 세례의 효력은 결코 닳아 없어지지 않는다. "그리스도께로 돌아가야" 함을 재차 확언함으로써 여정을 이어갈 힘을 얻고자 할 뿐이다. 그리스도인의 순례 여정에서 세례는 그 자체로 완전한 전환점이다. 이 전환점을 통해 우리는 죄의 속박에서 해방되고 하느님의 지고하고도 깊은 사랑을 탐색할 수 있는 새로운 자유를 얻게 되며 온전히 충만한, 은총과 사랑이 있는 삶을 살게 된다. 약속의 땅을 향해 가는 여정에는 풍랑이 몰아칠 수 있다. 그러나 그렇다고 해도 우리의 삶이 바뀌었다는 사실은 바뀌지 않는다.

아우구스티누스의 기도

오 하느님, 그를 향해 돌아섬이 곧 추락인 이로부터

돌아섬이 곧 상승인 분에게로,

시작이 곧 죽음인 이로부터

돌아섬이 곧 소생(부활)인 분에게로 가옵니다.

그분 안에 머무는 것이 곧 삶이니

사랑이신 그분을 향해 발돋움하며

진정한 만족이신 그분을 바라봅니다.

◇ 더 깊은 묵상을 위한 질문들

개인을 위한 질문

1. "이때 우리는 그간 우리 곁에 있었으나 외면하고 있었던
   불편한 사실을 직시하기보다는 눈을 감는 쪽을 택한다."
   이렇게 했던 때를 떠올려보라. 지금도 이렇게 회피하고
   있는 무언가가 있는가?

2. 인생 시간표에 표시한 일 중 가장 중요한 일이 무엇인지

찾아보라. 아직 소화하지 못한 경험, 완전히 빠져나오지 못한 경험이 있는가? 이 물음에 홀로 감당하기 버거운 감정이 일어난다면 현명한 친구나 상담가와 이야기해보라.

3. "삶이라는 여정에서 하느님이 당신의 손으로 우리를 붙들어 주시지 않으면 우리는 결코 그분께로 가는 길을 찾지 못한다. 아무리 머리로 추론하고 선한 행동을 하고 내면에서 고군분투한다 해도 우리는 그 길을 찾을 수 없다." 하느님이 당신의 손으로 우리를 붙드시도록 하려면 우리는 무엇을 해야 할까?

4. "그리스도의 제자가 되는 전환점에서, 새로이 부어주시는 하느님의 거룩한 영을 받을 때, 특히 세례를 받을 때 성령이 임했음이 몸으로 나타나는 일이 종종 있다." 어쩌면 당신은 이런 경험에 대해 마음이 활짝 열려 있을 수도 있고, 이러한 경험을 경계 할 수도, 심지어는 다소 적대적일 수도 있다. 당신이 그런 태도를 갖는데 영향을 미친 경험이나, 전해 들은 경험을 떠올려보라. 하느님께 당신이 성령께 민감해지도록 구하고, 조별 토론에서 그 문제에 대해

솔직하게 이야기해 보라.

5. 아우구스티누스의 '독백'이라는 개념을 사용해서, 내 인생에서, 머리가 말하는 바와 마음이 말하는 바가 달랐던 때를 떠올려 보라. 머리와 마음이 그 문제에 대해 나누는 대화를 기록해 보라.

공동체를 위한 질문

1. 이사야서 6:1~8을 보라.

> 우찌야 왕이 죽던 해에 나는 야훼께서 드높은 보좌에 앉아 계시는 것을 보았다. 그의 옷자락은 성소를 덮고 있었다. 날개가 여섯씩 달린 스랍들이 그를 모시고 있었는데, 날개 둘로는 얼굴을 가리고 둘로는 발을 가리고 나머지 둘로 훨훨 날아다녔다. 그들이 서로 주고받으며 외쳤다. "거룩하시다, 거룩하시다, 거룩하시다. 만군의 야훼, 그의 영광이 온 땅에 가득하시다." 그 외침으로 문설주들이 흔들렸고 성전은 연기가 자욱하였다. 내가 부르짖었다. "큰일났구나. 이제 나는 죽었다. 나는 입술이 더러운 사람, 입술이 더러운 사람

들 틈에 끼여 살면서 만군의 야훼, 나의 왕을 눈으로 뵙다니……." 그러자 스랍들 가운데 하나가 제단에서 뜨거운 돌을 불집게로 집어가지고 날아와서 그것을 내 입에 대고 말하였다. "보아라, 이제 너의 입술에 이것이 닿았으니 너의 악은 가시고 너의 죄는 사라졌다." 그 때 주의 음성이 들려왔다. "내가 누구를 보낼 것인가? 누가 우리를 대신하여 갈 것인가?" "제가 있지 않습니까? 저를 보내십시오." (이사 6:1~8)

당신 인생에서 전환점은 무엇이었는가? 하나를 고르고, 그것이 현재 당신이 있는 상황에 어떻게 영향을 미쳤는지 생각해보라. 전환점이 명확하지 않다면, 현재 당신의 삶을 1년 전 혹은 10년 전과 비교해 보라. 무엇이 바뀌었는가? 이러한 변화에 잘 대응하고 있다고 생각하는가?

2. 개인을 위한 질문을 다시 살펴보라.

3. "신학적 성찰은 도서관이나 강의실에 매이지 않을 때 오히려 최상의 빛을 발한다. 신학의 실험 공간은 교회, 특히 교회의 전례다. 전례에서 이루어지는 예배와 기도는 신학적 사

고에 영향을 미치며 신학적 사고는 다시금 예배와 기도에 영
향을 미친다." 자신이 해야 할 묵상을 다른 이들의 묵상으로
대체하는 경향이 있지는 않은가? 어떻게 하면 양자 간에 균
형을 잡을 수 있을까?

4. "그리스도인으로 거듭난 사람은 삶을 완전히 다른 방식으로
본다. 그래야만 한다. 그렇게 서서히 참된 삶은 역설적으로
죽음을 통해야 함을, 다시 태어나 전혀 다른 성격의 삶을 사
는 것임을 깨닫기 시작한다." 새롭게 그리스도인으로 거듭
날 때 죽어야만 하는 요소들의 목록을 작성해 보라. 20년 전
이나 20년 후라면, 혹은 연봉이 달라진다면, 환경이 바뀐다
면 목록이 달라지는가?

5. 당신이 다니는 교회에서는 세례를 어떻게 주는가? 성인이
받는 세례와, 당신이 참석했던 세례, 또는 대부, 대모가 되
었던 경험을 떠올려보고 나누어 보자.

6. 아우구스티누스는 코모호수에 있는 별장에서 긴 시간 휴식을 취했다. 이와 같은 시간을 보낸 적이 있는가? 경험이 있다면 나누어 보자. 언젠가 휴식할 기회가 주어진다면 그 시간을 어떻게 보내고 싶은가?

묵상을 위한 성구

변화에 관해, 성령에 관해, 하느님이 당신의 삶을 붙들고 계심에 관해 생각해 보면 다음 성서 구절을 묵상하는 데 도움이 될 것이다. 성령을 경험하며, 그분의 사랑을 일광욕을 하듯 누리고 자유를 만끽하라.

주님은 곧 성령입니다. 주님의 성령이 계신 곳에는 자유가 있습니다. 우리는 모두 얼굴의 너울을 벗어버리고 거울처럼 주님의 영광을 비추어줍니다. 동시에 우리는 주님과 같은 모습으로 변화하여 영광스러운 상태에서 더욱 영광스러운 상태로 옮아가고 있습니다. 이것이 성령이신 주님께서 이루시는 일입니다. (2고린 3:17~18)

제4장
———

마음을 돌이킴

길에서 그분이 우리에게 말씀하실 때나 성서를 설명해 주실 때에

우리가 얼마나 뜨거운 감동을 느꼈던가.

- 루가 24:32

제자로 살아가는 길에서 만나는 장애물

루가의 복음서 8장에서 예수께서는 귀신들린 사람을 치유하신다. 그는 치유를 받은 후 예수를 따라 그와 함께 머물러도 될지를 묻는다. 그런데 이상한 상황이 펼쳐진다. 예상과 달리, 그리고 평소와 달리 예수께서는 그를 집으로 돌려보낸다. 그리고 그에게 친구와 가족에게 자신에게 일어난 일을 말하라고 하신다.

집으로 돌아가서 하느님께서 너에게 베풀어 주신 모든 일을 이야
기하여라. (루가 8:39)

"집으로 돌아가" 예수의 제자로 살아가기란, 과거 우리의 모습을
모르는 곳을 다니며 새롭게 활동을 시작하는 일보다 훨씬 어렵다.
변화를 목격하고 새로운 삶을 살아가기에 집은 결코 쉬운 장소가
아니다. 예수께서도 "어떤 예언자도 자기 고향에서는 환영을 받지
못한다"(루가 4:24)고 하셨다.

우리는 다소간 이례적인 상황에 놓였을 때에야 '새사람'이 되곤
한다. 회심을 했다고는 해도 과거 자신에 대한 기억, 회심 이전에
갖고 있던 습관은 남아 있으며 이들은 서서히 사라진다. 그전까지
갖고 있던 관점과, 친구와 가족이 자신을 보는 관점도 마찬가지다.
부모가 자녀를 늘 어린아이로 취급하곤 하는 경향도 이런 맥락에
서 이해할 수 있다. 자식이 성장하고 대학을 가기 위해 집을 떠나
게 되면서 상황이 달라져도, 이사를 해도, 결혼을 하거나 일을 하
면서 온전한 성인이 되어도 부모는 이러한 변화를 알려고 하지도,
받아들이려 하지도 않는다.

신앙으로 인한 변화에 관하여는 더욱 이런 경향이 짙어진다. 우
리는 누군가가 새롭게 신앙을 갖게 되었다고 고백하더라도 그/그
녀가 삶에서 풍성한 변화를 맞이하게 되었음을 인정하고 창조적으
로 반응하기 힘들어 한다.

게다가 예수 그리스도를 믿어 일어나는 마음의 변화라는 것은
늘 첫눈에 확연히 보이지도 않는다. 때로는 극적인 체험으로, 철저

하게 마음과 관점이 변화하기도 하고 (바라기는) 어떤 식으로든 참된 변화를 경험하기는 한다. 그러나 그렇다고 해서 이전에 품고 있던 죄가 하룻밤에 바로 증발해버리지는 않는다. 새롭게 그리스도인이 된 이들은 새롭게 된 자기 안에 있는 양면성과 어떻게 살아야하며 그들을 어떻게 통합해 지속해서 열매 맺는 제자로서의 삶을 이어갈지 늘 질문해야 한다.

아우구스티누스는 밀라노에서 세례를 받은 뒤 로마에 가 친구와 친지들이 있는 고향 북아프리카에 가는 배를 탔다. "집으로 돌아가는 여정, 과거 습관에 물든 자신이 있는 곳"을 향하는 여정을 시작하기란 결코 쉽지 않았다.[1] 훗날 아우구스티누스는 한 설교에서 말했다.

성스러운 세례를 받을 때 당신이 지은 죄는 용서를 받습니다. 그러나 정념은 남아 있습니다. 다시 태어난 후에도 우리는 이와 싸워야 합니다. 우리가 살아 있는 한 타고난 욕정은 사라지지 않습니다. 매일 점점 약해질 수는 있어도 결코 사라지지는 않습니다.[2]

지적 확신에서 출발한 이 긴 여정은, 머리로부터 마음에 이르는 먼 여정의 도입부에 불과하다. 여정에는 여전히 난해한 문제들이 있고, 여정 중에 우리의 감정은 밀물과 썰물처럼 흔들린다. 조지 허버트George Herbert가 말했듯 "무엇보다도 마음은 가장 오래 인내

---

[1] 존 키츠John Keats의 시 「엔디미온」Endymion에서 인용.

[2] *Sermones*, 154.4.3.

해야 한다".[3] 사고에서 갈망에, 세례에서 하느님의 비전에 이르는 여정은 모든 여정 중에서도 가장 긴 여정이며 우리가 누구인지 알게 될 때까지, 우리가 본래 창조된 모습을 갖게 될 때까지 이어진다. 여정을 먼저 떠난 이들은 모든 순례자가 이 긴 여정을 이어가도록, 낙담하여 포기한 채 길에서 쓰러지지 않도록 돕는다. 이것이 교회의 사역이자 사명이다. 그러나 이 모든 여정에서 지점마다 필요한 연료를 제공하고 목표 지점을 향해 나아갈 의지에 불을 붙이는 것은 우리의 갈망이다. 그리스도의 제자들은 매일 명백히 모순적인 자신의 상태(세상이 보기에는 이러하다)를 자각하며 여정을 이어가야 한다. 그렇게 삶을 살아야 한다. 우리는 여전히 죄인이다. 과거 우리의 모습, 죄된 성향은 너무나도 분명하게, 그리고 끈질기게 남아 있다. 그러나 동시에 우리에게는 죄에서 자유로워진, 있는 그대로 나를 받아들일 수 있는 고요한 내적 확신이 있다. 이처럼 모든 그리스도교 순례자들은 (신학적인 용어를 쓰자면) '의로워졌음'과 '여전히 죄인'이라는 두 모순된 표지판 사이로 길을 걸어간다.

모든 세례받은 그리스도인은 자신이 지은 죄가 용서를 받았다는 선언을 들을 권리가 있다. 세례받은 제자들은 깊은 차원에서 자신들의 죄를 하느님께서 용서하셨고 그리스도를 통해 자신들을 받아들이셨음을 안다(혹은 알아야 한다). 그리스도인은 은총으로, 오직 은총으로 의로워진다(하느님께서는 그를 의롭다고 간주하고 그를 받아들이신다). 우리는 믿음으로 그 은총을 받으며 세례를 통해 얻은 새로

---

[3]   George Herbert, 'Let all the world in every corner sing', Hymn 394, *New English Hymnal*, Vol.2 (Norwich: Canterbury Press, 1986)

운 신분을 (감히) 소유할 수 있다. 어느 라디오에서 저명한 과학자에게 그의 인생에서 가장 위대한 발견이 무엇이었느냐고 물었다. 신실한 그리스도의 제자였던 그는 답했다.

하느님이 나를 사랑하시며,
내가 그분의 것임을 발견한 일입니다.

아이를 대신해 대부 혹은 대모가 믿음을 고백하든, 성인이 되어 오래도록 세례를 준비한 뒤 성숙한 믿음을 고백하든 믿음과 세례가 함께 한다는 점이 중요하다. 어느 경우든 우리는 의롭다는 선언을 받으며 동시에 이에 따른 선한 의향에도 불구하고 우리 안에서는 계속해 죄가 작동한다. 이것이 새롭게 세례를 받은 그리스도인이 매일 마주하게 되는 현실이다. 바울로도 말했다.

나는 내가 하는 일을 도무지 알 수가 없습니다. 내가 해야겠다고 생각하는 일은 하지 않고 도리어 해서는 안 되겠다고 생각하는 일을 하고 있으니 말입니다. (로마 7:15)

이 명백한 모순으로 바울로는 가슴이 찢어질 것만 같다고 토로했다. 이후 신실하게 헌신하였던 많은 그리스도인도 이와 유사한 경험을 하였다. 어떻게 해야 하느님의 자녀라는 (세례를 통해 받은) 영원한 신분과 (실패와 어리석음으로 가득한) 죄된 현실을 함께 붙들 수 있을까?

우리가 목적하는 바와 우리가 이룬 것 사이에 있는 이 명백한 모순을 잘못 다루는 방식에는 적어도 두 가지가 있다. 첫 번째는 둘 사이에서 분투하기를 포기하고 차선에 안주하는 것이다. 이 길을 택한 사람들은 적어도 자신은 교회에 다니는 이들처럼 위선자는 아니라고 말한다. 두 번째는 그 둘 사이에서 공통분모를 찾아 가장 낮은 수준에서 윤리 기준을 설정하고는, 어쨌든 현재 자기 모습을 있는 그대로 받아들이는 것이 최선이라 생각하는 것이다.

하지만 더 좋은 길이 있다. 바로 우리가 믿는 바와 우리의 행동 사이에 있는 명백한 모순에도 불구하고 이를 함께 붙들고 우리가 세례를 받아 그리스도 안으로 들어가며 했던 신앙고백을 끊임없이 기억하는 것이다. 한 번으로 완전한 그 신앙고백을 말이다. 이 길, 이 길에만 궁극적인 성화에 다다를 수 있는 주춧돌이 있다. 우리는 "하느님께 둔 내 모든 소망은 견고하네"라고 노래하며 전진해야 한다. 새뮤얼 테일러 콜리지Samuel Taylor Coleridge는 말했다.

신앙은 영원한 진리와 현실이 엮여있음을 확신하는 것이자

이를 따라 행동하는 것이다.

여기서 "현실"은 최선을 다한다고 해도 여전히 매일 죄를 짓게 되는 현실을 가리키며 "영원한 진리"는 그럼에도 하느님 아버지께서 그런 나를 받아들이셨으며 나를 정죄하지 않으심을 뜻한다.

이 모순 가운데 분투하기를 포기하거나 절망에 빠지는 유혹을 피하려면 두 가지를 진지하게 받아들여야 한다. 첫째로, 우리는 하

느님께서 베푸시는 은총에 의지하는 법을 익혀야 한다. 웨슬리가 말한 대로 우리는 "내 모든 죄를 덮어"주신, 우리 힘으로는 할 수 없는 것을 우리를 위하여 하느님께서 주신 은총에 의지해야 한다. 십자가에서 궁극적으로 이루어진 하느님의 무한한 용서를 당연한 것으로 여겨야 한다는 뜻이 아니다. 우리는 우리 힘이 아닌, 하느님께 가까이 다가가 그분이 주시는 은총으로 살 때 생기는 힘으로 강해지는 법을 익혀야 한다.

둘째로, 우리는 참회하는 삶, 매일 새로워지는 삶을 익혀야 한다. 많이 용서받을수록 많이 사랑함을 기억하고 우리가 죄를 짓더라도 참회하면 그리스도께서 십자가에서 이루신 화해로, 당신에게로 우리를 더 가까이 이끌어주심을 기억해야 한다. 우리 힘으로 이룬 도덕적 청렴함은 볼품없을 뿐 아니라 (자기 의義를 내세움으로써) 우리를 그리스도에게서 멀어지게 한다. '나', '스스로'를 강조하는 영성은 그리스도께서 베푸시는 구원과 은총에서 우리를 한없이 멀리 떨어뜨린다.

바울로는 하느님이 베푸시는 은총이 그에게 '충분함'을 어렵사리 익혔다. 그가 "육체의 가시"라 경멸하던 것은(그 가시가 윤리적 결점이 있는지 신체적인 결점이었는지는 모르지만) 그에게 자신의 힘으로는 모든 도덕법을 지킬 수 없다는 쓰라린 사실을 알게 해주었다. 신앙의 여정을 걷는 가운데 제자들은 계속해서 이 분투를 포기하고픈 유혹, 믿음에 기대어 윤리적으로 합당한 삶을 사는 데 실패하다가 절망에 빠지는 유혹을 만난다. 이때 우리는 우리가 그리스도 안에서 세례를 받아 새로운 신분을 얻게 되었음을 기억하고 기꺼이 참회해야 한다. 우리는 다시 시작할 수 있다. 성공회 기도서에는 부활밤 예식에 세례언약을 갱신하는 순서가 있다. 예식에 참여하는 모든 이는 질문을 받는다.

여러분은 악을 꾸준히 물리치고,
죄에 빠졌을 때마다 곧 회개하고 주님께로 돌아오겠습니까?

이는 모든 그리스도인 순례자들과 그리스도를 따르는 이들이 신앙의 여정에서 명심해야 할 단 하나의 핵심 규칙이다.

예배에 참석할 때마다 우리는 회중과 함께 죄를 고백하며 죄를 용서받았으니 안심하라는 선언, 복음의 말씀을 듣는다. 이때 어떤 교회에서는 회중을 향해 물을 뿌리기도 한다. 우리가 온전히 깨끗해졌음을, 그 궁극적인 용서를 상기시키는 것이다. 야고보의 편지에서 야고보는 서로 죄를 고백하라고 촉구한다(야고 5:16을 보라). 아우구스티누스, 루터, 웨슬리는 로마인들에게 보낸 편지에 있는, 우리의 죄가 용서받았다는 구절을 읽었다. 웨슬리는 이 구절을 통해 "나의 죄, 내가 지은 죄조차 용서를 받았"음을 알게 되었다. 옛 성공회 기도서에서 토머스 크랜머Thomas Cranmer는 예배 중에 죄를 고백함에도 불구하고 선한 양심을 세우지 못하는 이들에 대해 특별한 단서 조항을 달아 놓았다. 16세기의 장엄한 톤으로 그는 이렇게 조언한다.

하느님께서 베푸시는 자비를 온전히 믿어 양심이 고요해진 이들만이 성찬례에 참여하여야 합니다. 이는 성찬례의 선결 요건으로, 그렇지 않은 이는 누구도 성찬례에 참여해서는 안 됩니다. 그러니 누구든 이 방법 (즉, 회중과 함께 죄를 고백하는 것)으로 양심이 고요해지지 못한 이가 있다면, 위로와 조언이 더 필요한 이가 있다면, 제게 오거나, 하느님의 말씀을 맡은, 신중한 사목자에게 가서 마음에 있는 고민을 털어놓으십시오. 사목자가 거룩한 하느님의 말씀으로 당신이 사죄의 은총을 받아들이도록 도울 것이고 그 양심이 고요해지고 모든 의심, 죄책감을 피할 수 있도록 희미한 위로와 조언을 줄 수도 있을 것입니다.[4]

마지막에 크랜머는 야고보의 편지에서 야고보가 명한 바와 같이 병자를 방문했을 때 어떻게 해야 하는지, 죄를 고백할 때 그 죄가 용서받았음을 사제가 선포할 때 영광스러운 복음의 말씀을 어떻게 전해야 할지를 언급한다.

우리 주 예수 그리스도께서는 그분의 위대한 자비로 진정으로 참회하며 그를 믿는 모든 죄인의 죄를 사하시며 그 권한을 교회에 남겨주셨습니다. 내게 맡겨진 이 권한으로, 나는 당신이 지은 모든 죄에서 당신이 용서받았음을 선언합니다. 성부와 성자와 성령의 이름으로 기도합니다. 아멘.

---

4   First Exhortation from the Communion Service in The Book of Common Prayer.

이러한 예식이 로마 가톨릭식이라 추측하는 경우가 왕왕 있지만 그렇지 않다. 대부분 간과하나 이는 온전히 성서에 바탕을 둔 예식으로, 서방이나 동방, 가톨릭이나 개신교회 모두 초기부터 행해온 예식의 일부다.

평안히 가십시오. 주님께서 여러분의 모든 죄를 용서하셨습니다.

이는 신앙의 여정이라는 온갖 장애물로 뒤덮인 길을 가는, 그래서 자주 응급처치를 받아야 하는 순례자들과 여행자들에게 반드시 필요한 선언이다.

윤리적 신념과 실제 행동 사이의 간극을 감당할 수 없고 위선자가 되지 않고서는 둘을 함께 붙들 수 없다고 생각하기에 사람들은 교회를 떠난다. 나는 이것이 많은 사람이 교회를 찾지 않는 근본적인 이유라고 생각한다. 이 문제는 교회의 외양을 그럴싸하게 바꾼다고 해서 해결되지 않으며 마음에서 변화가 일어나고 그리하여 의지가 제 방향을 찾게 하는 데 교회가 힘을 쏟을 때 해결될 수 있다. 주님께서는 예언자 에제키엘(에스겔)을 통해 약속하셨다. 당신의 거룩한 말씀을 우리 마음에 심으신다고, 당신의 마음을 우리 마음에 이식시켜 주신다고 말이다.

마음을 넣어주며 새 기운을 불어넣어 주리라.
너희 몸에서 돌처럼 굳은 마음을 도려내고
살처럼 부드러운 마음을 넣어주리라. (에제 36:26)

죄를 고백함으로써 우리는 우리가 행한 일이 우리가 진정 바라는 바가 아니었다고 고백한다. 그리고 다시 한번 우리의 갈망을 담아 옳은 일을 하리라 다짐한다. 이런 우리에게 요한은 다독여주며 말한다.

> 우리는 이렇게 사랑함으로써 우리가 진리에 속해 있다는 것을 알게 되고 또 하느님 앞에서 확신을 가질 수 있습니다. 우리가 양심의 가책을 받을 때도 그렇습니다. 하느님께서 우리의 마음보다 크시고 또 모든 것을 알고 계시기 때문입니다. 사랑하는 여러분, 우리가 양심의 가책을 받지 않을 때에는 하느님 앞에서 떳떳합니다. (1요한 3:19~21)

신앙의 여정을 걷는 그리스도의 제자들은 모두 이러한 복음에 기댄 확신을 가져야 한다.

아우구스티누스와 은총

죄는 실재하며 죄에는 힘이 있다. 동시에 은총은 실재하며 죄를 극복하기에 충분하다. 아우구스티누스는 늘 이 둘을 양손에 들고 있었고 두 가지 신학적인 문제는 그의 신학 전반에 흐르고 있다. 아우구스티누스 이전에는 바울로가 이 문제를 두고 고심했고 아우구스티누스 이후에는 마르틴 루터가 이 문제를 두고 고심했다. 그가 보기에 둘은 인간이 처한 도덕적 딜레마의 양대 축이었다. 한편으로 그는 우리의 도덕적인 능력, 상황에 대해서는 비관적이었으나 하느님께서 자격 없는 이에게 무상으로 베푸시는 은총이라는 선물이 비극적인 운명에 처한 인류를 구원할 수 있는 잠재력을 지니고 있다는 점에 대해서는 전적으로 낙관했다.

이러한 입장을 확고히 하고 수호하는 가운데 그는 펠라기우스가 주장한 낙관적 견해와 도나투스파Donatists가 주장한 비관적 견해를 모두 반박했다. 상반된 주장을 했던 두 이단은 오늘날까지 교회사에서 집요하게, 수면 아래 흐르고 있다. 한때 사람들은 악을 인간의 정신이 만들어낸 환상에 불과하다고 설명했다. 이 '자유주의적'liberal 관점에 따르면 의지를 단련하는 것만으로 우리는 도덕적인 삶을 살 수 있으며 하느님께서 조금만 도와주시면 과거의 습관에서 충분히, 온전히 벗어날 수 있다. 이러한 사고를 하는 이들이 보기에 본래 하느님께서는 우리를 선하게 창조하셨으나 과거의 습관, (이 습관에 기대어) 반복해서 짓는 죄로 인해 그 본성이 가진 능력이 제한을 받고 있다. 그러나 이는 영속적인 문제가 아니며 이 문제는 교육과 도덕적인 '재무장'을 통해 극복할 수 있다고 그들은 말한다. 하지만 역사는, 우리가 현실에서 겪는 쓰디쓴 경험들은 이처럼 낙관적이며 인간중심주의적 진단을 지지하지 않는다. 우리는 좀 더 멀리 보고, 더 깊게 파고들어야 한다.

19세기 말에는 이러한 인간중심주의에 바탕을 둔 낙관주의가 성행했다. 사람들은 교육과 더 나은 사회 환경의 조성, 둘을 병행하면 세계가 저절로 (도덕적으로도) 진보할 것이라고 가정했다. 그들은 우리 인간성에 태어날 때부터 도덕적 결함이 있는 것이 아니라 그렇게 양육을 받은 데서 기인하며 이상적인 사회경제적 환경이 조성되면 도덕적으로도 온전한 인류가 나타날 것이라고 믿었다. 이러한 믿음은 『로빈슨 가족의 모험』the Swiss Family Robinson이라는 소설에 선명히 드러나며, 토머스 하디Thomas Hardy나 찰스 디킨스Charles Dickens의 작품들도 이런 신념을 담고 있다.

그러나 20세기가 밝아올 무렵 이런 낙관주의를 뒤집어엎는 사건이 일어났다. 당대 가장 강력하고 아무도 꺾을 수 없는 산업과 기술의 성취를 상징하던 타이타닉호가 가라앉은 것이다. 낙관주의자들에게 타이타닉호는 가라앉을 수 없는 배였으며 타이타닉호의 침몰은 가라앉을 수 없는 배가 가라앉은 사건이었다. 이 사건으로 인간중심주의자들의 자신감은 한풀 꺾였고 쓰디쓴 바람에 진통을 겪었다. 이어서 두 번의 세계 대전이 일어났다. 상상할 수 없을 만큼 끔찍한 집단 학살이 벌어졌다. 이전 세대가 지녔던 도덕적 낙관주의는 명백히 비현실적임이 드러났다. 윌리엄 골딩William Golding의 소설 『파리 대왕』Lord of the Flies은 『로빈슨 가족의 모험』에 담겨 있던, 이전 시대의 도덕적 명제들을 완전히 뒤엎었다. 이 소설은 인간이 지니고 있는 도덕적 결함은 환경의 결과가 아니라 타고난 것이라는 생각에 뿌리를 두고 있다. 골딩은 자신의 작품을 통해 이러한 생각이 역사에서 일어나는 일들을 보다 잘 설명함을 보여 주었으며 동시에 그리스도교 교회의 전통적인 가르침이 좀 더 신뢰할 만한 것이 되도록 도와주었다.

아우구스티누스는 자신이 삶에서 겪은 바와 자신을 둘러싼 세계에서 일어나고 있는 일을 성찰하며 인간이 처한 상황을 낙관적으로 보는 모든 견해에 고개를 돌렸다. 어느 기도처럼 그는 "우리는 우리를 도울 능력을 전혀 갖고 있지 않다"고 믿었다.[5] 그리스도를 부르는 모든 이름과 호칭 중에서 아우구스티누스는 예수가 우리 영혼을 고치는 의사이며 치료자라는 것을 가장 중시했다. 그는 구원이 마음 깊은 곳까지 병든 우리에게 치유가 일어나는 과정이라고 보았다. 우리 존재 가장 내밀한 곳에는 상처가 있다. 어느 설교에서 아우구스티누스는 말했다.

> 하늘에서 위대한 의사가 내려왔다는 것은 이 세계에 심각한 환자가 있음을 보여줍니다. 그 심각한 환자는 바로 인류입니다. 세례를 받은 이들조차 병약한 상태로 살아갑니다. 선한 사마리아인 비유에서 나오는 상처를 입고 거의 다 죽게 된 사람이 그러했듯, 우리는 믿음으로 은총을 받아, 세례식을 통해 구원을 받았다 할지라도, 살아있는 동안에는 더디고 위태로운 회복 기간을 인내해야 하고, 이에 만족해야만 합니다.[6]

아우구스티누스는 그리스도께서 생명을 치르신 교회를 여인숙으로 묘사하면서 이 회복에 관한 비유를 확장한다. 그는 인류가 에덴동산에서 저지른 사건으로 되돌릴 수 없이 손상된 우리의 모든 도덕적 능력이 부활의 동산에서 궁극적으로, 영원히 회복되었다고 보았다. 이 완전한 회복에 이르기까지 그리스도를 따르는 이로서

---

[5] 성공회 기도서 사순2주일 기도 중 일부(*한국 성공회 기도서의 내용과는 차이가 있다)

[6] *Sermones,* 175.1.

우리는 그분이 베푸시는 충분한 은총에, 이 은총에만 기대어 살아가야 한다(우리의 삶은 두 동산 사이에서 사는 삶이라고 표현해도 좋다).이러한 맥락에서 아우구스티누스는 부유한 그리스도인 친구에게 쓴 편지에서 말했다.

> 아픈 사람에게 은총, 치유 받는 은총 말고
> 더 좋은 게 뭐가 있겠는가?
> 게으른 자에게 은총, 각성시키는 은총보다
> 더 좋은 게 뭐가 있겠는가?
> 행하기를 갈망하는 자에게 은총, 도와주시는 은총보다
> 더 좋은 게 뭐가 있겠는가?[7]

때로 우리는 아우구스티누스보다 펠라기우스의 편에 서고픈 유혹을 받는다. 그러나 어느 날, 세상 어딘가에서 일어나는 일을 통해, 혹은 우리 자신의 삶에서 일어나는 일을 통해 원죄가 지닌 강력한 힘과 실재하는 악을 맞닥뜨린다. 죄와 악은 합심하여 옳은 일, 우리의 진정한 자아가 하고픈 일을 할 수 있는 자유를 제한한다. 아우구스티누스는 진정으로 인류가 아담이 지은 원죄로 인해 옳은 것을 원할 수 있는 자유를 잃게 되었다고 믿었다. 이는 분명 나쁜 소식이다.

그러나 이 나쁜 소식은 아우구스티누스에게 균형을 잡아 주

---

[7] *Letter* 186.12.39.

어 도나투스파에 대항하게 해주었다. 4세기 초 디오클레티아누스 Diocletianus 황제가 행한 마지막 박해 때 많은 그리스도교인이 배교했다. 배교한 이들은 교회에 있던 거룩한 문서들을 로마 제국에 넘겼다. 박해는 더 심해졌고 그리스도교인을 향한 적개심 또한 드세졌다. AD 313년 이후 로마 제국은 마침내 그리스도교를 받아들였고 몇몇 교인들은 배교라는 죄는 너무나 심각해 세례를 받아도 하느님께 용서를 받을 수 없다고 생각했다. 이들은 배교를 저지른 이들이 다시 세례를 받아야 한다고 주장했고 도나투스파는 이를 내세운 대표적인 집단이었다. 많은 면에서 금욕적이고 엄격했던 아우구스티누스가 이들과 견해를 같이한다 해도 크게 이상한 일은 아니었다. 그러나 그는 경험을 통해 마음으로 알고 있었다. 세례를 받아도 사라지지 않는 그런 죄, 너무나 심각한 죄가 있다면 그 사람에게, 더 나아가 인류에게 희망이란 없다. 은총보다 더 강한 죄는 없으며, 죄가 넘치는 곳에 은총이 더 풍성히 임한다는 것, 이것이 아우구스티누스에게 복음이 전하는 기쁜 소식이었다. 아우구스티누스 이전에 바울로도 이렇게 (모든 죄를 극복하는) 은총에 관해 이야기하다 죄가 넘치는 곳에 은총이 더 임한다는, 혹자가 듣기에는 죄를 장려하는 것만 같은 인상을 주는 이야기를 했다. 물론 그는 그러한 인상을 지우기 위해 덧붙인다.

> 그러면 "은총을 풍성히 받기 위하여 계속해서 죄를 짓자"고 말할 수 있겠습니까? 절대로 그럴 수 없습니다. (로마 6:1~2)

교회사에서는 용서할 수 없는 어떤 죄가 있다고 주장하는 이들이 시시때때로 등장했으며 우리도 살아가는 동안 스스로 용서받지 못할 죄를 지었다는 생각에 빠질 때가 있다. 그러나 이는 유혹이다. 그럴 때마다 우리는 '의롭다는 선언을 받았으나 여전히 죄인'이라는 역설적인 문장을, 우리가 세례를 통해 받은 신분을 다시 기억하고 마음에 되새겨야 한다. 그리스도를 따르는 이들은 타락의 정원과 부활, 구원의 정원 사이를 지나며 은총이 지닌 역설과 함께, 그 역설을 드러내는 이들이다.

내게 두려움을 가르쳐 준 것은 은총이었고
두려움에 떨던 나를 다독여 준 것 또한 은총이었네.
은총이 나타나, 내가 처음 믿은 그 시간.
얼마나 소중한지.

은총의 생명과 영광의 소망

그리스도께서 하늘로 올라가신 후, 그분은 이 땅에 성령을 보내셨다. 그렇게 땅에 있는 것과 하늘에 있는 것이 서로 공명하도록 하셨다. 인간의 영혼이 하늘에 오르신 그리스도의 영과 계속 교감할 수 있게 된 것이다. 이는 그분의 백성이 하는 말과 행동을 그분께서 지지하신다는 뜻이다. 하늘에서 다스리고 통치하는 그리스도께서 그분의 지명하신 백성을 당신의 권위로 지지하신다. 부활한 예수께서는 제자들에게 말씀하셨다.

누구의 죄든지 너희가 용서해 주면 그들의 죄는 용서받을 것이고
용서해 주지 않으면 용서받지 못한 채 남아 있을 것이다.

(요한 20:23)

훨씬 전에도 예수께서는 말씀하셨다.

또 나는 너에게 하늘나라의 열쇠를 주겠다. 네가 무엇이든지 땅
에서 매면 하늘에도 매여 있을 것이며 땅에서 풀면 하늘에도 풀
려 있을 것이다. (마태 16:19)

이제 부활하신 주님은 제자들을 위해 하늘 거처를 예비하러 가시
며 그들과 늘 닿아 있게 되리라고 그들을 안심시켜 주신다.

게다가 이제부터는 성령이 임하니 그들과 더 가까이 계시리라
고 그분은 말씀하셨다. 성육신하신 동안에는 시간과 공간의 제약
을 받으셨으나 이제 시공의 제한을 받지 않고 임하실 수 있기 때문
이다. 그리스도의 제자들은 하늘로 올라가셔서 다스리시는 그분의
영과 말 그대로 함께하게 되었다. 그들은 그들 안에, 그들을 통해,
그들 너머에 계신 성령이 행하시는 역동적인 활동을 언제, 어디서
나 경험하게 될 것이다. 성령께서 그리스도의 영으로 가득 찬 몸
을 통해, 교회를 통해, 성서를 통해, 성사를 통해, 기도를 통해, 회
중과 드리는 예배를 통해, 서로를 사랑하며 섬기는 일을 통해 임할
것이다. 예수께서는 약속하셨다.

> 나는 너희를 고아처럼 버려두지 않겠다. … 내가 아버지께 청하
> 여 너희에게 보낼 협조자 곧 아버지께로부터 나오시는 진리의 성
> 령이 오시면 그분이 나를 증언할 것이다. (요한 14:18,26)

성령은 예수께서 실제로, 그리고 끊임없이 임할 것을 보증하며, 은
총을 통해 미래에 얻을 영광에 대한 소망을 확신케 한다.

성령이 빚어내시는 변화는 영광스럽기 그지없다. 성령은 우리
신앙이 역동적으로 살아 움직이도록 하신다. 그리스도의 제자들은
한 번으로 영원한 세례를 받지만, 이때만 성령을 받는 게 아니다.
그리스도를 따르는 이들은 신앙의 여정에서 계속 성령을 받는다.
견진 성사를 받을 후보자에게 주교는 권면한다.

> 영원한 왕국에 가는 그 날까지
> 성령 안에서 매일 더욱더 자라십시오.

성장과 형성, 바로 이것이 성령이 하는 일이다. 은총을 입은 성모
마리아에게 그렇게 했듯 성령은 우리를 덮으며, 또 우리에게로 들
어와 우리 안에서 그리스도를 빚는다(루가 1:35를 보라). 앞에서 언급
했듯, 하느님의 성령으로 매일 자라가다 보면, 성령이 오심으로 인
해 일련의 '증상'들을 자주 경험한다. 이상하게 마음이 따뜻해지는
기분을 느낄 수도 있고(이 따뜻함은 의지에 불을 붙인다), 웃음이 나올
수도 있고, 눈물이 나올 수도 있다. 이는 모두 성령이 주시는 선물
이다. 어떤 이들은 '성령 안에서 죽음'을 경험하기도 하고, 술에 취

한 듯한 모습을 보이기도 한다. 어떤 이들은 기도할 때 방언이라는 사랑스러운 선물을 받아, 언어의 속박, 대뇌의 독재에서 풀려나 사랑의 언어를 구사하게 된다. 이런 식으로, 혹은 또 다른 방식으로 성령은 활동하시며 이를 통해 그리스도를 따르는 이들은 자신들의 현실에 예수께서 친밀하게 함께하심을 체험한다.

성령은 성육신하신 그리스도께서 지금 이곳에, 우리와 동시대를 살아가게 한다. 매일 먹는 빵과 포도주에 그분이 임하신다. 성령은 과거 그리스도께서 첫 번째 제자들을 만난 그때보다 더욱 가깝게 우리와 부활하신 주를 만나게 한다. 성령을 통해 땅과 하늘은 하나가 되었다. 성육신하고 승천한 그리스도와 결혼하였다. 성령은 이토록 엄청난 차이를 빚어내신다.

성령이 함께하지 않는다면.

하느님은 먼 곳에 계신 분.

복음은 죽어 있는 말일 뿐.

교회란 그저 하나의 조직.

권위란 지배의 다른 이름

선교는 선전에 불과하며

전례는 혼을 불러내는 의식에 다름 아니며,

그리스도인이 살아가는 삶이란

정신적으로 노예가 된 삶에 지나지 않는다.

그러나 성령 안에, 성령과 함께하면.

우주는 진통하고 신음하며

그분의 나라로 부활하고

부활하신 그리스도가 지금 이곳에 임하시며

복음이 삶을 살아갈 능력이 되고

교회는 삼위 일체적 삶이 무엇인지를 드러내며,

권위는 자유로운 섬김이 되고,

선교는 성령이 임하는 것이며

전례는 기념인 동시에 기대가 되고

우리의 행동은 곧 하느님의 행동이 된다.[8]

개인적으로든 전 교회적으로든, 역사에서 성령이 하시는 활동과 힘을 외면할 때마다, 그리스도교는 최악으로 치달아 구제 불가능한, 용납할 수 없는 모습이 되곤 했다. 성령이 임하지 않은 교회는 인간의 영혼을 탄압하고 억압했다. 마음이 굳어 형식주의만 남으면, 완고하고 삭막한 마음은 우리 영혼이 마땅히 지녀야 할 자유를 앗아간다. 수단은 목적이 되고 자기 너머를 가리켜야 마땅한 상징이 우상으로 전락해 상징 자체를 영광스럽게 여기게 한다. 교회, 성사, 성서, 기도, 설교, 예배 모든 것은 수단이지 그 자체가 목적이 될 수는 없다. 그 모든 것은 상징이지 그 자체가 우상이 되어서는 안 된다. 이들은 모두 우리가 그릴 수 있는 상像과 우리의 상

8   Metropolitan Ignatios of Latakia, 'The Difference the Holy Spirit Makes', Ecumenical Council of Churches, Uppsala, 1968.

상 너머에 계신 그분이 우리와 실질적으로 함께 할 수 있도록 우리를 인도하는, 그 방향을 가리키는 상징일 뿐이다. 이 상징들은 모두 예수 그리스도를 가리킨다. 이를 되새기는 일은 너무나 중요하다. 예수 그리스도께서 저 모든 것의 주인이 아니면, 그분을 '주님'이라 부를 수도 없다. 교회의 주인, 성서의 주인, 성사의 주인, 우주의 주인은 바로 그분이시다. 그래야만 한다.

나는 고양이를 한 마리 키우고 있다. 고양이에게 무언가를 가리키면 고양이는 그 무언가를 보는 게 아니라 고집스레 무언가를 가리키는 내 손가락을 본다. 어떤 그리스도교인들도 마찬가지다. 그들은 성서가 가리키는 그분을 보기보다는 성서만을 본다. 예수께서는 바리사이인들을 향해 말씀하셨다.

> 너희는 성서 속에 영원한 생명이 있는 것을 알고 파고들거니와 그 성서는 바로 나를 증언하고 있다. 그런데도 너희는 나에게 와서 생명을 얻으려 하지 않는다. (요한 5:39~40)

그리스도교가 경전을 믿는 종교가 아니라는 점은 아무리 말해도 지나치지 않다. 우리는 성서를 통해 계시된 예수 그리스도를 믿는다. 다만 그분은 성서를 통해서 자신을 고유하게 드러내기로 정하셨을 따름이다. 그리고 그분의 사랑으로, 하느님께서는 자신의 성령을 특별히 아래와 같은 수단들을 통해 우리에게 주셨다. 이제부터 다룰 것들은 하느님의 성령이 오는 통로이자 그리스도께서 우리와 함께하심을 가리키는 중요한 상징들이다.

1. 교회

나는 하느님의 교회를 사랑한다. 교회는 내 신앙의 어머니다. 교회를 통해 나는 예수 그리스도께서 나의 주님이자 구원자이심을 알게 되었다. 그러나 나는 교회가 교회 자신에 대해서는 가장 적게 말하고, 예수를 가장 많이 말할 때 교회를 가장 사랑한다. 교회는 오롯이 은총을 전하는 도구일 뿐 그 자체가 목적은 아니다. 교회는 영원한 하느님의 나라를 가리키려 이곳에 있으며, 말씀과 성사를 행하여 그리스도의 제자들이 "하늘에서와같이 땅에서" 그 나라를 살도록 해주려 이곳에 있다. 아우구스티누스는 말했다.

> 주님을 사랑하라. 하느님을 사랑하라. 그리고 그분의 교회를 사랑하라. 하느님이 아버지와 같다면 교회는 어머니와 같다. 하느님이 주인과 같다면 교회는 종과 같다. 그리고 우리는 바로 이 종의 자식들이다.[9]

"주인"과 "종"의 역할이 바뀔 때 비극적인 일이 일어난다. 그리스도교 역사에서는 이러한 일이 빈번하게 일어났으며 안타깝지만 오늘날에도 여전히 이러한 일이 일어나고 있다. 교회교Churchianity는 그리스도교를 심각하게 왜곡시킨 것에 불과하다. 하지만 언제나 많은 사람이 이 종교를 믿는다. 슬픈 일이다.

물론 교회에는 성인보다는 죄인이 많으며 성인과 죄인이 뒤섞

---

[9]   *Enarrationes in Psalmos 88*, 11, 14.

여 있는 공동체다. 그러니 완벽한 교회를 찾는 일은 그리 현명한 일이라 할 수 없다. 그런 교회는 존재하지도 않거니와 설령 있다고 하더라도 우리가 그 교회에 가는 순간 더는 완벽한 교회가 아니게 될 것이다. 이 땅에 있는 교회는 본질상 불완전한 순례자들, 여정 중에 있는 이들로 이루어져 있다. 길을 걷는 과정에 있는 이들은 그 길을 걷고는 있지만, 분명 목적지에는 이르지 못한 이들이다. 성인이든 죄인이든 우리에게는 아직도 가야 할 길이 남아 있고 그 길은 길고도 길다.

2. 성서

성서는 하느님께서 주신 놀라운 선물이며, 그분을 전하는 독특한 수단이고, 예수를 향해 가는 길을 가리키는 매우 특별한 상징이다.

> 그대는 그대가 배워서 굳게 믿고 있는 그 진리를 지켜나가시오. 그대는 어떤 사람들에게서 그 진리를 배웠는지 잘 알고 있습니다. 그대도 기억하다시피 그대는 어려서부터 성경을 잘 익혀왔습니다. 성경은 그리스도 예수를 믿음으로써 구원을 얻는 지혜를 그대에게 줄 수 있는 것입니다. (2디모 3:14~15)

여기서 주목할 것은 구원은 성서의 가르침을 통해 예수를 믿음으로써 이루어진다는 것이다.

성경은 전부가 하느님의 계시로 이루어진 책으로서 진리를 가르치고 잘못을 책망하고 허물을 고쳐주고 올바르게 사는 훈련을 시키는 데 유익한 책입니다. 이 책으로 하느님의 일꾼은 모든 선한 일을 할 수 있는 자격과 준비를 갖추게 됩니다. (2디모 3:16~17)

우리는 성서를 믿어야 하는 것이 아니라 예수 그리스도를 믿어야한다. 예수 그리스도께서는 성서를 통해 자신을 드러내시며 우리와 함께하신다(이는 우리가 책을 읽을 때 '행간'의 뜻을 헤아리는 법을 읽혀야 한다는 말과 거의 비슷하다). 성서가 특별한 영향력을 가진 책이라는 점에는 의문에 여지가 없다. 성령과 함께한다는 믿음으로 성서를 읽으면 이 책은 예수를 가리키며 그분의 현존으로 들어가도록 해 준다. 성사가 그리스도를 가리키며 그분과 함께하는 시간으로 우리를 인도하듯 말이다.

아우구스티누스는 교리상 성서를 매우 중시했다. 밀라노에 있는 정원에서 성서를 펼쳤을 때 각 말들이 살아 움직이며 자신에게 다가오는 체험을 했기 때문이다. 이 말들을 통해 예수(말씀이 육신이 된 분)께서는 아우구스티누스에게 당신을 드러내셨다. 이는 어떤 사상이나 교리를 아는 것을 넘어선 인격과 인격의 만남, 한 번 겪으면 결코 잊을 수 없는 맞닥뜨림이었다. 성서를 이루는 말들을 통해 예수께서는 아우구스티누스와 만나셨다. 어머니의 기도를 채우던 말들, 아우구스티누스 당시 설교자들이 설교하던 말들은 아우구스티누스에게 다가가지 않았지만 성서를 통한 말씀은 그에게 다가갔다. 이러한 체험을 바탕으로 그는 늘 성서를 읽으며 그 성서의 주인인 그리스도에게 다가가야 한다고 힘주어 말했다.

우리 지성이 바른 길을 걷기를 바란다면 우리의 모든 생각이 그리스도를 향하게 해야 한다. … 성서에 있는 특정 단락의 뜻을 이해할 수 없을 때도 이를 그리스도와 분리해서는 안 된다. … 각 본문을 읽고 그 안에 있는 그리스도를 발견하지 못한다면, 우리는 그 본문을 진정으로 이해한 것이 아니다.[10]

아우구스티누스는 성서를 사랑했지만, 하느님의 말씀이신 예수를 더 사랑했다. 베네딕도회 수도사 시프리언 스미스Cyprian Smith는 『사랑의 길』the path of love에서 말했다.

성서를 읽는 일은 타로를 보거나 점괘를 보는 것과는 다르다. … 우리는 곤혹스러운 일을 겪으면 그 해결책을 찾고자 모든 비그리스도교 형태의 점을 찾는다. 그 이야기의 내용이 무엇이든, 그 이야기를 해주는 사람이 누구이든 그것은 별로 중요치 않다. 성서를 읽는 일은 이와는 다르다. 성서를 제대로 읽으면 우리는 하느님과 연결되며 그분과 관계를 맺게 된다. 기도, 성서, 교회가 그러하듯 말이다. 성서는 하느님을 만나는 지점이자 하느님을 마주하게 되는 장소이다.[11]

그러므로 성서는 그저 단순히 보거나 읽는 책이 아니다. 우리는 성서로 '기도'해야 한다. 성서 독서는 그 성서의 주인인 그리스도

---

[10] *Enarrationes in Psalmos 96*, 2.

[11] Cyprian Smith, *The Path of Life* (Ampleforth Abbey, 1995), p.140.

에게로 우리를 데려가는 데 그 목적이 있다. 우리는 오래된 기도문에 실린 구절을 따라 정기적으로 성서를 읽어 "주의 깊게 읽어 그 말씀을 자기 것으로 만들"어야 한다. 성서는 우리가 마음의 '귀'로 자기에게서 나오는 말씀을 듣고 받아들이라고, 우리 마음에 그 말씀을 심으라고 요구한다. 신약성서는 반복해서 말씀을 단순히 듣지만 말고 받으라고 말한다.

> 하느님께서 여러분의 마음속에 심으신 말씀을 공손히 받아들이십시오. 그 말씀에는 여러분을 구원할 능력이 있습니다.
>
> (야보 1:21)

크랜머 대주교는 공동기도서를 만들면서 그리스도인이라면 복음서에 있는 기쁜 소식이 담긴 성구를 적어도 네 개 정도는 외우기를 바랐다. 이 네 말씀을 그는 '위로의 말씀'이라 불렀으며 공동기도서를 바탕으로 성찬례를 집전하는 이는 이렇게 말했다.

> 그분께로 진실하게 돌아선 이들을 향해 우리의 구원자 그리스도께서 하는 위로의 말씀을 들으십시오.

말하고 난 뒤에는 신약성서 중 복음서에서 둘, 바울로 서신에서 하나, 요한 서신에서 하나를 골라 총 네 구절을 읽었다.

> 고생하며 무거운 짐을 지고 허덕이는 사람은 다 나에게로 오너

라. 내가 편히 쉬게 하리라. (마태 11:28)

하느님은 이 세상을 극진히 사랑하셔서 외아들을 보내주시어 그를 믿는 사람은 누구든지 멸망하지 않고 영원한 생명을 얻게 하여주셨다. (요한 3:16)

그리스도 예수께서 죄인들을 구원하시려고 이 세상에 오셨다는 말은 틀림없는 것이고 누구나 받아들일 만한 사실입니다. 나는 죄인들 중에서 가장 큰 죄인입니다. (1디모 1:15)

나는 믿음의 자녀인 여러분이 죄를 짓지 않게 하려고 여러분에게 이 편지를 씁니다. 그러나 혹 누가 죄를 짓더라도 아버지 앞에서 우리를 변호해 주시는 분이 계십니다. 그분은 의로우신 예수 그리스도이십니다. (1요한 2:1)

이 구절들은 모두 그리스도의 제자들에게 하느님께서 베푸신 구원, 그분이 이루신 구속을 보증함으로써 그분의 사랑을 확신케 하는 말씀이다. 크랜머는 예배에 참여하는 이들이 모두 이 구절들을 암송하기를 바랐다. 실로 우리에게는 이런 확신을 주는 말씀이 필요하다. 그렇기에 이 본문들을 암기해 두면 위기에 처할 때, 유혹에 휘말릴 때, 고통을 겪을 때 큰 도움이 된다. 그리스도께서도 광야에서 자신을 시험하는 악마에게 성서에 기록된 구절로 대응하셨다. 또한 십자가에서 죽음을 맞이하실 때 남긴 세 마디도 모두 성서에 기록된 구절이었다. 이전에 몸에 새겨두었던 말들이 필요한 시점에 이르자 의식에 떠올랐던 것이다. 그렇게 떠오른 말씀들은 주님께도 위로가 되었다.

3. 성사

성서가 그렇듯, 성사 역시 성사 자체가 아니라 그를 통해 일어나는 일이 중요하다. 교회에서 드리는 성사를 통해 우리는 그리스도께서 지금, 이곳에 임하심을 경험한다. 물론 이는 성령이 하는 활동이다. 천사가 마리아에게 수태고지를 하며 성령이 그녀를 감싸주시리라 말했듯 성령은 성찬례에 쓰이는 빵과 포도주를 감싸(그리스어 동사로 에피스키아조ἐπισκιάζω라고 한다) 그리스도의 살과 그리스도의 피로 빚어낸다. 서방 교회에서는 집전자가 빵과 포도주 위로 손을 뻗기만 하나, 동방 교회, 콥트 교회, 고대 켈트 교회에서는 성찬례 때 빵과 포도주를 축성하고 빵과 포도주 위로 손을 흔들어, 그 빵과 포도주를 감싸는 '성령의 바람'을 극적으로 시각화한다. 그러나 형식의 차이는 전혀 중요하지 않다. 행위를 통해 나타내고자 하는 바가 중요하다. 성령의 바람이 불고 거룩한 영이 빵과 포도주를 감싸며 그것에 그리스도께서 임하신다. 엠마오로 가던 글레오파와 친구의 마음을 뜨겁게 하고, 예수께서 '빵을 떼어' 줄 때 제자들이 예수를 알아보도록 눈을 여신 분은 성령이셨다. 바로 그 성령이 오늘 우리가 드리는 성사 중에도 그렇게 임하신다.

그러므로 그리스도인에게 성찬례는 부활하시고 승천하신 그리스도와 친밀하게, 가장 친밀하게 만나는 자리다. 이 이상으로 친밀한 만남은 상상할 수도 없다. 우리는 성찬례를 주관하시는 분은 근본적으로 성령 하느님임을 깨닫고 빵과 포도주를 받아야 한다. 성령은 빵과 포도주를 먹고 마시게 함으로써 우리를 들어 올려 주님과 함께하게 한다. 냉소적이고 세속적인 철학자 루트비히 포이어바흐Ludwig Feurbauch는 말했다. "그 사람이 먹는 것이 그 사람을 규정한다." 그는 이 말이 예수께서 (군중들을 불쾌하게 하며) 강조하신 말씀임을 알지 못했을 것이다. 요한의 복음서 6장에서 그분은 성사에 대해 가르치시며 말씀하셨다.

> 나는 하늘에서 내려온 살아 있는 빵이다. 이 빵을 먹는 사람은 누구든지 영원히 살 것이다. 내가 줄 빵은 곧 나의 살이다. 세상은 그것으로 생명을 얻게 될 것이다. (요한 6:51)

이와 같은 맥락에서 아우구스티누스는 말했다.

> 우리는 그리스도의 몸이 되기 위하여 그리스도의 몸을 먹습니다.

그는 이렇게 말하기도 했다.

> 당신은 그리스도의 몸입니다. 이 말은 당신이 하느님께서 베푸시는 사랑에 참여하기 위하여 (성찬례에서 성체가 그렇듯) 선택받고, 축복받고, 찢기고, 나누어져야 한다는 뜻입니다.

성령은 "감싸" 그리스도의 세 가지 몸을 빚는다. 첫 번째로 성령은 처녀 마리아에게 수태고지를 할 때 그녀의 자궁에 임해 예수의 몸을 빚었다. 두 번째로 집전자가 빵과 포도주에 성령이 임하기를 구할 때 성령이 빵과 포도주를 감싸, 성체는 그리스도의 몸이 된다. 세 번째, (가장 놀라운 부분인데) 성령은 하느님의 백성을 감싸셔서 그리스도의 몸으로, 교회로 빚어내신다. 견진 성사를 할 때 주교는 손을 뻗어 신자들의 머리 위에 얹고 선언한다.

우리는 그리스도의 몸입니다. 한 성령으로 우리 모두는 세례를 받아 한 몸이 되었습니다.

따라서 영광 중에 계신 그리스도는 세 몸(육체적인 몸, 성사적인 몸, 신비적인 몸)으로 이루어져 있다. 이 덕분에 바울로는 확신을 갖고 선포할 수 있었다.

하느님께서는 이방 사람 가운데 나타난 이 비밀의 영광이 얼마나 풍성한지를 성도들에게 알리려고 하셨습니다. 이 비밀은 여러분 안에 계신 그리스도요, 곧 영광의 소망입니다. (골로 1:27)

이스라엘 백성이 광야를 통과해 약속의 땅으로 가는 여정에서, 하늘에서 내려온 양식이 그들을 지탱하여 주었듯 새로운 이스라엘 백성인 하느님의 교회도 제자로 살아가는 여정, 하느님의 도성인 새로운 예루살렘을 향해 이 세상이라는 '광야'를 통과할 때 양식이

필요하다. 상장 예식을 할 때 사목자는 세상을 떠난 이를 향해 기
도한다.

주님의 인도하심을 따라 영원한 나라에 이르게 하소서.

4. 치유의 사역

치유는 교회의 사목 활동과 선교 활동의 중심에 위치해야 한다.
치유는 소수의 그리스도인만을 위한 것이 아니다. 그리스도께서는
제자들에게 두 가지 책무(복음을 선포하고 병든 이를 고쳐주는 것)를 맡
기셨다. 두 활동은 서로 밀접한 연관을 맺고 있다. 그리스어 '소테
리아'$\sigma\omega\tau\eta\rho\acute{\iota}\alpha$의 뜻을 살펴보면 이를 더욱 분명하게 알 수 있다. 오늘
날 '소테리아'는 '구원'salvation으로 번역되지만, 본래 뜻을 헤아려 보
면 '(건강의) 회복'으로 번역하는 편이 더 나을지도 모르겠다. 실제
로 윌리엄 틴들William Tyndale은 구원을 '(건강의) 회복'으로, '구원받은'
을 '치유받은'으로, '구원자'를 '치유자'로 번역했다. 틴들 역을 따
르면 예수께서 자캐오를 방문하셨을 때 하신 말씀("오늘 이 집은 구
원을 얻었다"(루가 19:9))은 "오늘 이 집은 건강을 회복했다" 혹은 " 오
늘 이 집은 건강해졌다"가 된다. 이렇게 성서에 '구원', '구원받은',
'구원받다'는 표현이 나오는 부분을 '회복', '건강해짐', '치유됨' 등
과 같은 말로 대체해서 읽어 보면 교회가 하는 활동을 이전에 알던
것보다 더 넓게 볼 수 있는 눈이 생긴다.

신약성서에서 복음을 선포하는 활동은 온 인류를 향한 구원, 온

인류의 (건강의) 회복이라는 더 큰 맥락에서 이루어지고 있는 것 같다. 같은 맥락에서 위르겐 몰트만Jürgen Moltmann은 구원을 "몸과 영혼이 완전한 조화를 이루어 하느님의 삼위일체적 충만함으로 영원히, 변화무쌍하게 도는 춤"이라고 흥미롭게 묘사한 바 있다.[12] 복음을 선포하는 활동이 구체적으로 어떻게 이루어져야 하는지 성 야고보는 서신에서 분명하게 밝혔다.

> 여러분 가운데 앓는 사람이 있으면 그 사람은 교회의 원로들을 청하십시오. 원로들은 주님의 이름으로 그에게 기름을 바르고 그를 위하여 기도해주어야 합니다. (야고 5:14)

사도행전에도 이러한 활동을 암시하는 부분이 나온다. 그리스도께서 지상에 있는 동안 병든 이들을 향해 손을 얹었듯 사도들은 앓는 이들에게 손을 얹었다. 이때 성령은 그를 감싸 그 안에서 건강과 치유를 가져오시는 그리스도를 빚어낸다. 어느 전통에 속해 있든, 어느 교파에 속해있든 최근 많은 교회 공동체에서 이러한 치유 활동이 이어지고 있다는 것은 반가운 일이다.

5. 마음을 다해 드리는 기도.

아빌라의 성 테레사St Teresa of Avila는 말했다.

---

[12]   *Theology and Joy* (SCM Press, 1973), p.55.

기도는 생각을 많이 하는 것이 아닙니다.

기도는 사랑을 많이 하는 것입니다.

이 원칙을 세우고 보면, 기도 중에 말을 해야 하는지 말아야 하는지는 부차적인 문제가 된다. 기도란 본질적으로 사랑의 표현, 궁극적이며 가장 멀리까지 닿는 사랑의 표현이다. 사랑이 없으면 기도는 불가능하다. 우리는 사랑을 배우듯 기도를 배운다. 제이미 가르시아Jaime Garcia는 말했다.

> 기도, 참된 기도는 온전히 하느님을 향한다. 그러나 우리의 모든
> 갈망이 하느님을 향하려면 우리는 회심을 해야 한다. 기도와 회
> 심은 분리해서 생각할 수 없다.

이러한 맥락에서 아우구스티누스의 회심은 마음을 다해 드리는 기도로의 회심이라 해도 무방하다. 그의 마음은 사랑하고 사랑받는 법을 천천히 배웠고, 그것이야말로 그가 진심으로 갈망하던 바였다. 기도는 본질적으로 예수와 함께 있는 것이다. 무슨 주제로 기도하는지, 바라는 일들을 잘 나열했는지, 내가 무엇을 좋아하고 좋아하지 않는지는 중요치 않다. 기도는 지금 이 순간 임하신 주님과 함께 머무는 것이다. 적어도 이 부분에 있어서만큼은 내 고양이는 내 스승이라 할 수 있다. 고양이는 내게 여러 가지를 바라지 않고 그저 내 곁에 있기를, 나와 함께 머물기를 바라고 그것을 사랑한다. 이때 우리 사이에는 별다른 말이 필요하지 않다.

물론 아우구스티누스는 아주 어린 시절부터 기도란 머리에 떠오르는 몇 가지 생각으로 드리는 것이 아니라 자신의 온 마음을 바치는 행위임을 알고 있었다. 그는 말했다.

> 저는 어린 대로 당신께 빌기 시작했고, 저의 도움이시며 피난처이시여, 당신께 드리는 애원에서 제 혀의 매듭을 풀기에 이르렀고, 작은 애가 작지 않은 정성으로, 제발 학교에서 매 맞지 말게 해달라고 빌었습니다.[13]

어떤 이는 이 기도가 그다지 수준 높은 열망을 담은 기도가 아니라며 무시할지도 모르겠다. 그러나 중요한 것은 우리가 드릴 수 있는 기도로 기도를 시작해야 한다는 것이다. 언젠가 18세기 로마 가톨릭 영성가 장 니콜라스 그루Jean Nicolas Grou는 조언했다.

> 당신이 할 수 있는 기도를 하라, 할 수 없는 기도를 하지 말고!

아우구스티누스는 끊임없이 사람들에게 마음을, 중심을 살피라고 말했다. 그곳에 그리스도, 우리 내면의 주인이 계시며, 그분은 말로 형용할 수 없는 방식으로 우리에게 말을 건네시고 우리를 가르치신다.

---

[13] *Confessions*, 1.9.14.

그리스도께서 당신 안에 계시며, 그곳에 머무르십니다. 기도 중
에 그분과 있으며, 그분이 멀리 계신 듯이 행하지 마십시오. 하느
님의 지혜는 결코 멀리 있지 않습니다. … 그렇습니다. 그분의 지
혜는 당신의 가장 깊은 일부입니다. 당신이 드리는 기도가 그분
앞에 흐르도록, 그분이 그 기도를 들으시도록 하십시오.[14]

우리는 기도를 통해 자란다. 기도를 통해 우리는 하느님과 성숙
하고 친밀한 관계를 맺으며 그 관계는 더욱 깊어진다. 그렇게 우리
는 자신이 원하는 바에는 덜 머무르고, 그분이 원하시는 바에 더
머무르게 된다. 이와 관련해 아우구스티누스는 말했다.

하느님이 원하시는 것은 사심 없이 그분을 따르는 것, 대가를 바
라지 않는 사랑이다. 그분으로부터 무언가를 받았기에 우리가 그
분을 사랑하는 것을 그분은 원치 않으신다. 그분께서 그분 자신
을 우리에게 주시는 까닭이다. 부자가 되려고 하느님께 빈다면,
그는 하느님을 바라는 것이 아니다. 자신이 원하는 그것을 바랄
뿐이다. 당신이 '하느님, 부유함을 주십시오'라고 할 때 그는 하
느님이 오시기를 바라지 않으며, 부富가 오기를 바랄 뿐이다. 당
신에게 오기를 바라는 그것이 당신이 기도하는 대상이다. 그러
나 만일, 당신이 하느님을 바라면 그분 자신이 당신에게 오실 것
이며, 그분이 당신의 부요가 되실 것이다. 실상, 당신은 비어있는

---

[14] *Enarrationes in Psalmos*, 141, 4.

당신의 양심을, 보물 상자를 채우고 싶어 한다. 허나 그분은 당신의 보물상자가 아니라, 당신의 마음을 채우신다.[15]

마음을 다해 드리는 기도는 우리가 계속해서 발을 움직이도록 한다. 우리 갈망에 불을 붙이고 타오르게 하며 제 방향을 찾게 해 준다. 머리에서 가슴으로, 가슴에서 의지로 가는 긴 여정에 있는 제자들을 움직이도록 해 주는 것은 기도다. 처음에 우리에게 있는 갈망은 어느 정도 자기중심적일 수밖에 없다. 성숙에 이르지 못한 우리가 하는 사랑도 그렇다. 그러나 제자로서 신앙 여정을 이어가며 우리는 이러한 초기의, 초보적인 갈망과도 친구가 된다. 성령은 사랑으로 그 갈망이 제 방향을 찾아 하느님을 향하게 한다. 이렇게 그분을 통해, 그리고 그분을 대신해 우리는 사랑하라고 부름받은 모든 이를 사랑하게 된다. 때로 그분은 한 사람을 깊이 사랑함으로 당신을 사랑하도록 우리를 부르신다. 결혼, 깊은 우정은 바로 이러한 사랑에 해당한다. 많은 사람을 사랑함으로 당신을 사랑하도록 우리를 부르실 때도 있다. 독신 생활, 많은 친구와 맺는 관계는 바로 이러한 사랑에 해당한다. 결국 이 모든 사랑은 그분 한 분을 사랑하라는 부름에 다름 아니다. 기도하기를 멈추는 것은 사랑하기를 멈추는 것이며 사랑하기를 멈추는 것은 살기를 멈추는 것이다. 아우구스티누스는 말했다.

---

15 *Enarrationes in Psalmos*, 52, 8.

사랑하라. … 당신 안에 사랑이 자라나는 만큼 당신은 하느님을
느끼게 될 것이다.[16]

또 그는 말했다.

당신은 영혼의 생명, 생명 중의 생명이십니다. 당신은 내 가장 깊
은 곳에 있는 영혼보다 더욱 깊은 곳에 나와 함께 계십니다.[17]

하느님을 향한 갈망과 동경이 더욱 깊어지던 어느 날 중년의 아
우구스티누스는 고백했다.

늦게야 당신을 사랑했습니다. … 당신께서는 안에 계셨고 저는
밖에 있었는데, 저는 거기서 당신을 찾고 있었고, 당신께서 만드
신 아름다운 것들 속으로 제가 추루하게 쑤시고 들어갔습니다.
당신께서는 저와 함께 계셨건만 저는 당신과 함께 있지 않았습니
다. 당신 안에 존재하지 않았더라면 아예 존재조차 하지 않았을
것들이 저를 당신께로부터 멀리 붙들어 놓고 있었습니다.[18]

6. 설교

아우구스티누스가 밀라노의 정원에서 극적인 회심을 하기 전에

---

[16] *Enarrationes in Psalmos*, 49, 5.

[17] *Confessiones*, 5.6.10.

[18] *Confessiones*, 10.276,38.

그는 암브로시우스의 설교를 들었다. 밀라노 주교좌성당에서 행한 신심 깊은 설교를 들으며 그는 처음으로 그리스도교가 전하는 복음에 감명을 받았다. 하느님의 거룩한 말씀을 설교하는 이들은 자신이 하는 일의 무게를, 그 커다란 책임을, 늘 기억해야 한다. 그의 설교를 통해(그 어눌한 말을 통해) 누가 그날 하느님의 말씀을 듣게 되는지 아무도 모르기 때문이다. 바울로는 말했다.

> 내가 복음을 전한다 해서 그것이 나에게 자랑거리가 될 수는 없습니다. 그것은 내가 마땅히 해야 할 일이기 때문입니다. 만일 내가 복음을 전하지 않는다면 나에게 화가 미칠 것입니다.
>
> (1고린 9:16)

한 설교에서 아우구스티누스는 말했다.

> 지금 읽은 거룩한 복음서 말씀은 우리의 죄를 가볍게 다루어서는 안 된다고 경고합니다. 여러분은 제 말을 명심하십시오. 우리는 모두 세상을 향해 사목 활동을 하는 이들입니다. 우리는 우리의 말이 아닌 하느님, 주님의 말씀을 전해야 합니다.[19]

그는 설교자가 초월에 대한 감각과 경외심을 가지고 설교해야 한다고 강조했다. 설교는 단순히 정보를 전하는 데 그칠 수 없으며

---

[19] *Sermones*, 114,1

(어느 지점부터는) 하느님의 영에 기대어 복음을 선포해야 한다.

> 여러분의 귀에 들리는 것은 우리의 목소리지만, 그 말에는 주인
> 이 있습니다. 사람이 사람을 가르칠 수 있다고 생각해서는 안 됩
> 니다. 우리의 목소리는 그저 유도체일 뿐입니다. 그 소리 안에 가
> 르치는 분(최고의 스승인 성령)이 계시지 않으면 이 소리는 그저 소
> 음일 뿐입니다. … 우리가 여러분에게 전하는 가르침은 어디까지
> 나 조력자이고 도우미일 뿐입니다. 우리 마음을 움직이시며 무언
> 가를 가르치실 수 있는 분은 하늘의 보좌에 앉아 계신 분, 한 분
> 뿐입니다.[20]

설교자의 구원 여부는 그가 설교를 전하는 사람들의 구원 여부
와 한데 묶여 있다. 이러한 맥락에서 설교자와 청중은 같은 순례길
을 걷고 있다 해도 과언은 아니다.

> 제가 왜 설교를 합니까? 제가 왜 이 주교좌에 앉아 있습니까? 제
> 가 무엇을 위해 산다고 생각하십니까? 언젠가 그리스도와 함께할
> 그 날, 그 하나만을 위해서 저는 삽니다. 이를 위해 저는 분투합
> 니다. 이것이 제 영예이며 명예이자 기쁨이고 보물입니다. 여러
> 분이 제 말을 주의 깊게 듣지 않아도 저는 조용히 있을 수 없습니
> 다. 그러면 저 홀로 겨우 구원을 얻을 테지만, 저는 여러분 없이

---

20   *In Iohannis evangelium tractatus*, 1,264.

홀로 영원히 구원받기를 바라지 않습니다. [21]

다른 곳에서도 아우구스티누스는 타오르는 열정으로 외친다.

어디서든, 누구에게든, 할 수 있는 한 복음을 전하십시오.[22]

그러니 설교는 가르침을 포함하지만 가르침을 넘어선 무엇이다. 아우구스티누스는 설교를 "사랑으로 타오르는 마음의 불길을 다른 마음으로 옮기는" 사건이라 말했다. 강렬하면서도 더없이 옳은 말이다. 설교란 하느님의 은총을 퍼뜨리는 독특한 사건이기에 청중도 그저 수동적으로 있을 수 없다. 청중 또한 설교에 참여하며 상호작용하고 응답한다. 아우구스티누스는 설교에 대한 올바른 반응은 두 가지뿐이라고 말했다. 첫 번째는 설교를 듣고 회중이 "자기 발로 신앙을 고백하는 곳으로 나오"는 것이고, 두 번째는 회중이 "무릎을 꿇고 자신이 지은 죄를 고백"하는 것이다.

설교는 머리에 떠오르는 여러 생각을 한데 묶어 기록한 한 편의 수필이 아니다. 물론, 설교는 우리 정신에 새로운 빛을 제시해야 한다. 하지만 좀 더 근본적으로 설교는 우리 마음을 달구고 우리 의지에 불을 붙여 우리를 참회로 인도해야, 삶을 제 방향으로 돌리게 해야 한다. 설교에 쓰이는 언어는 그리스도께서 비유로 쓴 언어가 그랬듯 추상적인 말이 아닌, 우리의 상상력에 불을 붙이는 상징

---

[21]   *Sermones*, 17.2.

[22]   *Sermones*, 19.2.

언어다. 아우구스티누스는 본능적으로 자신이 하는 일이 영원을 향해 자라나는 나무를 심는 일임을, 자신이 하는 설교를 통해 말씀의 씨앗이 청중의 정신과 마음에 심겨야 함을 알았다. 그는 청중의 무의식과 의식 모두에 공명을 일으키기 위해서, 이전에는 청중의 내면 안에서 끊어져 있던 경험들이 이어지는 것을 돕기 위해서 생생한 심상과 유비를 활용해 설교할 필요가 있음을 알았다. 물론 이것이 궁극적으로 이루어지기 위해서는 존 테일러John Taylor 주교가 '매개하시는 하느님'이라고 불렀던, 성령이 움직여야만 한다.

하느님의 말씀을 전하는 설교가 하느님의 은총을 퍼뜨리는 놀랍고도 소중한 도구라는 점에는 이견이 있을 수 없다. 설교는 그리스도의 제자가 되려는 이들, 순례자들에게 동기를 부여하고 방향을 가리키며 힘을 주는 은총을 퍼뜨린다. 설교자와 순례자는 모두이 선물을 소중히 해야 한다.

7. 순례길에서 만나는 또 다른 표지들

하느님께서는 순례 여정 중에 있는 그리스도의 제자들에게 다양하고도 특별한 방법으로 은총을 주시어 그들에게 활력을 주시고, 그들을 지탱하시며, 그들을 자극하신다. 교회는 말씀을 선포하고 성사를 행한다. 현명한 순례자들은 이를 활용해 이 세상에서 하느님의 은총을 가리키는 다양한 표지를 점점 더 발견하게 된다. 윌리엄 템플William Temple 대주교는 말했다.

예배는 예배를 드리는 그 순간뿐만 아니라 모든 시간을 포괄한다. 교회에서 이루어지느냐 다른 어떤 곳에서 이루어지느냐는 중요치 않다. 예배는 예배하는 이에게 모든 삶을 지탱하고, 방향을 가리키는 힘을 주는 시간이다.[23]

예수께서는 우리에게 '교회 생활'을 주러 오신 분이 아니다. 그분은 일주일 중 하루가 아닌 우리 삶 전체를, 매일을 풍성하게 하러 오셨다.

나는 양들이 생명을 얻고 더 얻어 풍성하게 하려고 왔다.

(요한 10:10)

풍성한 삶, 성령이 기름 부은 삶은 음악, 예술, 시, 조각, 극, 문학에 있는 모든 상징을 연결시킨다. 그리하여 우리는 이 세계를 제라드 맨리 홉킨스Gerard Manley Hopkins가 자신의 시에서 노래하듯 볼 수 있게 된다.

세상은 하느님의 장엄함으로 그득하니
마치 금박을 털어낼 때처럼 불꽃이 타오르네.[24]

이 세상을 창조하실 때부터 계셨던 성령께서 첫 오순절 날 행하신 일을 우리는 잘 알고 있다. 하느님이 하신 놀라운 일을 "각자

---

23 William Temple, *Citizen and Churchman* (Eyre and Spottiswood 194) p,101.

24 Gerard Manley Hopkins, 'God's Grandeur'

그들의 언어로" 말하는 것을 그곳에 모인 사람들은 들었다. 한때 교회가 예술을 적극적으로 후원했던 시대가 있었으나 현대에 이르러 예술과 교회의 연결고리는 상당히 약화되었다. 진리, 선, 아름다움은 성령이 활동하심을 드러내는 징표다. 우리가 이를 추구하는 한, 하느님의 경이로움을 드러내는 언어인 예술을 경시해서는 안 된다. 이른바 포스트모던 시대라 불리는 오늘날은 더욱 그러하다. 종교개혁 이후 많은 교회는 복음이라는 달걀을 진리와 선이라는 바구니에 담아 전했으나 아름다움이라는 바구니는 도외시했다. 이는 매우 안타까운 일이며 다가오는 시대에 교회가 할 일이 많음을 뜻하기도 한다.

하느님은 기나긴 신앙의 여정을 걷는 우리를 지키기 위해 은총과 사랑을 주신다. 그리고 이를 위해 당신의 모든 자원을 활용하신다. 그분은 우리가 여정을 이어갈 수 있도록 독려하고 동기를 부여하신다. 때로는 우리를 압박하기 위해 당신께서 가장 쓸법하지 않은 자원도 활용하신다. 실제로 성서에서 성령을 부르는 이름 중 하나는 '위로자'comforter인데 본래 중세 영어에서 '위로'comfort란 오늘날 우리가 알고 있는 '위로' 이외에 다른 뜻도 갖고 있었다. 중세에 제작된 배이유 테피스트리Bayeux Tapestry 아래쪽을 보면 해럴드 왕King Harold이 그의 군대를 '위로'comforting했다는 기록이 있다. 이때 '위로'는 군대가 전투를 더 잘할 수 있게끔 촉구하고 독려했다는 의미로 쓰였다. 성령이 하시는 일이 바로 그것이다. 그분은 우리 마음에 있는 갈망이 제 방향을 찾도록 우리에게 힘과 동기를 주시고 우리의 의지에 불을 붙이신다.

그러니 하느님께 눈과 귀를 활짝 열고 있는 이들, 성령이 독려해 주시는 이들에게 이 세상, 일상은 경이로 가득 차 있다. 프레드릭 비크너Frederick Buechner는 기도했다.

주여 오늘도 제 허를 찌르시어,
아름다움이나 고통으로 인해 놀라는 순간을 허락하소서.
그렇게, 그 순간만이라도,
당신이 이곳에 계심을 보게 하여 주소서.
언제나, 모든 곳에, 감추어질 수 없이,
모든 것 아래에, 또 모든 것 너머에,
숨 쉬는 순간마다 있는 당신의 장엄함을 보게 하여 주소서.

초대 교회에서 사제는 사순절이 절반쯤 지났을 무렵, 부활절 세례를 준비하는 이들에게 특별한 예식을 행했다. 그날 복음서 본문은 귀머거리에게 주께서 '에파타'라고 말씀하시는 구절이다.

그 뒤 예수께서는 띠로 지방을 떠나 시돈에 들르셨다가 데카폴리스 지방을 거쳐 갈릴래아 호수로 돌아오셨다. 그때에 사람들이 귀먹은 반벙어리를 예수께 데리고 와서 그에게 손을 얹어주시기를 청하였다. 예수께서는 그 사람을 군중 사이에서 따로 불러내어 손가락을 그의 귓속에 넣으셨다가 침을 발라 그의 혀에 대시고 하늘을 우러러 한숨을 내쉰 다음 "에파타" 하고 말씀하셨다. "열려라"라는 뜻이었다. 그러자 그는 귀가 열리고 혀가 풀려서 말을 제대로 하게 되었다. 예수께서는 이 일을 아무에게도 말하지 말라고 엄하게 이르셨으나 그럴수록 사람들은 더욱더 널리 소문을 퍼뜨렸다. 사람들은 "귀머거리를 듣게 하시고 벙어리도 말을 하게 하시니 그분이 하시는 일은 놀랍기만 하구나" 하며 경탄하여 마지않았다. (마르 7:31~7)

본문을 읽은 후에 사제는 세례 후보자들의 눈과 귀에 성유를 바르며 예수께서 하셨듯 "에파타"라고 말하고 그들을 위해 기도했다. 새신자들이 눈과 귀를 열어 그분이 만드신 피조물들이 자아내는 그분의 영광을 보게 해달라고. 우리의 모든 오감이 살아나게 해달라고. 우리 안에 있는 갈망이 제 방향을 찾게 해달라고. 같은 마음으로 우리는 노래한다.

우리 안에 있는 갈망이
당신의 숨결을 통해 뜨거워지게 하소서.
완고한 것이 부드럽게 구부러지게,
얼어붙은 것이 온기로 녹여지게,
잘못된 것이 바르게 되게 하소서.

신앙 여정을 가는 동안 성령과 은총의 도구들은 우리가 하느님을 향해 우리 자신을 열도록, 그분께 매일 더 민감해지도록, 이웃과 모든 피조질서에 대해서도 그렇게 되도록 도와준다.

아우구스티누스의 기도

오 하늘과 땅에 가득하시며,

영원한 활력이시며 영원한 쉼이신 당신이시여.

당신은 모든 곳에 계시며,

또 모든 곳이 당신의 온전한 임재 아래 있습니다.

머나먼 곳에 계실 때에라도 안 계신 곳이 없으시며,

모든 것을 초월하나 모든 것을 당신으로 채우시며,

언어라는 소음을 사용하지 않으시고도

우리 마음에 신실함을 가르치시는 당신이시여.

우리를 가르치소서.

우리 주 예수 그리스도를 통하여 당신께 기도드립니다. 아멘.

◇ 더 깊은 묵상을 위한 질문들

개인을 위한 질문

1. "(회심하고 세례를 받는다고 해도) 이전에 품고 있던 죄가 하룻 밤에 바로 증발해버리지는 않는다." 여러분이 여전히 분투하고 있는 죄는 무엇인가? 극복하기 까지 오랜 시간이 걸리리라고 생각되는 죄는 무엇인가? 신앙 여정을 그린

인생 시간표에 이를 표현해 보라.

2. "새롭게 그리스도인이 된 이들은 새롭게 된 자기 안에 있는 양면성과 어떻게 살아야 하며 그들을 어떻게 통합해 지속해서 열매 맺는 제자로서의 삶을 이어갈지 늘 질문해야 한다." 믿음이 더는 나를 배부르게 하지 못할 때, 결혼 생활이 끝났다고 느낄 때, 내가 지금 하는 일이 더는 내게 맞지 않을 때, 그럴 때 어떻게 신앙과 이 상황을 함께 붙들 수 있는가? 이 경우 "그들을 통합"하는 것은 어떠한 의미가 있을까? 인생에서 길을 잃고 방황하던 시절이 있었는가? 그 시점은 언제였는가?

3. 아래 적은 것들이 여러분의 신앙생활에 어떤 의미가 있는지를 적어보라. 여러분이 하는 말과 여러분이 하는 행동 사이에 모순이 있는 부분이 있는가? 여러분 한 사람 한 사람에게 도전을 일으키는 문제는 무엇인가?

· 교회

· 성서

- 성사

- 치유

- 마음을 다해 드리는 기도

- 설교

4. 매주 예배에서 공동체가 함께 죄를 고백하는 순서는 당신에게 어떤 의미가 있는가? (혹은 여러분이 다니고 있는 교회에는 함께 죄를 고백하는 순서가 있는가?) 공동 기도서가 조언하는 대로, 사제에게 죄를 고백하는 것이 필요하다고 생각하는가? 그렇지 않다면 그 이유는 무엇인가?

공동체를 위한 질문

1. "그대도 기억하다시피 그대는 어려서부터 성경을 잘 익혀왔습니다. 성경은 그리스도 예수를 믿음으로써 구원을 얻는 지혜를 그대에게 줄 수 있는 것입니다. 성경은 전부가 하느님의 계시로 이루어진 책으로서 진리를 가르치고 잘못을 책망하고 허물을 고쳐주고 올바르게 사는 훈련을 시키는 데 유익한 책입니다. 이 책으로 하느님의 일꾼은 모든 선한 일을 할

수 있는 자격과 준비를 갖추게 됩니다." (2디모 3:14~17)

그리스도인으로 살 때 큰 영향을 미치는 것에 설명해보라. 성서가 "하느님의 계시로" 이루어진 책이라는 말은 무슨 뜻 인가? 하느님에 관한 신화적인 이야기라는 뜻일까?

2. 개인을 위한 질문들을 다시 살펴보고, 새롭게 깨달은 것과 도전받은 부분에 대해 나누어 보라.

3. 당신이 속한 교회가 어떻게 죄를 고백하는지 나누어 보라. 구성원이 모두 같은 교회에 다니고 있다면, 다른 교회에서는 어떤 식으로 죄를 고백하는지 아는 대로 나누어 보라. 죄를 고백하는 방식 중 다른 사람과 이야기를 나누어 보고 싶은 방식이 있는가? 불편하다고 생각하는 문제가 있다면, 당신을 불편하게 하는 그 문제에 관해 하느님께 편지를 써보라.

묵상을 위한 성구

이 구약성서 본문은 진정한 의미에서 중심이 변하리라고 약속 한다. 당신이 이를 경험했다면 인생 시간표에 이를 표시해보

라. 하느님께 그 모든 것에 관해 감사드리고, 이 과정 중에 우리에게 다가오시는 그분을 초대하고, 생의 현 단계에서 변화해야 할 부분을 열어 그분께 보여드리라.

새 마음을 넣어주며 새 기운을 불어넣어 주리라. 너희 몸에서 돌처럼 굳은 마음을 도려내고 살처럼 부드러운 마음을 넣어주리라. 나의 기운을 너희 속에 넣어주리니, 그리되면 너희는 내가 세워준 규정을 따라 살 수 있고 나에게서 받은 법도를 실천할 수 있게 되리라. (에제 37:26~27)

제5장

소명과 성화

벗을 위하여 제 목숨을 바치는 것보다 더 큰 사랑은 없다.

- 요한 15:13

AD 388년 말 아우구스티누스는 마침내 고향으로, 북아프리카 타가스테로 돌아왔다. 친지, 가까운 친구들, 아들 아데오다투스가 함께 귀향을 축하하며 잔치를 열었으나 (고향에 오기 직전 세상을 떠난) 모니카의 빈자리가 뚜렷했다. 그에게는 낯선 고향 풍경이었다. 아우구스티누스와 무리는 지역 가톨릭 교회와 관계를 맺고 평신도로, 세례받은 신자로 헌신하고자 아우구스티누스 가족 소유 토지에 정착했다. 친구들이 곁에 없는 삶을 아우구스티누스는 상상할 수 없었다. 그는 일종의 공동체적 삶을 살아왔으며 세례를 받은 이후에도 이러한 삶이 한동안 계속되었다.

네브리디우스도 북아프리카로 돌아왔으나 타가스테에 정착하지는 못했다. 카르타고 근교 시골 저택으로 돌아가 노모를 모셔야 했기 때문이다. 이후 네브리디우스와 아우구스티누스는 서신을 교환하며 연락을 이어갔다. 그 서신 내용을 보면 아우구스티누스와 친구들은 계속 영적인 추구를 이어갔으나, 본격적인 신자로서의 여정에 들어서면서 과거 카씨키아쿰에서 토론했던 수준을 넘어서게 되었음을 알 수 있다. 이전에 그 모임은 종교 공동체이기보다는 철학자들의 모임 같았다. 그러나 이제 더는 그렇지 않았다.

네브리디우스와 아우구스티누스 사이에 오간 매력적인 서신들은 광범위한 주제를 다룬다. 이 시기 네브리디우스는 아우구스티누스가 과거에 머물러 있지 않음을, 머나먼 곳을 향해 나아가고 있음을 알아채지 못했다. 그는 아우구스티누스와 함께하는 모임이 본질적으로 자유롭게 철학적인 탐색을 하는 모임이라는 생각을 고수하고 있었다. 한 편지에서 그는 말했다.

내 눈앞에 자네들이 보이는 것만 같네. 보내 준 편지가 내 손에 쥐어져 있다는 게 얼마나 큰 기쁨인지. 자네들은 내게 때로는 그리스도를, 때로는 플라톤을, 때로는 플로티노스를 말해 준다네.

그러나 아우구스티누스는 소박한 공동체와 2년간 함께 하며 근본적인 변화를 겪었다. 이교적 배경에서 살아왔던, 자신이 갖고 있던 철학적 물음에 얼마간 갇혀 있던 네브리디우스로서는 이를 알

아차리기 어려웠을 것이다. 하지만 아우구스티누스는 네브리디
우스와 달리 자기 자신을 고양하고자 하는 철학적 관조의 길을 접
고, 자신의 특권적인 지위도 내려놓은 뒤 예수의 제자가 되어 섬기
는 삶, 더욱 깊게 헌신하는 삶을 향해 나아갔다. 갈림길마다 "나를
따르라"고 하시는 분을 향해. 이러한 맥락에서 갓 태어난 신자들
로 이루어진 아우구스티누스 공동체가 '하느님의 종들'이라고 불
린 것은 당연한 일이다. 그는 삶의 우선순위를 근본적으로 재편했
고 여기에 헌신했다. 아우구스티누스는 자신이 발견한 길로 네브
리디우스를 (열정적으로, 때로는 조급해하며) 이끌기 위해 애썼으며 이
는 고스란히 편지에 반영되었다.[1]

어느 편지에서 네브리디우스는 그에게 "(나에게 그것을 강요하지
말고) 자네나 영적 성장을 잘 이루어가며 하느님과 잘 살기를 바란
다"고 하자, 아우구스티누스는 그렇게 (계속) "잘못된 것에 헌신하
며 안주"하라라며 강한 어조로 응수하기도 했다.[2] 세례를 받고 난 뒤
아우구스티누스는 온갖 분석으로 마비된 삶에서 봉사하며 행동하
는 삶을 향해 나아갔다. 세례란 한 사람이 개인적인 신앙에서 성도
의 교제로, 하느님을 향해 이웃과 함께 드리는 예배를 통해 공동
체적인 신앙을 표현하는 삶으로 전환하는, 일종의 서품 예식이라
고도 할 수 있다(사도 2:42를 보라). 물론 앉아서 묵상을 해야 할 때가
있고 아무것도 하지 않고 쉬어야 할 때가 있다. 하지만 언젠가는
하느님 나라를 섬기기 위해 헌신하며 자신이 묵상한 바를 삶으로

---

[1] 이를테면 *Epistulae* 11.2.

[2] *Epistulae* 10.1.

행해야 할 때가 오기 마련이다. 이 시기 아우구스티누스의 내면에는 이와 같은, 헌신하며 봉사하려는 마음이 자리를 잡고 있었다.

물론 이 와중에도 아우구스티누스는 일종의 영적 게토로 피신해 반쯤 은퇴한 상태로 살고 싶은 유혹을 받고 있었다. 실제로 처음에는 네브리디우스에게 "… 은퇴해서 하느님 같은 모습으로" 나아가는 목표를 가질 필요가 있다고 말하기도 했다. 당시 아우구스티누스는 불혹의 나이로 접어들고 있었고 이는 당시 기대수명을 고려했을 때 오늘날 50대 후반에 해당하는 나이였다. 게다가 로마 제국이 쇠락하고 있어서 할 수만 있다면 하던 일에서 손을 떼고 물러나서 조용한 삶을 살고 싶은 이들이 많았다. 그러나 이는 안달하는 마음의 아우구스티누스에게는 적합하지 않은 선택지였다. 그는 여전히 헤매고 있었으며, 여전히 하느님께서 자신에게 바라시는 바를 찾으려 애쓰고 있었다. 그는 자신의 여정이 자신을 어디로 데려가는 것인지를 끊임없이 되물었다. 이와 관련해 피터 브라운은 말했다.

> 아우구스티누스 사상의 무게 중심이 이동했다. 그는 교재를 챙기지 않고 아프리카로 돌아왔고 인문학에 기반을 둔 지적 프로그램을 위한 그의 계획은 이제 실현되기 어려워 보였다.[3]

상황이 변하고 있었다. 타가스테의 후미진 곳에서 편안하게 머무

---

[3] Peter Brown, *Augustine of Hippo*, p.134.

르려던 아우구스티누스에게 무언가가 천막의 말뚝을 뽑으라고, 주
님의 군대에 입대하라고 다그치는 듯했다. 타가스테에 머문 지 1
년이 채 되지 않아 (혹은 1년이 겨우 지났을 때) 가까운 친구 네브리디
우스와 아들 아데오다투스가 죽음을 맞이했다. 어머니, 아들, 친
구를 잃은 아우구스티누스는 더는 기댈 사람이 없었고 그만큼 어
딘가에 묶여 있지 않아도 되었다. 누군가를 돌보아야 할 책임에서
벗어난 것이다.

하느님은 분명 아우구스티누스에게 무언가를 요청하고 계셨다.
어딘가에 정착하지 못했다는 느낌에 기대어 그는 다시금 순례자의
영성을 붙들었다. 체스터튼식으로 말하면 주막이 길을 가리키고
있었다. 아우구스티누스는 더는 그곳에 머무를 수 없었고 그래서
도 안 되었다. 그는 길을 나서야 했고 더 먼 곳을 향해 자신에게 주
어진 길을 걸어가야 했다. 피터 브라운에 따르면 이후 "아우구스
티누스는 비통과 공허함을 이겨내기 위해 좀 더 적극적으로 살았
다".[4] 그는 더는 순수하게 학문적이며 철학적인 방식으로 사는 데
만족하지 못했다. 그는 편지에 썼다.

> 공허한 의무는 밀어두고 쓸 만한 일을 떠맡게. 누군가를 돌보아
> 야 할 의무를 면제받고서 나는 이 세상에 있는 그 무엇에도 소망
> 을 두지 않게 되었다네.[5]

---

[4] 위의 책, p.135.
[5] *Epistulae* 18.

어떠한 형태로든 어떤 일을 접게 되는 시기에는 우리 영혼이 상처를 입을 가능성이 크다. 이를 뒷받침하는 실제적인 증거는 많다. 실제로 많은 이들이 퇴직을 하면 병에 걸린다. 부부의 경우 아이가 독립하면, 시부모(혹은 장인, 장모)를 요양원에 보내면 서로에게 집중하는 시간이 오리라고 생각하기 쉽다. 허나 정작 그런 날이 오면 바람대로 되지 않는 경우가 대부분이다. 우연히 그렇게 되는 것이 아니다. 결혼이든 우정이든, 이타적으로 타인을 섬길 수 있는 자리가 마련되어 있지 않은 관계, 자기 자신만을 유익하게 하려는 관계는 부패하기 마련이다.

오늘날 시중에서 팔리는 영성과 그리스도교 영성의 차별점이 정확히 이 지점에 있다고 해도 과언은 아니다. 그리스도교 영성은 '나'의 내면을 마사지해주는 데, 그리하여 '나'의 기분을 좋게 만들어 주는 데 관심하지 않는다. 그리스도교 영성은 '타인'을 섬기고, '타인'에게 헌신하는 삶을 가리킨다. 예수께서는 이를 일종의 역설로 말씀하셨다.

> 제 목숨을 살리려고 하는 사람은 잃을 것이며 나를 위하여 제 목숨을 잃는 사람은 얻을 것이다. (마태 16:25)

하느님께서 사랑으로 섭리하시어 우리에게 주신 선물이 무엇이든 간에 그 선물은 자산을 축적하듯 쌓아두라고 주신 것이 아니다. 그분께 받은 것은 언제나 누군가에게 주어야 하는 선물이다. (사람들이 예수를 비웃으며) "그가 남은 구원하였으나, 자기는 구원하지 못하는가 보다"(마태 27:42)라는 말에 담긴 역설은 우리가 받은 소명과 사목 활동에 흐르고 있다. 실제 삶에서 우리는 남을 구원함으로써 우리 자신이 구원받는 듯한 경험을 자주 한다. 그리스도인으로서 우리 한 사람 한 사람이 받은 독특한 소명, 이 소명을 바탕으로 이루어지는 독특한 섬김은 우리가 다다라야 할 궁극적 성화에 이르도록 우리를 빚어내는 도구가 되어준다. 신약성서에서 예수께서는 모든 일의 핵심은 (타자인 하느님에 대한) 예배와 (타인인 이웃에 대한) 섬김이라고 말씀하셨다.

타가스테에서 작은 공동체를 이루고 살았던 잠깐의 시간(약 3년 밖에 되지 않는 시간)이 지나갔다. 아우구스티누스 신앙 여정에서 일종의 과도기라 할 만한 이 시기를 피터 브라운은 이렇게 요약했다. 아우구스티누스는 "중년에 들어선 외로운 사람이었다. 과거의 많은 부분을 잃어버리고, 어느 정도는 어쩔 수 없이 새로이 정복할 분야를 찾는 사람"이 되었다.[6] 지금까지 우리가 살폈던, 그의 안식하지 못하는 마음을 깊게 생각해 보면 그가 왜 조용히 가족과 함께하는 삶에, 자신과 뜻을 함께하는 공동체 생활에 정착할 수 없었는지 그 이유를 헤아려 볼 수 있다.

다른 이들을 위한 삶

윌리엄 템플 대주교가 간명하게 표현했듯 "교회는 자신에게 속하지 않은 이들을 위해 존재하는 유일한 조직이다". 교회는 사회

---

[6] Peter Brown, *Augustine of Hippo*, p.137.

와 연결되지 않은 채 폐쇄적인 신앙 집단으로 전락하거나 요새에 숨어 자기 스스로를 고립시키려는 사고를 북돋는 곳이 되어서는 안 된다. 대다수 집단은 자신에 속한 구성원의 이익을 증대시키기 위해 존재한다. 인류의 진화 과정은 각자 자기 일은 알아서 하는 삶의 태도를 강화해온 과정이었다고 해도 과언이 아니다. 적자만이 생존하는 전투에서 살아남기 위해서는 그래야 했다. 20세기 영국에서는 마거릿 대처Margaret Thatcher와 보수당 정부가 개인주의에 바탕을 둔 소비주의를 장려하며 생존 경쟁을 강하게 부추겼다. 그들이 내세운 구호는 이것이다. "너 자신을 가장 먼저 보살펴라."

초기 진화 과정에서는 '자신을 가장 먼저 보살피는' 것이 불가피했는지도 모른다. 허나 그리스도교는 이러한 이기심을 보완하는 (그리고 이 이기심을 거스르는) 움직임이 진화의 과정으로 들어오지 않으면, 즉 이타심 혹은 비이기심 없는 진화가 완성되지도, 진정한 목적에 도달하지도 못한다고 힘주어 말한다. 이는 창조주 하느님께서 주신 생명에 대해 성찰해보아도 알 수 있다. 이기심에 바탕을 둔 진화가 그 자신이 지닌 힘으로 인해 자기 파멸로 치닫는 과정에서 벗어날 수 있게 해주는 것은 이타심뿐이다. 진화론의 논리를 따르더라도 한 생명체의 힘은 결국 치명적으로 약해지며 끝난다. 우리는 우리 자신의 연약함 뿐 아니라 우리 자신의 강함에서도 구원받아야 한다. 제어되지 않은 힘은 우리 자신을 자기 파멸로 몰고 간다. 역설적이지만 이타심은 궁극적으로 우리 자신을 이롭게 한다. 이는 예수께서 힘주어 가르치신 것이기도 하다.

제 목숨을 살리려고 하는 사람은 잃을 것이며 나를 위하여 제 목
숨을 잃는 사람은 얻을 것이다. (마태 16:25)

신학자들은 "천지를 창조하시기 전에 그리스도를 구세주로 미
리 정하셨고"(1베드 1:20)라는 구절을 통해 이타심이 시간의 여명기
부터, 하느님께서 세계를 창조하시며 말씀하실 때 이미 그 안에 묻
어 들어가 있었다고 말한다. 이 말씀은 점차 먼 미래를 볼 줄 알았
던 예언자들과 철학자들에게 계시되었으며 역사에서 육신이 됨으
로써 그 모습을 분명하게 드러냈다. 그럼으로써 우리는 진화하는
피조물로서 살아가는 더욱 탁월한 길을, 그 영광을 바라볼 수 있게
되었다.

이 지점에서 우리는 이 세상 왕국이 표방하는 이념과 다가오는
하느님 나라의 거대한 차이를 발견한다. 자연 세계는 자신을 가장
먼저 보살피는 방식으로 흐르기 마련이나 하느님의 나라에서 각
사람은 궁극적으로 다른 이를 위해 존재한다. 기꺼이 다른 이를 위
해 사는 삶, 필요하다면 그들을 위해 죽음까지 감수하는 삶은 바울
로와 베드로가 정의한 만인 사제적 삶의 전형적인 예다. 여기서 통
념적인 '선한 삶'과 그리스도인의 길은 구별된다. 요한의 복음서에
기록된 대제사장으로서 예수께서 드린 기도(요한 17장)에 담긴 "새
로운 살길"(히브 10:20)도 마찬가지다.

벗을 위하여 제 목숨을 바치는 것보다 더 큰 사랑은 없다.

(요한 15:13)

또 다른 본문에서도 예수께서는 말씀하셨다.

> 사실은 사람의 아들도 섬김을 받으러 온 것이 아니라 섬기러 왔
> 고 많은 사람을 위하여 목숨을 바쳐 몸값을 치르러 온 것이다.
>
> (마태 20:28)

이것이 성서가 말하는 사제의 삶이 지닌 독특한 특성이다. 이것이
우리의 삶을 삶답게 한다. 세례를 통해 우리는 모두 일종의 서품을
받아 이러한 덕을 함께 나눈다. 베드로는 이를 사람들에게 상기시
켰다.

> 여러분은 … 왕의 사제들이며 …
> 하느님의 소유가 된 백성입니다. (1베드 2:9)

　여기서 '만인 사제'적 삶이라는 말이 모든 신자가 사제가 되어
야 한다는 뜻이 아님을 밝혀둘 필요가 있겠다. 서품을 받은 사제들
은 전체 사제적 공동체가 그 본질적인 특성에 집중할 수 있도록 돕
는 이들이다. 세례를 통해 그리스도의 몸에 참여하는 모든 구성원
이 사제의 삶을 살도록 말이다. 물론 그렇다고 해서 원칙적으로 모
든 그리스도인이 자신을 희생하며 봉사하는 삶, '타인을 위한 삶'
으로 특징지어지는 사제의 삶을 살도록 부름받았다는 점이 바뀌지
는 않는다.
　구약성서에서는 열두 지파 중 단 한 지파(아론의 지파)만이 사제

지파였다. 이들의 존재 이유는 다른 열한 지파를 위해 하느님의 은총을 비는 것이었다.

> 아론이 성소로 들어갈 때에는, 이스라엘의 아들들의 이름이 새겨진 판결 가슴받이를 가슴에 달고 들어가게 하여, 이것을 보고 나 주가 언제나 이스라엘을 기억하게 하여라. (출애 28:29)

아론은 나머지 열한 지파의 이름을 귀중한 돌에 새겨 넣고, 각 지파를 위한 기도를 가슴받이에 달았다. 그 빛나는 돌들은 하느님의 백성을 상징했다. 성소에 있는 주님의 빛은 이들을 비추었으며 이들을 인도했다.

마찬가지로, 성체성사를 드릴 때 그리스도인들은 자신을 위해 기도하기보다 다른 이들을 위해 기도한다. 여기에는 교인이 아닌 이들을 위한 기도도 포함되어 있다. 성체성사를 집전하는 이는 말한다. "마음을 드높이" 그러면 사제적 공동체의 구성원들은 "주님께 올립니다"라고 답하며 하느님 앞에서 자신들 마음에 자리하고 있는 이들을 기억한다. 자신이 돌보는 이들, 마음에 두고 기도해온 이들, 살아있는 이들, 죽음을 앞둔 이들을 위해 기도한다. 이렇게 다른 이들을 위해 드리는 기도를 '중보 기도'intercession라 부른다. 이는 로마법에서 유래한 단어로 '누군가를 변호하기 위해 판사에게 간다'는 뜻을 갖고 있다. 우리는 그들의 변호인이다. 하느님의 나라에서 우리는 우리 자신을 변호하지 않는다. 나를 변호하는 일은 다른 이의 몫이다.

중보 기도는 기도의 한 방식일 뿐 아니라, 온전히 새로운 삶의 방식이기도 하다. 중보 기도는 더는 자신을 가장 먼저 보살피지 않고 타인을 위해 사는, 다가올 하느님의 나라를 사는 혁명적인 삶의 방식이다. 자신을 위해 사는 길에는 죽음만이 있으나, 타인을 위해 사는 길에는 새로운 생명을 향한 무한한 가능성이 열린다. 그리스도께서 십자가에서 자신을 제물로 드리셨던 것에서 가장 분명하게 드러났듯 새로운 생명은 자신의 생명을 내려 놓는 데서만 나온다. 참된 부활의 비밀은 십자가의 죽음이다. 이러한 삶의 방식, 많은 이가 커다란 유익을 얻도록 선택받은 소수가 자신의 생명을 내어놓는 것, 하느님의 선택받은 모든 사람은 이러한 삶의 길을 묵상해야 한다. 바울로가 그리스도교 공동체가 받은 소명에 대해 말하며 "남은 고난"을 자신의 몸으로 채우고 있다고 말한 것도 이러한 맥락에서 살펴야 한다(골로 1:24). 그리스도께서는 자신의 삶과 죽음을 우리를 위해 제물로, 완전히 충분한 제사를 드리셨고 우리를 그러한 삶으로 부르신다.

아우구스티누스는 이러한 중보 기도, 중보의 삶 덕분에 그리스도인이 되었다 해도 과언이 아니다. 『고백록』을 보면 어머니 모니카가 그를 대신해 드린 기도, 그녀의 희생적인 삶이 아우구스티누스의 회심에 일정한 역할을 했음을 분명히 알 수 있다. 모니카는 아들을 위해 살았고, 그를 위해 죽었다. 오스티아에서 북아프리카에 가기 위해 배를 기다리고 있을 때 죽어가던 모니카는 말했다.

아들아, 나로 말하면 이승살이에서는 이미 아무것도 재미가 없어졌다. 이 세상에 대한 희망이 다 채워진 마당에 여기서 아직도 뭘 해야 하는지, 왜 여기에 있어야 하는지 모르겠구나. 내가 이승살이에 조금이라도 머물고 싶었다면, 그것은 오직 하나, 나 죽기 전에 네가 가톨릭 그리스도 신자가 되는 것을 보고 싶어서였다. 그런데 그것을 나의 하느님께서 나한테 과분하게 베풀어주셔서 네가 지상 행복을 멸시하고 그분을 섬기는 종이 된 것을 보게 해 주셨구나. 그러니 내가 여기서 뭘 더 하겠느냐?[7]

그녀는 평생을 다른 이를 위해 살았다.

어느 시대에나 이처럼 독특한 소명의 삶을 살았던 여성들이 있었다. 우리는 때마다 자신의 삶을 내어놓는 여성들이 나타나는 모습을 본다. 이러한 삶을 보여주는 이들은 남성보다는 여성이 많다. 어쩌면 그래서 초대 교회 때부터 교회를 '어머니'라 불렀는지도, 언제나 교회에는 남성보다 여성이 많았는지도 모른다. 생명을 잉태하는 여성은 '타인을 위한 삶'이 남성보다 더 자연스럽게 연결되는 것일까? 성서에서 에스텔(에스더) 여왕의 삶에서도 이 같은 면모가 발견된다. 왕이 부르지 않았는데 왕 앞에 나아가는 것은 죽음을 무릅쓴 행위였다. 그녀는 죽음을 무릅쓰고 유대인을 변호하기 위해 왕에게 나아감으로써 중보하는 삶의 핵심을 보여주었다. 그녀는 자신의 안전을 개의치 않았다. 사제적 삶의 소명의 본 또한 여기에 있다. 그리고 이것이 세상이 이야기하는 '선한 삶'과 그리스

---

[7] *Confessiones*, 9.10.26.

도인의 삶의 차이다.

2차 세계대전 시기 막시밀리안 콜베Maximillian Kolbe의 증언과 순교 이야기는 이러한 삶을 가장 절절하게 보여준다. 어느 더운 여름날 아우슈비츠 포로수용소에서 작열하는 볕 아래 한 사람이 먹지도 마시지도 못한 채 서 있었다. 탈옥을 하다 붙잡힌 것이다. 독일군은 이에 대한 대가로 열 사람을 벙커로 보내 굶겨 죽이겠다고 말했다. 오후 무렵 독일군 장교가 재소자들을 소집한 뒤 무작위로 벙커에 갈 사람을 골랐다. 서너 번째 줄에 서 있는 한 남자를 가리키자 그는 무릎을 꿇고 울기 시작했다. "오 제발 … 제게는 아내와 아이가 있습니다." 그는 살려달라며 말했다. 그때 안경을 낀 한 왜소한 사내가 말했다.

"잠시 드릴 말씀이 있습니다."
"뭐지? 이 폴란드 돼지 새끼야. 말해봐."
"저는 사제입니다. 아내도 없고 아이도 없지요.
제가 저분 대신 벙커에 가고 싶습니다."
"그래. 소원대로 해주지."

그날 밤, 아홉 사람과 한 사제가 벙커로 향했다. 대게 그곳에 가면 사람들은 배고픔에 서로를 먹으려 아귀다툼을 벌이곤 했다. 그러나 이들은 찬송을 부르며 죽음을 맞이했다. 당시 사체를 치우는 일을 맡고 있던 독일 군무원이 뉘른베르크 재판에서 이 일을 증언했다. 그는 벙커에 들어가는 일이 마치 성사를 하는 교회로 들어가는 것 같았다고, 그들에게 그리스도께서 함께하시는 게 눈에 보이는 것 같았다고 말했다. 막시밀리안 콜베 신부는 그 날 밤 벙커에 들어간 사람들 중 가장 마지막에 세상을 떠났으며 굶어 죽지 않자 치사량의 독극물을 주사해 생명을 앗아갔다고 한다. 10명을 죽음으로 몰고 간 계기가 된, 탈옥을 하려 했던 그 재소자는 변소에 빠져 죽음을 맞았다. 그렇다면 이 모든 일은 그저 10명의 생명을 낭비한 일에 불과한 것일까?

1971년 10월, 로마에 있는 성베드로 성당에는 수천 명의 군중이 모였다. 그곳에서 교황은 로마 가톨릭 전통에 따라 콜베 신부를 시성諡聖함으로 그의 독특한 소명을 공인했다. 시복식을 하는 제대 근처에는 75세가 된 프란치셰크 가요브니체크Franciszek Gajowniczek가 앉아있었다. 무릎을 꿇고 살려달라고 말했던 그 재소자가, 자신을 대신해 기꺼이 죽은 사제를 기리기 위해 온 것이다. 그의 아내와 아이들, 아이들의 아이들까지 모두 함께.

많은 사람, 소수의 사람, 그리고 한 사람

부르심을 받은 사람은 많지만 뽑히는 사람은 적다. (마태 22:14)

하느님이 뽑으신 백성은 특권을 누리기 위해서 뽑힌 것이 아니라 자신의 생명을 희생하며 다른 이들을 섬기기 위해 뽑혔다. 그러나 이스라엘 백성은 다른 이들을 섬기라는 자신의 고유한 소명을 깨닫지 못해 영적으로 몰락했다.

하느님이 소수의 사람을 뽑는 이유는 그들을 위해서가 아니라 부름을 받았으나 이에 응답하지 못하는 다수의 사람을 위해서다. 하느님은 모든 사람을 그리스도를 따르는 길로 부르셨다. 그러나 어느 시대에든 뽑힌 소수만 부름에 응답했다. 이들을 하느님이 택한 사람이라고 부른다. 다수는 이 소수에게 영향을 받고 그들을 통해 구원을 얻는다. 소수는 한 분에게 영향을 받고 그분을 통해 구원을 얻는다. 하느님은 이러한 방식으로 이 세상을 구원하기로 계획하셨다. 하느님의 경륜은 이렇게 이루어진다.

영국 작가 윌리엄 이워William Ewer는 1924년 "하느님이 유대인을 뽑으셨다는 건 얼마나 기이한 일인가"라고 썼지만 우리 같은 사람들을 하느님의 백성으로 뽑으셨다는 건 더 기이한 일이다. 당신의 일을 이루시기에 훨씬 더 적절해 보이는 수많은 사람을 제쳐두셨으니 말이다. 우리는 바울로가 고린토 사람들에게 한 말을 기억해야 한다. 바울로는 고린토 사람들에게 하느님이 그들을 그리스도인으로 부르셨을 때 세상의 기준에서는 특별히 잘난 이가 그리 많지 않다고 말했다. 하느님이 누구를 뽑으시는 가는 진실로 신비다. 그러나 하느님은 예언자 사무엘에게 말씀하셨다.

> 하느님은 사람들처럼 보지 않는다. 사람들은 겉모양을 보지만
> 나 야훼는 속마음을 들여다본다. (1사무 16:7)

우리가 우리 자신에게 주신 소명의 의미가 무엇인지 헤아리려 노력할 때 하느님의 선택에 깃든 그분의 지혜를 서서히 알 수 있게

될 것이다. 다른 이들을 섬길 때에만 우리의 삶은 온전해진다(또한 구원받을 수 있다). 우리는 누군가가 필요로 하는 존재가 되어야 한다. 때로 이 모든 일은 무언가 가당찮아 보이기도 하고 터무니없어 보이기도 한다. 그러나 다윗이 구약에서 '구원자'를 상징하는 인물이 되리라고 누가 생각했을까? 신약성서도 마찬가지다. 거짓말쟁이 베드로가 사도 집단의 지도자가 되리라고 누가 생각이나 했겠는가? 그 자리는 요한이 맡는 것이 더 적절해 보이는데 말이다.

1937년 캔터베리 축제에 상영하기 위해 도로시 세이어즈Dorothy Sayers가 쓴 희곡 『주님의 집을 생각하는 열정』Zeal of Thine House에 매우 인상적인 부분이 있다. 이 희곡은 1174년 캔터베리 성가대석이 화재로 소실된 후 성당을 보수하는 일을 다룬다. 극은 수도사 성구 관리인 테오다투스Theodatus가 수도원장 윌리엄 상스William of Sens를 찾아가 건축의 윤리에 대해 말하며 항의하는 부분에서 절정에 이른다. 수도원장은 테오다투스에게 답한다.

하느님을 좀 내버려 둘 수 없겠나. 그분이 그분의 일을 하시도록 말일세. 내 아들은 목수라네. 그 아이는 자기 일에 대해서 우리보다 훨씬 잘 알지. 그에게는 다년간의 경험이 있거든. 그 아이는 무능한 일꾼들이 하듯이 연장 탓을 하지도 않고, 이 땅에 그 아이의 시온성을 짓는다네. 하물며 하느님이 그분의 교회를 세우시는 일은 어떻겠는가. 그런데 그분께서는 당신의 가슴에 기대곤 했던 사랑하는 제자 요한이 아니라 베드로 위에 교회를 세우셨다네. 거짓말쟁이, 겁쟁이에 돌 같은, 평범한 사람 베드로 위에 말이지.

요한은 금 같은 사람이었네. 허나 금은 희귀한 것 아닌가. 요한 같은 사람 위에 교회를 세우시려면 그 같은 인물을 찾아 이 땅을 샅샅이 뒤지느라 하느님의 일이 지연되었을 거야. 그러나 베드로는 언제 어디에나 있지. 이 세상은 베드로 같은 평범한 돌들로 이루어져 있지 않나. 그분은 자신이 주춧돌이 되셔서 그 평범한 돌 위에 교회를 지으셨어. 나와 자네와 베드로와 같은 사람들로 말이야. 그리고 그분은 현자의 돌처럼 돌에서 모든 불순물을 제거하시고 순전한 금이 되기까지 우리를 제련하신다네. 그분은 그렇게 하실 수 있어.[8]

베드로가 그랬고, 또 다른 많은 이가 그러했듯 아우구스티누스는 궁극적인 성화를 향해 가는 길에서 자신의 소명을 발견했다. 분명 하느님은 세상 물정에 밝은 사람이라면 뽑지 않을 사람을 뽑으신다. 하느님의 나라는 나중 된 사람이 먼저 되고 먼저 된 사람이 나중 되는 곳이다.

그런데 하느님께서는 지혜 있다는 자들을 부끄럽게 하시려고 이 세상의 어리석은 사람들을 택하셨으며, 강하다는 자들을 부끄럽게 하시려고 이 세상의 약한 사람들을 택하셨습니다. (1고린 1:27)

하느님께서는 우리의 약함을 통해, 우리의 약함에서 당신의 힘을

---

[8] Dorothy L. Sayers, *The Zeal of Thy House* (Victor Gollancz, 1938), p.205f.

온전하게 드러내신다(2고린 5~10). 하느님이 당신의 백성을 어떻게 뽑으시는지, 어떻게 소명을 주시는지는 우리로서는 헤아릴 수 없는 거대한 신비이다. 그러나 한 가지는 분명하다. 뽑힌 이들은 그들에게 기본적으로 자랑할 만한 것이 없다는 것이다. 그들에게 자랑할 만한 것은 그런 그들을 뽑은 하느님 밖에 없다.

> 자랑하려거든 주님을 자랑하십시오. (2고린 10:17)

궁극적으로 이 새로운 삶만이 진정 가치 있는 삶을 사는 유일한 길이다. 그리고 이 길은 누군가에게 배워서 익히는 것이기보다는 무언가에 사로잡히는 것이다. (그 수가 적다 해도) 하느님께서 뽑으신 이가 그가 있어야 할 곳, 있어야 할 순간에 해야 할 일을 하고, 해야 할 말을 할 때 세상은 변화한다. 아무리 작은 경첩도 있어야 할 곳에 있으면 거대한 문을 열 수 있다. 아무리 작은 키라 하더라도 있어야 할 곳에 있으면 큰 배의 방향을 돌릴 수 있다. 이처럼 하느님께서 뽑은 소수, 그분의 사제적 백성, 이 땅에 있는 그리스도의 몸은 이 세계를 구원하시는 그리스도의 활동이 펼쳐지는 문을 열어젖히는 경첩 역할을 한다.

세상이 하느님께로 돌아서는 일은 다수가 아니라 그분이 택하신 소수를 통해, 그들이 적재적소에 자리했을 때 일어날 것이다. 역사가 시작될 때부터 그분은 그러한 방식으로 활동하셨으며 당신의 계획을 바꾸겠다고 말씀하신 적이 없다. 이와 관련해 인상적인 이야기가 정경에 포함되지 않은 전승에 기록되어 있다. 예수께서 천국으로 승천하시면서 하신 일에 관한 이야기다. 그분은 천사들과 함께 다소 노쇠한 열한 명의 제자들을 내려다보셨다(그중 몇몇은 여전히 자신이 본 것을 의심하고 있었다). 그대로, 그분은 자신의 소명을 이들이 완성하게 두고 가시려 했다. 천사들은 그렇게 중요한 소명을 작고 하잘것없는 무리에게 맡기고 떠나신다는 것을 도무지 이해할 수 없었다. 그래서 그들은 예수께 물었다. "다른 계획은 없으신 건가요?" 예수께서는 조용히, 그러나 자신감 있게 말씀하셨다. "다른 계획은 없단다."

제자도와 소명

앞서 살펴본 대로, 하느님께 감동을 받아 제자도를 향한 긴 여정을 출발하는 이들이라면 언제 어디서나, 특권을 누리기 위해서가 아니라 자기를 희생해 타인을 섬기기 위해 하느님의 선택을 받았음을 몸과 마음에 되새겨야 한다. 소명에 대한 이러한 감각을 잃으면 제자로서의 삶은 끝나고 만다. 사목과 섬김이라는 소명이 오늘날에는 교회에서 서품을 받은 사제들의 업무를 가리키는 것처럼 쓰이는 건 안타까운 일이다. 모든 그리스도인은 사목과 섬김이라는 소명을 받았다. 그리스도교 신앙을 배우며 우리의 지성은 빛의 조명을 받고 우리의 마음은 예배와 기도, 성령의 기름 부음을 통해 뜨거워지며 우리의 의지는 제자도가 성숙해짐에 따라 점점 뜨겁게 타오른다. 그분께서는 은총으로 우리를 이렇게 이끄신다. 이 여정을 걸으며 우리는 그분께서 남은 생을 그저 자신의 자리만을 차지하는 데 그치지 않고 확연한 차이를 빚어내며 살도록 우리를 뽑으셨음을 감지한다. 차이를 빚어낸다는 것은 더는 자신만을 위해 살지 않는다는 뜻이다. 예수께서는 베드로에게 그의 독특한 소명을 함축한 말씀으로 경고하셨다.

> 네가 젊었을 때에는 제 손으로 띠를 띠고 마음대로 돌아다닐 수 있었다. 그러나 이제 나이를 먹으면 그때는 팔을 벌리고 남이 와서 허리를 묶어 네가 원하지 않는 곳으로 끌고 갈 것이다.
>
> (요한 21:18)

제자로서 섬김과 희생을 향한 독특한 소명에 응답하면, 마음으로 받아들이고 의지로 응답하면 근본적인 무언가가 변화한다. 그때 우리는 하느님의 어떤 허가를 얻기 위해 그분을 섬기는 것이 아니다. 그 일은 다른 누군가에 의해 좌지우지되지도 않는다. 바울로가 에페소 교인들에게 보낸 편지에는 다음과 같은 구절이 있다.

> 남의 종이 된 사람들은 그리스도께 복종하듯이 두렵고 떨리는 마음으로 성의를 다하여 자기 주인에게 복종하십시오. 사람에게 잘 보이려고 눈가림으로만 섬기지 말고 그리스도의 종답게 진심으로 하느님의 뜻을 실천하십시오. 사람을 섬긴다고 생각하지 말고 주님을 섬기는 마음으로 기쁘게 섬기십시오. 선한 일을 하는 사람은 그가 종이든 종이 아니든 각기 주님께로부터 그만한 상급을 받는다는 것을 알아두십시오. (에페 6:5~8)

중요한 건 그분께서 우리를 받아들이셨음을 온 마음으로 받아들이는 것이다. 그분은 우리가 덕을 행하였기 때문이 아니라, 당신의 사랑으로 우리를 품으셨다. 우리는 이에 감사드리며 섬김의 삶을 살아간다. 시대를 막론하고 유명한 하느님의 종들은 이러한 변화를 겪었고 이 길을 걸어갔다. 그들은 하느님께서 그리스도를 통해 은총으로 자신을 받아들이셨음을 깨달았다. 이 깨달음은 그들의 마음을 뒤흔들었고 그들은 기쁨으로 섬기는 삶을 떠안았다. 성 바울로, 아우구스티누스, 성 프란치스코, 성 클라라, 존 웨슬리, 조세핀 버틀러, 마더 테레사 … 당장 머리에 떠오르는 이들만 헤아려도 이 정도다.

칭의는 우리를 각자를 소명으로 인도한다. 이것이 궁극적인 성화의 핵심이다. 칭의는 하느님이 하시는 일이다. 그분은 우리의 과거를 잊으시고 우리에게 완전히 새로운 시작을 주신다. 우리는 이 놀라운 선물을 받을 자격이 없으나, 믿음과 신뢰로 그리스도를 향해 이 선물을 받는다. 소명은 하느님께서 우리 한 사람 한 사람에게 걸맞은 길을 주시는 것이다. 그분은 우리가 가진 독특한 강점과 약점을 당신과 이웃을 섬기는 데 활용하도록 하신다. 성화는 그분이 우리를 의롭게 여기심으로써 우리가 갖게 된 하느님의 자녀로서의 본성이 일생에 걸쳐 자라나는 과정이라 할 수 있다. 우리 한 사람 한 사람은 이 과정을 통해 하느님의 성품 중 특정한 면을 이세상에 퍼뜨린다. 이 과정에서 많은 이가 겪는 체험을 존 웨슬리는 마음이 기이하게 따스해진다고 묘사했다. 이 온기가 마침내 다른 이들을 위해 살겠다는 의지에 불을 지펴 다른 이들을 위해 죽음까지 감내할 수 있을 때까지 타오른다. 아우구스티누스는 이 모든 과정을 단 하나의 문장으로 요약했다.

오 하느님, 저로 하여금 당신의 뜻을 사랑하게 하시고,
당신이 사랑하시는 것을 저 또한 바라게 하소서.

이는 신앙의 여정에 오른 지 5분 만에 도달할 수 있는 지점은 아니다. 누군가는 노년에 이르러서야 이 지점에 다다르기도 한다. 그러나 하느님을 향한 성장의 길에 열등생은 없다. 육체적으로 쇠약해져 과거처럼 일할 수 없게 된 때라도 우리는 다른 이들을 위해 기도함으로써 중보의 삶을 살아갈 수 있다. 종종 중보 기도라는 사목 활동은 사목자가 밖에 나가지 못하는 처지가 되었을 때 소명으로 주어진다. 특정한 시간과 공간에 매여 다른 이들을 자신의 삶으로 받아들일 여백이 생겼을 때 우리는 마음으로 그들을 품고 긴 시간 그들을 위해 기도할 수 있다. 이러한 소명은 비단 평신도만 받는 것은 아니다. 서품받은 사제들도 이러한 소명을 따르도록 부름받는다. 한 신실한 노사제는 대림절 서신에서 활동적인 사목을 이어가려 애썼지만 이제는 "점차 무릎을 꿇고 세계를 끌어안아야" 하는 시기가 왔음을, 그러한 공간이 더 커지게 되었음을 알게 되었다고 말했다.

여호수아 혹은 예수라는 이름의 어근을 살피는 일은 단순히 말을 뜯어보는 것 이상의 의미가 있다. 기본적으로 여호수아는 '구원자'를 뜻한다. 도널드 코건Donald Coggan은 이 뜻을 더 깊게 살폈다.

이 단어는 유대교 토양이 깊이 뿌리 내리고 있는 사고를 보여준다. 예수(여호수아)는 무언가로부터 해방되어 무언가에게 자신을 내어놓음을 뜻한다. … 모든 이름 위에 있는 이 이름은 '널찍해지다'라는 뜻을 지닌 히브리어 어근에서 유래했다. 즉 '구원자'란 자기 자신으로 가득 차 있지 않은 이, 다른 이를 위한 자리가 있는 이를 뜻한다. 그들은 그저 공간을 점유하는데 그치지 않고 다른 이를 위해 자리를 내어줌으로써 변화를 가져온다. 그들은 마음에, 삶에 빈자리를 둔다. 예수가 지닌 '구원자'로서의 성품이 이와 같다. 세례자 요한이 예수에 대해 한 말("그분은 더욱 커지셔야 하고 나는 작아져야 한다")도 같은 맥락에 있다. 바울로의 말 역시 이를 상기시켜 준다.

> 그리스도 예수는 하느님과 본질이 같은 분이셨지만 굳이 하느님과 동등한 존재가 되려 하지 않으시고 오히려 당신의 것을 다 내어놓고 종의 신분을 취하셔서 우리와 똑같은 인간이 되셨습니다. (필립 2:6~7)[9]

예수께서는 하느님 곁에서 영원히 사시며 당신의 마음에 당신의 백성을 위한 자리를 두시고 당신의 백성을 위해 중보하신다. 하느님에게도 당신의 마음에 다른 이를 위한 충분한 자리가 있기에 이 세계를 위한 중보의 활동, 그리스도의 구원 활동에 참여하는 이들

---

[9] Donald Coggan, *Convictions* (Hodder and Stoughton, 1975), p.272.

을 찾고 계신다. 이 세상은 분명 자신을 가장 먼저 보살피는 삶을 최우선 과제로 삼는다. 이에 바탕을 둔 개인주의는 날이 갈수록 위세를 떨치고 사람들은 자신의 영역을 침범하지 말라고 외친다. 이와 달리 하느님의 나라는 각자가 타인을 위해 살아가는 곳이다. 그곳에는 하느님께서 뽑은 이들이 살며 그들은 마음과 삶에 자리를 마련해 다른 이들을 환대한다. 이 같은 맥락에서 그들은 진심을 담아 기도한다.

> 오 주 예수여, 내 마음에 오소서.
> 내 마음과 삶에 당신을 위한 자리와 빈방이 있게 하소서.

AD 388년 말, 어머니, 아들, 친한 친구가 잇따라 죽고, 아우구스티누스는 자신 곁에 있는 작은 공동체조차 자신의 삶과 마음을 충분히 채워주지 못함을 알게 되었다. 전에는 학자로 살도록 부름을 받았으나 이제는 그렇지 않았다. 이제 그는 자신이 무엇을 위해, 무엇으로 부름받았는지를 알아야 했다. 많은 세월이 필요했지만 결국 그는 알아냈다. 누군가는 지나쳐 버릴 수도 있는 일련의 사건들 속에서 그는 자신을 향한 부름을 들었다. 그는 그 사건들이 수년전 정원에서 성서를 읽을 때 처음 자신의 생을 만져주셨던 그 사랑이 진행한 섭리의 일부임을 알게 되었다. 앞에서 체스터튼의 비유를 다시 쓰면 그는 친지, 친구와 함께한 공동체를 '본향'으로 여겼으나 결국에는 '주막'임이 드러났다. 무언가 이제 다시 여정에 올라야 한다고 그를 쫓쳐대고 있었다. 아우구스티누스 본인이 이야기한 것처럼.

본향을 향해 여정을 걷고 있는 이들은 중간에 머무는 숙소를 자신의 집으로 착각해서는 안 됩니다.[10]

---

[10] *Enarrationes in Psalmos* 40. 5.

아우구스티누스의 기도

저는 얼마나 멀고 복잡한 길을 헤매었던지요!
무언가 더 좋은 것을 찾기 위해,
당신께 버림받기를 바랐던,
성급한 제 영혼 탓이었습니다!
뒤로 누웠다 옆으로 누웠다 바로 누웠다 하면서
이리저리 뒤척여 보았지만, 누울 곳을 찾기 어려웠습니다.
당신만이, 주님만이 홀로 나의 안식이십니다.
보소서, 당신은 이렇게 지근거리에 계시며,
우리의 가련한 질문들로부터 우리를 옮겨 주시고,
당신의 길에 정주하게 하십니다.
당신은 우리를 쉬게 하시며 말씀하십니다.

"뛰어라, 내가 너를 데려다줄 것이니,

그렇다. 네 여정이 끝나기까지 내가 너를 이끌어줄 것이며,

그 곳에서도 내가 너를 데려가리라." 아멘.

◇ 더 깊은 묵상을 위한 질문들

개인을 위한 질문

1. "온갖 분석으로 마비된 삶"이라는 표현을 새겨보라. 당신에게도 이런 태도가 덫이 되곤 하는가? 혹은 당신이 아는 이들 중 이러한 삶을 살고 있는 이가 있는가? 스펙트럼의 양극단(행동 없이 성찰만 하거나 성찰 없이 행동만 하는 양 극단)에 있을 때 처하게 되는 위험을 가늠해 보라. 당신도 살면서 이런 불균형을 경험한 기간이 있는가? 시간표에 시기를 표시해 보라. 둘 중에 어느 쪽에 머무는 경향이 있는가?

2. "그리스도인으로서 우리 한 사람 한 사람이 받은 독특한 소명, 이 소명을 바탕으로 이루어지는 독특한 섬김은 우리가 다다라야 할 궁극적 성화에 이르도록 우리를 빚어내는 도구가 되어준다." 이는 당신에게 어떠한 의미가 있는가? 당신의

삶에서 이러한 경험이 있는지 생각해보자.

3. "우리는 우리 자신의 연약함 뿐 아니라 우리 자신의 강함에
   서도 구원받아야 한다. 제어되지 않은 힘은 우리 자신을 자
   기 파멸로 몰고 간다." 당신의 강점은 무엇인가? 당신의 약
   점과 강점에 어떤 위험한 요소가 있는지 생각해보라. 당신은
   위 문장에 동의하는가?

4. 예수께서는 작고 하잘 것 없는 제자들에게 당신의 사명을 맡
   기셨다. 이처럼 하느님께서는 당신에게 어떤 사명을 맡기셨
   다고 생각하는가? 이에 대한 당신의 느낌은 어떠한가?

5. 막시밀리안 콜베 신부의 희생 이야기는 다양한 감흥을 일으
   킨다. 당신은 이 이야기에서 어떤 느낌을 받는가? 당신이 천
   국에서 그를 만난다고 상상해보라. 그에 대해 무엇이라고 이
   야기할 것인가? 그에게 무슨 이야기를 하고 싶은가?

공동체를 위한 질문

1. 야고보의 편지 1:22~27을 읽어보자.

그러니 그저 듣기만 하여 자기 자신을 속이는 사람이 되지 말고 말씀대로 실천하는 사람이 되십시오. 말씀을 듣고도 실천하지 않는 사람은 제 얼굴의 생김새를 거울에다 비추어보는 사람과 같습니다. 그 사람은 제 얼굴을 비추어보고도 물러나서는 곧 제 모습을 잊어버리고 맙니다. 그러나 우리에게 자유를 주는 완전한 법을 잘 살피고 꾸준히 지켜나가는 사람은 그것을 듣고 곧 잊어버리는 일이 없으며 들은 것을 실천에 옮깁니다. 이렇게 실천함으로써 그 사람은 하느님의 축복을 받을 것입니다. 누구든지 자기가 신앙생활을 한다고 생각하면서도 자기 혀를 억제하지 못한다면 그것은 자기 자신을 속이는 셈이니 그의 신앙생활은 결국 헛것이 됩니다. 하느님 아버지 앞에 떳떳하고 순수한 신앙생활을 하는 사람은 어려움을 당하고 있는 고아들과 과부들을 돌보아 주며 자기 자신을 지켜 세속에 물들지 않게 하는 사람입니다. (야고 1:22~27)

이 구절들과 위 1, 4, 5번에서 답한 내용을 연결지어보라. 당신의 신앙 여정에서 깨닫게 된 바가 있는가?

2. 개인을 위한 질문에서 답한 내용을 공동체에서도 나누어 보자.

3. 중보의 삶이라는 개념을, 이러한 삶의 방식을 당신은 어떻게 생각하는가? 아는 이들 중에서 이런 삶의 전형적인 예로 떠오르는 이가 있는가? 당신도 그러한 삶을 지향하는가?

묵상을 위한 성구

우리는 기존에 있던 자리를 떠나 영적으로 성장하는 일에 관해 생각해 보았다. 바울로의 기도는 영적 성장의 본질이 무엇인지를 보여준다. 그의 비전을 함께 호흡하며, 스스로를 위하여, 소모임 구성원들을 위하여, 마음에 두고 있는 이들을 위하여 기도하라.

나는 하늘과 땅에 있는 모든 가족에게 이름을 주신 하느님 아버지 앞에 무릎을 꿇고 기도드립니다. 넘쳐흐르는 영광의 아버지께서 성령으로 여러분의 힘을 돋우어 내적 인간으로 굳세게 하여 주시기를 빕니다. 그리고 아버지께서 여러분의 믿음을 보시고 그리스도로 하여금 여러분의 마음속에 들어가 사실 수 있게 하여 주시기를 빕니다. 그래서 여러분이 사랑에 뿌리를 박고 사랑을 기초로 하여 살아감으로써 모든 성도들과 함께 하느님의 신비가 얼마나 넓고 길고 높고 깊은지를 깨달아 알고 인간의 모든 지식을 초월한 그리스도의 사랑을 알 수 있게 되기를 바랍니다. 이렇게 해서 여러분이 완성되고 하느님의 계획이 완전히 이루어지기를 빕니다.

(에페 3:14~19)

제6장
———
이 모든 이야기의 결론

나는 이 희망을 이미 이루었다는 것도 아니고

또 이미 완전한 사람이 되었다는 것도 아닙니다.

다만 나는 그것을 붙들려고 달음질칠 뿐입니다.

그리스도 예수께서 나를 붙드신 목적이 바로 이것입니다.

형제 여러분, 나는 그것을 이미 붙들었다고 생각하지 않습니다.

다만 나는 내 뒤에 있는 것을 잊고 앞에 있는 것만 바라보면서

목표를 향해 달려갈 뿐입니다. 하느님께서는 그리스도 예수를 통하여

나를 부르셔서 높은 곳에 살게 하십니다.

그것이 나의 목표이며 내가 바라는 상입니다.

- 필립 3:12~14

죄를 용서받아 회심한다 하여, 그 순간 영적 회복이 완성되지는 않는다. 열이 내리는 것과, 열이 내린 후 다시 건강해지는 것은 결국 꽤 다른 문제다. 상처를 도려내는 것과 상처가 완전히 낫는 것은 별개의 사안인 것이다. 물론 치유는 질병을 일으키는 원인을 제거하는 데서, 죄를 용서받음으로 시작된다. 이후 치유의 과정이 뒤따른다. 사도가 말한 대로, "우리 속사람은 매일 새로워진다." 그렇게 매일 새로워지는 과정에서 하느님에 관한 지식과, 그분의 공의와 신성은 일시적이었던 것을 영원한 것으로, 육적인 것을 영적인 것으로 바꾼다. "내가 없이는 아무것도 할 수 없다" 하신 말씀대로, 우리가 이 일에 성공하느냐 하는 문제는 전적으로 하느님께 달려 있다.[1]

건강은 구매 가능한 상품이 아니라 (일종의) 과정이다. 건강은 일련의 과정을 겪음으로써 주어진다. 그리스도를 따르는 길은 세례에서 출발해 하느님의 비전에 이르는 기나긴 과정이자 여정이다. 우리는 전 존재를 던져(정신, 마음, 영혼, 힘을 다해) 하느님을 진정으로 사랑하는 데 이르기까지 이 길을 간다. 우리 안에서 일어나는 역동적인 움직임은 모두 이 방향을 가리키며 그분을 향하라고 우리를 쫴쳐댄다. 전환이 일어나고 우리는 세례를 받아 하느님의 소유가 된다(필립 3:12). 이제 제자로서의 본격적인 여정이 시작된다. 우리는 이 여정에서 "우리의 믿음의 근원이시며 완성자"(히브 12:2)

---

[1] *De Trinitate*, 10.7. 『삼위일체론』(분도출판사)

이신 예수를 바라보아야 한다. 이 안식하지 못하는 마음, 분투하는 과정의 끝, 건너편에 있는 그분을, 그 기쁨을 우리는 계속하여 애써 바라보며 나아가야 한다.

이렇게 우리는 새로운 예루살렘으로 나아간다. 이 도시는 그리스도라는 토대 위에 있으며 토대는 흔들리지 않는다. 그리스도인이 품는 소망의 본질은 바로 여기에 있다. 그리스도인의 소망은 흔한 낙관주의가 아니다. 모든 일이 결국에는 잘 풀릴 거라는 헛된 소망도 아니다. 노리치의 줄리언Julian of Norwich이 외친 "잘 되리라. 잘 되리라. 모든 것이 다 잘 되리라"라는 말은 흔한 낙관주의가 아니라 바울로의 말을 다르게 표현한 것이었다.[2]

> 하느님을 사랑하는 사람들 곧 하느님의 계획에 따라 부르심을 받은 사람들에게는 모든 일이 서로 작용해서 좋은 결과를 이룬다는 것을 우리는 압니다. (로마 8:28)

그리스도께서 부활하시고 승천하셨으며, 이 일이 그리스도인인 우리에게도 일어날 것을 우리는 확신한다. 그렇기에 우리는 우리에게 일어나는 "모든 일이 서로 작용해서 좋은 결과를 이룬다는 것" 또한 믿는다. (행운이 따르면 좋은 결말을 맺게 된다는 말이 아니다.) 이 일은 운에 달려 있지 않다. 히브리인들에게 보낸 편지의 저자는 그리스도인들을 일컬어 희망을 품은 자들이라고 한다. 그 희망은

---

[2] Julian of Norwich, *Revelations of Divine Love*.

"닻과 같아서 우리의 영혼을 안전하고 든든하게 보호해"(히브 6:19) 준다. 신학자들은 이를 '실현된 종말론'realized eschatology이라고 부른다. 이처럼 우리는 존 로빈슨John Robinson 주교의 표현을 빌리면 '중간에 있는 끝', 이미 종점에 다다랐다는 마음으로 삶이라는 여정을 이어간다.

우리는 더는 과거에 정박했던 항구에 머물러 있는 배가 아니다. 구원의 닻이 내려졌고, 우리가 받은 구원은 과거에 우리를 묶어 두지 않는다. 그리스도께서는 우리를 위해, 우리가 "있을 곳을 마련하기" 위해 가셨다(요한 14:2). 우리가 그분에게 묶여 있는 한 우리는 안전하다. 우리의 닻은 이미 우리가 가야 할 목적지 항구에 내려졌다. 지금 이 순간 우리가 망망대해에 있다 할지라도 말이다.

중간에 있는 끝

하느님 안에서 온전히 안식하기까지 우리 마음은 늘 쉬지 못하고 헤맨다. 그것이 우리의 본성이다. 신앙 여정을 시작하던 그때로부터 아우구스티누스는 이렇게 이야기했다. 그리고 신앙의 순례를 한참 더 한 후에, 주교가 된 그는 확신을 담아 말했다.

우리는 아직 바다 위에서 떠돌고 있는 신세이지만, 희망의 닻은 벌써 육지에 내려두고 있습니다.[3]

---

[3] *In epistulam Iohannis ad Parthos tractatus.* 『요한 서간 강해』(분도출판사)

아우구스티누스는 확고하며 흔들리지 않는 희망에 기대어 살았다. 그는 우리가 믿는 것을 보게 되는 때, 기쁨이 갈망을 덮을 날을, 일시적인 것들은 모두 사라지고 영원한 그분이 모든 것을 채우는 날을 바랐다. 이에 대한 희망만이 삶에 의미를 줌을, 살아갈 이유가 되어줌을 그는 알고 있었다.

중년이 된 아우구스티누스는 '천국을 향한 향수병'homesick for heaven을 앓았다. 이 병은 젊은 날 앓았던, 안식하지 못하는 병보다 더 강력했으며 훨씬 병세가 깊었다. 그는 이 모든 이야기의 결론이 무엇인지 알았기 때문이다. 때로 이 발견은 "결국, 하느님"이라는 말로 요약된다. 1장에서 우리는 우리가 어디에서 왔는지를 살피는 고고학이 지닌 상대적인 중요성이 무엇인지를 살펴보았으며, 우리가 어디로 향하는지를 탐구하는 목적론에 대해서도 살펴보았다. 그러나 우리의 궁극적인 목적지가 어디인지를 알고, 그곳에 가기를 열망하는 일은 이보다 훨씬 더 중요하다. 우리가 참된 종착지에 다다르게 될 때(우리가 창조된 이유를 깨닫게 될 때) 우리는 온전해질 것이다(여기서 '온전함'perfect은 그리스어 텔레이오스teleios를 번역한 말이다). 이때 온전함은 완벽주의자가 말하는 '완벽함'이 아니라 우리가 하느님께서 우리를 창조하시면서 본래 뜻하신 바대로 된다는 뜻이다.

하늘에 계신 아버지께서 완전하신 것 같이 너희도 완전한 사람이 되어라. (마태 5:48)

예수께서 하신 이 명령은 완벽주의와는 아무런 관련이 없다. 이 명령을 좀 더 풀어본다면 이 정도가 될 것이다.

> 결국, 너희는 진정한 너희 자신이 될 것이다. 본래 창조된 너희의 고유한 모습을 회복할 것이다. 하느님께서 고유하게, 진정으로 그분 자신으로 존재하시듯 말이다.

물론 우리에게는 긴 여정이 남아 있으며 그곳에 이르기까지 우리의 참된 정체성은 신비로 남아 있을 것이다. 거룩함과 온전함은 애초에 하느님께서 은총을 베푸셔서 그분이 우리 안에서 이루시는 것이기 때문이다. 우리는 스스로 우리의 거룩함을 빚어낼 수 없으며 그래서도 안 된다.

> 이제 우리는 하느님의 자녀입니다. 우리가 장차 어떻게 될지는 분명하지 않지만, 그리스도께서 나타나시면 우리도 그리스도와 같은 사람이 되리라는 것을 우리는 알고 있습니다. 그때에는 우리가 그리스도의 참모습을 뵙겠기 때문입니다. (1요한 3:2)

우리는 그리스도와 같아질 것이다 "우리가 그리스도의 참모습을" 볼 것이기 때문이다. 우리의 참된 정체성은 애초에 우리를 만드신 그분만이 아신다. 그분의 정신과 마음으로만 우리가 진정 누구인지를 알 수 있다.

이 때문에 우리는 '거룩함'holiness을 '전인성'wholeness 혹은 '(자기)

실현'fulfilment이라는 세속적인 말로 섣불리 대체하는 것을 경계해야 한다. '거룩함'은 우리의 천성과 은총이 신비로운 방식으로 아름답게 어우러짐을 뜻한다. 이는 일종의 기적이며 우리가 독자적으로, 도덕적으로 완전해지기 위해 노력한다 해서 이룰 수 있는 것이 아니다. 우리를 자라게 하는 분, 우리가 이르러야 할 모습에 이르게 해 주시는 분은 하느님이시다. 토마스 아퀴나스의 표현을 빌리면 은총은 우리의 천성보다 앞서고 더 중요하지만 그렇다고 해서 우리의 천성을 말살시키지 않는다. 이때 경이로운 점은 우리가 보기에는 형편없는 부분, 약점이라고 간주했던 부분을 하느님께서 강점으로 빚어내신다는 점이다. 이 일을 가능케 하는 것은 은총, 오직 은총이다.

성 카밀루스 데 렐리스Camillus de Lellis(1550~1614)는 한 사람의 약점처럼 보이는 부분을 하느님께서 강점으로 빚어내심을 보여주는 좋은 예다. 늦둥이로 태어난 그는 2m에 이르는 장신으로 자랐다. 열일곱이 되던 해 그는 터키인과 싸우기 위해 아버지와 길을 떠났으나 곧 다리에 불치병을 얻었고 이 병은 일평생 그를 괴롭혔다. 여러모로 난폭하고 까다로운 환자였던 그는 로마에서 치료가 불가능하다는 이유로 병원에서 쫓겨났다. 24살에는 도박에 중독되어 가진 돈을 모두 탕진했고 가진 것을 모두 잃은 채 나폴리 길거리에 나앉았다. 1574년 그는 만프레도니아에 있는 카푸친 수도원에서 인부로 일하게 되었는데 이듬해 극적인 회심을 경험하게 된다. 1575년 성촉절 주간에 카푸친 수도원장은 카밀루스의 영적 상태에 관하여 이야기를 해주었고 사제가 해준 이야기를 반추하며 말을 타고 길을 가던 중 그는 갑자기 사제의 이야기에 사로잡혔고 말에서 내려 참회의 눈물을 흘린다.

회심 후 카밀루스는 카푸친 수도원의 수련생으로 들어갔으나 다리 질병 때문에 수도사가 될 수 없었다. 그래서 그는 로마에 있는 성 야고보 병원에 돌아간다(예전에 그를 쫓아냈던 바로 그 병원이었다). 과거와는 달리 그는 다른 병든 이들을 돌보기 시작했고 이내 병원 관리자가 되었다. 이후 그는 로마에 있는 성령 교회에서 함께 일하는 동료들과 함께 카밀루스 수도회(가밀로 수도회)를 창설했다. 공동체는 점점 커져갔고 늘어나는 사람들을 수용하면서 그는 전염병에 걸린 이들을 간호한 이들, 수감자들, 죽어가고 있는 이들이 각기 다른 방을 쓸 수 있게 해주었다. 세기 말, 그와 함께하던 몇몇 동지들은 전쟁 중이던 헝가리와 크로아티아 지역에 다친 병사들을 돌보기 위해 갔다. 세계 최초의 구급 봉사단이었다. 카밀루스는 다리의 병으로 끊임없는 고통을 느꼈으나 그 와중에도 형제들이 기거할 수 있는 15채의 집을 짓고 로마와 나폴리, 몇몇 지역에 8개 병원을 설립했다. 그는 환자가 있는 공간은 환기를 잘해야 하며 적절한 식사가 필요하고 감염병에 걸린 환자의 경우 격리를 해서 돌보아야 한다고 말했다. 실로 선구적인 제안이었다. 수 세기가 지난 후 로마 가톨릭에서는 그를 병든 이와 간호하는 이들의 수호성인으로 시성했다. 카밀루스의 약점은 그를 더 강하게 만들어주었다.

거룩해진다는 것은 영적으로나 도덕적으로 성형 수술을 받는 것이 아니다. 하느님께서 우리의 마음과 삶을 거룩하게 빚으실 때 우리는 이를 거의 자각하지 못한다. 역설적이지만 거룩함은 우리가 이를 의식하지도 않고 우리 자신을 바라보지도 않을 때 가장 잘 드러난다. 예배, 찬미와 기도를 통해 하느님을 바라보며 나아갈 때 우리의 신앙은 자양분을 얻고 끊임없이 새로워진다.

우리를 창조하신 분을 알 때 우리는 피조물인 우리 본연의 모습을 알게 된다. 우리는 고립이 아닌 관계 안에서만, 관계를 통해서만 우리 자신이 될 수 있다. 이는 하느님을 통해 다른 이와, 또 하느님과 인격적인 만남을 가져야 한다는 뜻이다. 우리 본연의 모습은 거울을 들여다 본다고 해서 알 수 있는 것이 아니다. 그렇게 해서 얻게 된 지식은 자아도취에 불과하다. 참된 정체성, 우리 본연의 모습은 자기성찰을 한다고 발견할 수 있는 것도 아니다. 바울로는 고린토인들에게 보낸 편지에서 어떻게 우리가 참된 정체성을 알게 되는지를 유창한 한 편의 시처럼 표현했다. 그는 은총으로, 오직 은총으로 마침내 이 모든 이야기의 결론이 무엇인지를 알게 되었다.

내가 … 온갖 신비를 환히 꿰뚫어 보고 모든 지식을 가졌다 하더라도 … 사랑이 없으면 나는 아무것도 아닙니다. … 사랑은 가실 줄을 모릅니다. … 지식도 사라질 것입니다. 우리가 아는 것도 불완전하고, … 완전한 것이 오면 불완전한 것은 사라집니다. … 우리가 지금은 거울에 비추어보듯이 희미하게 보지만 그때에 가서는 얼굴을 맞대고 볼 것입니다. 지금은 불완전하게 알 뿐이지만 그때에 가서는 하느님께서 나를 아시듯이 나도 완전하게 알게 될 것입니다. (1고린 13:2~12)

이러한 지식은 (요즘 쓰는 구분을 따르면) 정보를 다루는 뇌에서 얻을 수 없다. 물론 과거에는 좌뇌와 우뇌 같은 표현을 쓰지 않았다. 옛사람들은 사랑하고 사랑받음으로써 (기존의 지식을 넘어서는) 대안적인 지식을 얻는다고, 그러한 지식은 '마음'에 새겨진다고 여겼다. 달리 말하면 은총으로 우리에게 다가오는 영감은 정보에 불과했던 지식을 보충하고 온전케 하며 더 나아가 궁극적으로는 이를 넘어선다.

이른바 정보 기술 시대인 오늘날 정보성 지식은 불필요할 정도로 많고 과도하게 늘어나고 있다. 한편 무언가에 경탄할 줄 아는 능력은 심하게 훼손되고, 점점 더 그 가치가 폄하되고 있다. 데카르트Descartes가 남긴 유산은 끔찍할 정도로 왜곡되었으며, 이 유산을 물려받은 우리는 그 왜곡의 희생자들이다. 데카르트의 왜곡된 유산을 받은 인류는 데카르트 이후 인간성의 핵심을 저 유명한 "나는 생각한다. 고로 나는 존재한다"로 요약할 수 있다고 보았다. 그러나 이는 진실과 거리가 멀다. 데카르트가 생존했을 때에도 상당수 계몽주의자는 인간이 유한한 정신이라는 감옥에 갇혀 있으면서도 동시에 이 유한한 정신을 넘어선 무언가가 존재함을 알고 있었다. 오늘날에도 많은 사람이 환각제를 사용해 자기를 넘어선, 더 심오한 지식을 얻고자 한다는 건 그리 놀라운 일이 아니다. 케네스 리치Kenneth Leech는 말했다.

약물 문화(이 현상도 단일하지 않으며 다양한 층위가 있다)도 일정한 시간에 걸쳐 변화했으며 확장되었다. 많은 젊은이에게 약물복용은 자기를 벗어나게 해준다는 점에서 이른바 영적 경험을 선사하는 일종의 제의라 할 수 있다. 이는 전혀 과장이 아니다. 이들이 모여서 춤을 추는 클럽은 이들에게 새로운 종류의 교회다. 이들은 여기에 모여 자신을 벗어나는 경험을 한다(가장 인기있는 암페타민 유도체 이름이 괜히 '엑스터시'ecstasy인게 아니다). 그들은 약물을 통해 순간적으로나마 자신들을 둘러싼 관습을 넘어선다. 약물은 이들에게 '관습에 물든 나를 잊거나 내려놓은 뒤 본연의 야성과 자유, 저 '너머'의 세계를 느낄 수 있게 해주는 길을 제공한다. 이는 과거 종교가 인류에게 주었던 것들이다.[4]

물론 이런 약물은 진퇴양난에 처한 인간에 대한 참되고 궁극적인 해결책이 될 수 없다. 진정한 자기 초월이란 정신을 우회하지 않는다. 오히려 우리는 상상력을 발휘하고, 경이로워해야 할 것에 경이로워하며 경배드려야 할 것에 경배드림으로써 정신을 초월한다(이러한 맥락에서 해리포터Harry Potter 시리즈가 근래 아이들뿐 아니라 아이와 같은 마음을 가진 성인들에게도 인기를 끄는 현상을 무심히 넘겨서는 안 된다. 해리포터는 우리의 지성보다는 상상력을 자극하는 책이다. 좋은 동화가 세대를 넘어 살아남는 이유는 바로 여기에 있다).

안타깝게도 오늘날 많은 이는 경이로워할 줄 아는 능력을 상실하고 있다. 이는 심각한 위기다. 멈추어 서서 무언가를 응시할 줄 아는 능력, 기대감에 설렐 수 있는 능력, 우리를 둘러싸고 있는 신

---

[4]   Kenneth Leech, *The Sky is Red* (Darton, Longman and Todd, 1997), p.114.

비를 민감하게 감지하는 능력 … 진정으로 인간이 된다는 것이 무엇인지를 온전히 이해하기 위해서는 이런 경이로워하는 능력을 되찾아야 한다. 혹은 탈환해야 한다. 이는 분명 오늘날 인류에게 주어진 시급한 과제다. 멈추어야 하는 것 앞에 멈추어 설 수 있는 능력, 경이로워해야 하는 것에 경이로워하는 능력을 대가로 치르고 대신 우리는 엄청난 양의 지식을 얻었으나 그러한 지식을 바탕으로 이루어낸 기술 사회에서 인간의 영혼은 야위어가고 있다. 이러한 모습을 발견하기란 그리 어렵지 않다. 다그 함마르셸드Dag Hammarskjöld는 일기에 썼다.

인격적인 신을 믿지 않기로 한 날, 그 날 죽은 것은 신이 아니라 우리다. 그 순간 영원한 빛을 발하던 우리 삶은 빛나기를 멈추고, 경이로움에 매일 새로워지기를 멈춘다, 모든 이성 너머에 있는 그 모든 것의 원천이 그친다.[5]

갓 태어난 아기의 눈을 보라. (어느 작가의 표현을 빌리면) "새로이 모든 것을 경이로워하는 인간"의 눈이 거기에 있다. 아기가 누구와도 견줄 수 없는 매력을 지닌 것은 바로 이 때문이다. G.K. 체스터튼은 썼다.

우리의 뇌 뒤편(요즘 말로 이 표현을 풀어쓰면 '좌뇌 옆에는' 혹은 '우리의

---

[5] Dag Hammarskjöld, *Markings* (Faber and Faber, 1964), p.64.

마음 가운데에는' 정도가 될 것이다)에는 우리가 잊고 있는 경이로움
의 빛이 자리하고 있다. 예술 혹은 영적인 삶의 목적은 우리 마음
깊숙한 곳까지 파고들어 이 빛이 해처럼 떠오르게 하는 것이다.

웨스트민스터 성당의 관할사제를 지냈던 마이클 메인Michael
Mayne은 체스터튼의 표현을 빌려 '경이가 해처럼 떠오르게'라는 제
목으로 책을 쓰기도 했다. 이 책에서 그는 손주들에게 보내는 24
개의 편지를 통해 점점 희귀한 자질이 되어가는 능력, 경이를 감각
하는 능력을 소중히 여기고 키우기를 권한다. 마찬가지로 존 웨슬
리는 인간성의 세 가지 핵심 요소를 경이, 사랑, 찬미로 보았고 온
마음을 다해 예배하고 경배를 드릴 때 이 세 요소가 한 자리에서
만난다고 했다. 진실로 그러하다. 조지 허버트가 말했듯 "무엇보
다도 마음이 가장 오래 인내해야 한다".

이러한 면에서 헨리 나우웬Henri J. M. Nouwen이 걸어간 신앙 여정
을 살필 필요가 있다. 젊은 시절 그는 학자로 성공적인 경력을 이
어갔으며 명문인 하버드대학교에서 학생들을 가르쳤다. 그러나 어
느 순간 그는 자신이 메말라버렸음을 느꼈고 내면의 갈등 끝에 라
르쉬 공동체로 가, 그 공동체의 일원이 되었다. 그곳에서 그는 자
기 자신을, 참된 자신을 찾았다. 그 공동체에는 심각한 장애를 가
진 아담Adam이라는 청년이 있었는데 나우웬은 시간이 지날수록 그
에게 점점 더 관심을 두게 되었고 수년을 가까이서 지내고 난 뒤
그에 관한 기록을 남겼다.

어쨌든 우리는 수 세기 동안 우리를 인간답게 하는 것은 지성이라고 믿었다. … 아담은 거듭 분명하게, 자신의 방식으로 내게 밝히 보여준다. 우리를 인간답게 하는 것은 지성이 아니라 마음이라고, 모든 피조물 가운데 인간인 우리에게 특별한 정체성을 부여하는 것은 생각하는 능력이 아니라 사랑하는 능력이라고 말이다. … 여기서 '마음'이라는 것이 인간의 생각이 거하는 자리인 지성에 반대되는 개념으로 인간의 감정이 거하는 자리라는 의미가 아님을 말하고 싶다. 그렇지 않다. 내가 말하는 마음이란 하느님이 우리와 함께하시는 곳, 신뢰, 소망, 사랑이라는 그분의 선물이 담긴 우리 존재의 중심을 뜻한다. 지성은 이해하고, 문제를 파악하고, 현실의 다양한 측면을 식별하고, 삶의 신비를 규명하려 한다. 반면 마음은 우리를 관계 속으로 들어가게 해서, 우리가 서로의 형제자매일 뿐 아니라 우리 부모와 하느님의 자녀임을 체험하게 만든다. 우리의 지성이 그 잠재력을 행사하기 훨씬 전에, 우리의 마음은 이미 신뢰하는 인간관계를 빚어낸다. 어떠한 면에서 이러한 신뢰하는 인간관계는 우리의 탄생보다 훨씬 먼저 존재한다. 나는 이를 확신한다.[6]

4세기에는 전인적인 신학 교육을 추구하는 학교가 있었다. 카파도키아 교부들은 하느님과 이웃을 사랑하고 그들에게 사랑을 받는 방식으로, 기도와 예배를 드림으로써 하느님을 알아가고자 했

[6] Henri J.M. Nouwen, *Finding My Way Home* (Darton, Longman and Todd, 2001), p.67. 『영성에의 길』(IVP)

다. 그들은 머리로만, 정신으로만 하느님을 알려 하는 것이 얼마나 위험한지를 알고 있었다. 머리로만 하느님을 알려 하면 우리는 하느님을 우리가 만든 특정 상像으로 제한하고 신학 저작이나 성서를 그 상을 정당화하는 데 쓰게 된다. 하느님을 머리로만, 정신으로만 알려 할 때 우리는 이러한 유혹에 곧잘 빠진다. 이러한 지식은 우리를 매혹하지만 그 끝은 신성모독이다. 인간의 유한한 정신에 무한하신 그분을 완전히 집어넣을 수는 없는 일이다. 우리가 만든 하느님 상像을 하느님으로 숭배하지 않는 한 이는 불가능하다. 이러한 문제의식 아래 동방 교회는 서방 교회의 교의학을 이른바 부정신학apophatic theology으로 보완하고 보충했다. 부정신학에 따르면 우리는 하느님이 무엇인지는 결코 말할 수 없으며 다만 무엇이 아닌지를 말할 수 있을 뿐이다. 하느님은 우리의 상상을 완전히 넘어선 분이기 때문이다. 이와 유사하게 말년의 아우구스티누스는 평생 해온 자신의 신학적 탐구를 다음과 같은 말로 요약했다.

우리는 하느님이 무엇이 아닌지만을 알 수 있을 뿐이다.
필멸하는 우리는 하느님이 무엇인지 알 수 없다.

이 지점에서 서방 교회에 속한 로마 가톨릭과 개신교 전통은 신학적으로 완전히 길을 잃었다고 할 수 있다. 종교개혁 이후 두 전통은 모두 지성이라는 안정된 세계, 강의실, 도서관, 책에서 나온 교의학적 신학에 무게를 두었다. 이를 예배와 기도를 통해 보완하지 않으면, 경이로움에 대한 감각과 관조의 태도를 망각하면, 언제든 방향을 잃게 되기 마련이다. 그러나 서방 교회에는 여전히 이러한 태도를 경시하고 미심쩍어하는 풍조가 남아 있다. 그러한 풍조에 물들면 이 세계와 이 세계가 필요로 하는 것(우리가 사회적 양심이라 부른 것)을 그리스도를 따르는 삶과 정반대 편에 있는 것으로 보게 되기 마련이다. 실제로 서구권에 속한 많은 그리스도교인은 관상적 삶과 가난하고 궁핍한 이들에게 관심을 갖고 그들이 필요로 하는 것에 귀 기울이는 삶을 분리해서 생각했다. 그렇게 그들은 기도하고 예배드리는 삶과 시대의 요구에 맞추어 적극적으로 행동하며 섬기는 삶을 구분하고 양자를 멀리 떨어뜨려 놓았다. 그러나 실제 역사가 보여주는 진실은 이러한 피상적인 논리와는 정 반대다. 우리는 역사가 보여주는 진실을 붙들어야 하며, 역사 안에서 숱하게 그러한 예를 찾아볼 수 있다. 위대한 영성가들, 십자가의 성 요한St John of the Cross, 마더 테레사Mother Teresa, 토머스 머튼Thomas Merton, 그리고 헨리 나우웬은 모두 관상에서 행동으로, 마음에서 의지에 이르는 길을 찾아냈다(이들은 이를 이룬 무수히 많은 그리스도인 중 일부에 불과하다). 이들은 예배와 경이로워해야 할 것에 경이로워하는 마음이 이 세상을 위해, 이 세상을 향해 나아가야 한다는 소명으로 이어지며 고통받는 이들에게 다가가는 활동으로 우리의 마음을 열게 해줌을 몸소 보여주었다. 같은 맥락에서 윌리엄 템플은 말했다.

예배는 혼돈스러운 세상, 정치가 붕괴한 현실에서 우리를 구원할

단 한 가지 활동이다.[7]

나는 예배한다. 고로 나는 존재한다.

다시 한번 아우구스티누스가 신앙의 여정을 걸으면서 붙들고 씨름했던 질문, 모든 질문 중 가장 근본적인 질문을 떠올려보자. '나는 왜 창조되었는가?' 웨스트민스터 요리문답은 "사람의 첫째 되고 가장 높은 목적은 무엇인가?"라는 질문에 "영원토록 하느님을 온전히 즐거워"하기 위해서라고 답한다. 이 말이 참이라면 우리는 이를 매우 심각하게 받아들여야 한다. 이 말은 하느님을 예배하는 것이 그저 그리스도인들의 소명이 아니라 온 인류의 기본 조건임을 뜻하기 때문이다. 인류가 창조된 이유가 영원토록 하느님을 온전히 즐거워하는 데 있다면, 진실하고 참된 예배를 추구하고 경험하고 알게 될 때까지 우리는 우리 본연의 모습을 찾지 못한 채로 방황할 수밖에 없다. 인간에게 성적 본능보다 더욱 근본적인 본능은 예배하려는 본능이다. 그럼에도 현대 사회는 예배를 드리려는 본능적인 욕구는 일상적인 대화에서 거의 언급되지 않으며 현대 교육 과정에서는 이를 취급하지도 않는다.

피터 셰퍼Peter Shaffer의 희극 《에쿠스》Equus에서 정신과 의사는 인상적인 말을 남긴다.

무언가를 예배하지 않으면 당신은 더욱 작아져 짐승처럼 되고 말

---

7 William Temple, *The Hope of a New World* (SCM Press, 1953), p.14.

것입니다.

우리에게 있는 모든 본능이 그러하듯 무언가를 예배하려는 본
능을 경시하거나, 억압하거나 본능이 좌절된다고 해서 그 본능이
사라지지는 않는다. 이 본능을 무시하거나 엉뚱한 대상을 예배하
면 부패하게 되고, 더 나아가서는 파괴된다. 인간에게는 무언가를
향해 예배하려는 본능이 있고, 우리는 어떤 식으로든(좋은 방식으로
든 나쁜 방식으로든) 이를 표출해야 한다. '엑스터시'를 먹고 탈자적
인 경험을 하거나 경배할 만한 가치가 없는 무언가 혹은 누군가를
경배해서라도 우리는 이 본능을 해소한다.

우리는 언제 어디서든 무언가를 예배하며 그 예배는 (누구를 예
배하느냐에 따라) 우리를 최선으로 이끌 수도, 최악으로 이끌 수도
있다. 우리가 예배하는 그것이 우리를 장악한다. 우리는 그것과 우
리 자신을 동일시하고 그것과 사랑에 빠져, 그 없이는 아무것도 할
수 없게 된다. 우리는 이를 통제할 수 없다. 우리는 그를 향해 우리
의 자유를 내어주고 그에게 항복한다. 그렇기에 예배하는 대상이
잘못되면, 우리는 자유를 잃고 우리의 갈망은 채워지지 않은 채 그
대상에게 속박되고 만다. 알코올 중독, 약물 중독, 성 중독은 그 대
표적인 예다. 거짓 신들은 우리를 고립되게 만들고 우리를 파괴로
내몬다. 한 분, 참되시며 살아계신 하느님은 우리를 (우리가 견딜 수
있는 한에서) 자유로 이끄신다.

진실을 말하면 우리는 자유롭게 되기 위해 태어난 게 아니다.
우리는 소유되기 위해 태어났다. 오늘날 온갖 병적 증세의 핵심

에 잘못된 예배(혹은 우상숭배)가 자리하고 있는 것도 바로 이 때문이다. 물질을 중시하는 세계, 자기중심적인 세계는 심각한 위험이있다. 바로 우리가 우리의 소유물에 소유될 위험, 나 자신의 모습그 이상을 보지 못하는 자아도취에 갇힐 위험이다. 우리가 자유롭게 되기 위해 태어났다는 말은 비현실적이며 환상에 가깝다. 역설적이지만 참된 자유는 정확히 적절한 대상에 소유되고자 하는 욕망에 자리한다. 하느님을 예배함으로 그분이 완전히 우리를 소유할 때에만, 그분 안에서 우리는 참된 자유를 발견할 수 있다. 아우구스티누스는 하느님을 섬기는 것이 곧 완전한 자유라고 올바르게주장했고 삶으로 이를 증명했다. 바울로 또한 로마인들에게 보낸편지에서 역설했다.

(사람들은) 하느님의 진리를 거짓과 바꾸고 창조주 대신에 피조물을 예배하고 섬겼습니다. 그러나 영원히 찬양을 받으실 분은 창조주이십니다. (로마 1:25)

그러므로 죄와 반대되는 것은 선이 아니라 참된 하느님을 예배하는 것이다. 죄란 본질적으로 잘못된 대상을 예배하는 것이며 선이란 경배드리기에 합당한 한 분 하느님을 예배하는 것, 모든 것보다그분을 예배하는 것이다.

예배는 그 자체로 바르거나 선하지 않다. 우리가 처음에 본능을 다루는 법을 배워야 했듯, 우리는 예배하는 법을 익혀야 한다.아이가 천성으로 하던 일을 어른이 되었을 때도 하기 위해서는 이를 다시 익혀야 한다. 예배하려는 본능이 타락하지 않으려면 방향을 조정해야 한다. 역사상 존재했던 모든 독재자는 예배의 힘을 알고 있었다. 그들은 인간은 모두 무언가 예배할 대상을 찾고 있으며 그 무언가를 경배하는 마음을 표출하려는 경향이 있음을, 이 갈망은 통제할 수 없음을 알고 있었다. 이러한 본능이 잘못된 곳을 향할 때 인류는 심각하게 타락하고 침몰한다. 20세기는 인간의 종교성이 잘못된 곳을 향했을 때 일어난 끔찍한 사건들로 가득하다. 나치가 저지른 범죄부터 1979년 가이아나 존스타운에서 일어났던 인민사원Peoples Temple의 집단 자살 사건*, 1993년 텍사스 웨이코 참사**, 1995년 도쿄 지하철 사린 사건 등 이 모든 일이 종교의 이름으로 자행되었다.*** 우리는 무언가에 강박적으로 사로잡히고자 하는 본능이 있으며 타락한 지도자가 이러한 본능이 자신을 향하게 만들 때(혹은 우리가 우리의 본능을 타락한 지도자에게로 표출할 때) 이러한 일이 일어난다. 이에 관해 콜린 던롭Colin Dunlop은 말했다.

누군가는 하느님을 예배하고자 하는 힘을 다른 방향으로 돌려 자

---

* 짐 존스Jim Jones를 교주로 하는 종교단체 인민사원의 신도들이 가이아나에서 집단 자살을 한 사건. 어린이 276명을 포함해 총 914명이 사망했다. 사이비 종교의 반사회성을 보여주는 대표사례로 꼽힌다.

** 1993년 4월 19일 미국 텍사스 웨이코에서 미국 연방정부가 종교집단 다윗의 별을 진압한 사건. 총 76명이 사망했다.

*** 도쿄 지하철 사린 사건은 일본의 종교 단체인 옴진리교가 1995년 3월 20일 도쿄의 지하철 차내에 화학무기로 쓰이는 신경 가스 사린을 살포한 사건으로 승객과 역무원 등 12명이 사망하고 5510명이 중경상을 입었다. 대도시에서 일반 시민을 상대로 화학병기가 사용된 역사상 최초의 테러 사건으로 꼽힌다.

기 자신을 혹은 국가를 예배하려 할지도 모른다. 참되신 하느님을 모르거나, 하느님을 알지만 그분께 관심이 없는 사람이라도, 여전히 사람에게는 무언가를 예배하고자 하는 마음이 있기 때문이다. 바른 목적지를 향하지 못한 예배라 해도 예배는 분명 예배다. 하느님보다 못한 무엇, 혹은 하느님에게 대적하는 무언가를 예배할 때 그 예배는 분명 예배이기에 우리를 해친다. 그러니 우리는 참된 하느님을 예배하고, 경배드려야 마땅한 분에게 경배하는 법을 반드시 익혀야 한다. 예배란 우리 몸과 마음을 바쳐 정신, 감정, 의지를 모두 발휘해 예배드리는 존재를 온전히 아는 것이다. 불완전하고 부패하기 쉬운 무언가에 헌신하게 되면 영혼에는 거짓이 깃든다. 그러나 예배를 받기 합당한 분인 전능하신 하느님께 경배를 드리면, 그분은 우리를 우리가 있어야 할 곳으로 인도하며 우리가 해야 할 일을 제시하신다.[8]

과거에 종교와 교육은 밀접한 연관을 맺고 있었다. 유서 깊은 대학교들은 본래 종교 활동을 하는 곳이자 배움의 장소였으며 지성과 감정과 의지가 한 방향을 가리킬 수 있는 환경이 조성되어 있었다. 실제 옥스퍼드나 케임브리지 대학교는 베네딕도 수도원과 유사하게 건물이 배치되어 있다. 설계를 살피면 그 안에서 생활하는 이들이 온전한 인간, 참된 인간이 되도록 목표를 세웠음을 분명하게 알 수 있다. 설계상 학과 건물에서는 개별지도를 받으며 대강

---

8   Conlin Dunlop, *Anglican Public Worship* (SCM Press, 1953), p.14.

당, 정원, 강변에서는 함께 생활하고 예배당에서는 모두가 예배에 참여한다.

> 이러한 공간과 환경을 조성함으로써 학교는 지식과 통찰력(지성, 감성, 영혼)을 모두 함께 성장시키려 했다. 매일 드리는 예배를 통해서 학생들의 믿음과 행동을 양육했고 모든 것이 '공동체' 의식을 조성할 수 있도록 계획되었다. … 학생들은 건강한 초월적 경험을 끌어내도록 조성된 공간, 건물에서 생활했고 덕분에 지성과 감성이 함께 자랄 수 있었다. 진리를 향한 헌신과 선을 향한 헌신은 모두 예배로 연결되어야 한다는 것을, 학문은 중요하면서도 동시에 이를 넘어선 무언가가 있음을 그들은 예배로 충만한 공간과 환경 자체를 통해 배울 수 있었다.[9]

그러므로 서품을 받은 모든 사목자, 사제, 목사들의 가장 중요한 과제는 사람들이 자신의 종교적 필요, 예배를 드리려는 본능을 훈련하도록 돕는 것이다. 이러한 사목활동은 기술인 동시에 은사이며, 재능인 동시에 선물이다. 기술을 익히기 위해 훈련을 해야 하듯, 선물을 받는 것 역시 훈련과 연습이 필요하다. 음악적인 재능이 그러하듯 말이다. 우리는 선물을 받는 법을 배워야 하며 사목자를 기르는 교육과정에는 그러한 내용이 포함되어 있어야 한다. 어떻게 예배를 통해 평범한 이들이 더 크고 초월적인 세계로, 풍성

---

9 Michael Marshall, *Free to Worship* (Marshall Pickering, 1996), p.12.

한 삶으로 나아가는 문을 열 수 있는지, 교회에서 드리는 성사와 하느님의 말씀으로 어떻게 그들을 돌보고 양육할 수 있을지에 대한 지침들, 그리스도인을 형성하기 위한 내용도 교육과정에 포함되어야 한다. 이는 오늘날 그리스도교 교회에서 가장 먼저 해결해야 할 문제다. 각자가 자신들이 대안이라 말하는 거짓 종교들 사이에서, 사람들은 길을 잃고, 가게에서 여러 물건을 고르듯 여러 종교 서비스를 합쳐 자신만의 대안을 만들어 내려 한다. 이런 모습은 아우구스티누스가 활동했을 당시에도 있었다. 그때처럼 지금도 많은 사람이 경이로움이 해처럼 돋아 참되고 따스한 햇살을 비추기를 갈망하고 있다. 달은 해의 대안이 될 수 없다. W. H. 오든W.H. Auden은 이와 관련해 예언자적인 시를 남겼다.

사막 같은 마음에
치유의 샘이 솟아나게 하라.
감옥에 있는 이들에게
자유자가 어떻게 찬미하는지를 가르치라.[10]

예배와 삶

초월은 변화를 빚어낸다. 우리는 우리가 예배하는 분을 닮게 된다. 이와 관련해 루가가 남긴 감동적인 구절이 있다.

---

[10] Michael Marshall, *Free to Worship*, p.6.

예수께서 기도하시는 동안에 그 모습이 변하고 옷이 눈부시게 빛
났다. (루가 9:29)

인간 영웅을 숭배할 때조차, 숭배자는 그의 행동 양식이나 모습
을 닮는다. 영웅이 지니고 있는 무언가가 숭배자에게 전염되는 것
이다. 참된 예배를 드리면 우리는 변화한다. 사목자들은 교회를 찾
아온 이들에게 먼저 확실히 알려주어야 할지도 모르겠다. 예배에
참여할 때는 기꺼이 변화를 감수해야 하며, 이에 관해 마음의 준비
가 되어 있어야 한다는 사실을 말이다. 그 변화란 "영광스러운 상
태에서 더욱 영광스러운 상태로" 나아감을 뜻한다(2고린 3:18). 언젠
가 이레네우스Irenaeus는 말했다.

살아있는 인간은 하느님의 영광이고, 인간의 삶은 하느님을 바라
보는 것이다.

요한은 자신이 쓴 편지에서 이를 분명하게 보증했다.

그리스도께서 나타나시면 우리도 그리스도와 같은 사람이 되리
라는 것을 우리는 알고 있습니다. (1요한 3:2)

이는 의식적으로 "그리스도와 같은 사람"이 되려 애쓴다고 해서
이룰 수 있는 것이 아니다. 거룩한 삶은 그런 식으로 이루어지지
않는다. 거룩한 삶은 그리스도의 삶을 복제하는 것이 아니라 그리

스도의 삶을 관상하며 행동하는 것이며 이를 의식하지 못하게 될 정도로 우리 몸에 스며들게 하는 것이다. 그때, "경이와 찬미, 사랑에 잠길 때" 우리는 참으로 그리스도를 닮은 삶을 살 수 있다. 자신을 버리지 않으면 참된 자신을 결코 만날 수 없다.

이 대목에서 '토론토 축복'Toronto blessing으로 대표되는 은사주의 흐름에 대해 잠시 언급하겠다. 역사에서 은사주의 운동들은 감정이 메마른 교회에 새로운 활력을 불어넣었다. 머리에서 가슴으로 가슴에서 삶으로 나아가는 긴 여정 중에, 우리에게는 우리 자신을 내려놓아야 하는 순간이 찾아온다. 그러나 부모, 친구, 사회, 혹은 잘못된 종교는 우리를 옥죄어 우리 자신을 내려놓아야 할 순간에 내려놓지 못하게 한다. 그것이 하느님이 우리를 뽑으셔서 사랑인 당신의 품 안에서 그분과 나누는 친밀한 교제를 통해 우리를 변화시키시는 일을 방해한다. G.K.체스터튼은 말했다.

광기로 가득 찬 인간은 이성을 잃어버린 사람이 아니라
이성만 남겨두고 모든 것을 잃어버린 사람이다.

계몽주의 이후 시대의 광기는 사고, 정보, 사실, 숫자라는 감옥에서 해방되어 영감과 상상력의 세계로 들어가려는 몸부림일지도 모른다.

그리스도교가 사유하지 않는 종교적 흐름을 부추기는 종교라는 말이 아니다. 그보다는 인생이라는 차를 운전할 때 나보다 더 능숙하게 운전하는 존재가 있다는 것이 확실하다면 운전자석을 내어주고 운전에 대한 통제권을 내려놓을 만큼 현명해야 한다는 뜻이다. 물론 이를 이루기 위해서는 위험을, 영원한 위험을 감내해야 한다. 그러나 우리가 예배를 드릴 때 성령은 우리 안에 부드러운 바람을 일으키셔서 당신이 뜻하고자 하는 방향으로 우리를 인도하신다. 우리의 완고함을 풀어내 당신의 부드러운 사랑의 법 아래 무릎 꿇게 하신다. 부드러운 바람은 우리의 여정에 함께 해 제자로 살아가고 제자로 성장하는 길을 이어가게 하며 우리를 앞으로 나가지 못하게 만드는 장애물을 돌파하도록, 진정으로 자기를 초월하여 해방되도록 우리를 이끈다. 이 길 위에서는 자신을 넘어서는 의식이 자의식을 넘어선다.

언젠가 헨리 나우웬은 서커스에서 공중그네 곡예사에 대한 글을 쓴 적이 있다. 동네 근처에서 서커스가 열리자 헨리는 그들을 찾아가 가까이서 그들을 지켜보고 이야기를 나눈다. 공중그네 곡예사들은 헨리에게 공중그네 기술에 관한 이야기를 해주었다. 공중 곡예사는 크게 '던져지는 사람'과 '붙잡는 사람'으로 나뉘며, 이들 사이에 있는 기본적인 규칙이 있다는 것이다. '던져지는 사람'이 '붙잡는 사람'을 붙들면 안 된다. 던져지는 이는 완전히 자신을 내려놓고, 붙잡는 이를 신뢰하고 던져져야 한다. 그를 붙잡는 것은 붙잡는 이의 몫이지 자신의 몫이 아니다. 던져지는 이가 붙잡는 이를 붙들려다가는 손을 놓치고 떨어지거나 붙잡는 이의 팔을 부러뜨리게 된다.

그리스도를 따르는 참된 길, 참된 제자도의 모습은 이와 유사하다. 이 모든 것의 핵심은 '자기 자신을 내려놓는 것, 버리는 것'에 있다. 모든 신앙과 사랑의 중심부에는 '자기 자신을 버리는 것'이 있다. 물론 신앙 혹은 신뢰에는(그리스도교의 제자도에는 이 말이 좀 더 적절한 경우가 많다) 필연적으로 위험이 따른다. 이와 관련해 성서는 역설적인 두 명령을 내린다. 한편에서 성서는 성령에 저항해서는 안 된다고 말한다. 그러나 동시에 다른 한편에서는 영이 하느님에게서 온 것인지를 식별해야 한다고 말한다. 악마도 영적인 힘을 갖고 있기 때문이다. 우리가 드리는 예배가 진정으로 거룩한 예배인지를 식별하는 방법은 그 예배가 우리 존재의 모든 면을 통합하며 선한 방향으로 나아가게 하는지를 살피는 것이다. 윌리엄 템플은 말했다.

예배 때 그분의 거룩하심으로 우리 양심은 살아 움직이며, 그분의 진리로 우리 정신은 배부르게 되며 그분의 아름다우심으로 우리 상상력은 맑아진다. 예배는 우리가 하느님의 사랑을 향해 마음을 열도록, 그분이 뜻하시는 바를 우리의 뜻으로 삼아 그 일에 헌신하도록 해준다. 이 모든 것이 한데 모여 우리 안에 있는 이기심은 깨끗이 씻겨 나간다. 모든 감정 중에 가장 사심 없는 감정이 예배하고자 하는 마음이다.[11]

매주 일요일 아침, 모든 교회가 예배를 드리는 이유는 바로 이 때문이다. 그리스도를 따르는 이들은 예배를 드리기 위해 함께 모

---

[11] William Temple, *The Hope of a New World*, p.30.

여 세상에서 가장 긴 여정을 걷는 데 필요한 연료를 공급받는다.

예배와 봉사

예배가 끝나면 어떤 일이 일어나는가(교회에서 드리는 예식이 끝났을 때를 뜻한다. 어떤 의미에서 우리의 삶 전체가 예배라고 할 수 있으니 말이다). 여기서도 윌리엄 템플이 남긴 인상적인 말이 있다.

> 예배는 모든 삶을 포함한다. 교회에서 드렸든, 다른 어디에서 드렸든 간에 몸과 마음을 바쳐 예배한 순간은 예배드린 이의 모든 삶을 지탱하며 그 삶을 어딘가로 인도한다.[12]

상투적인 표현이기는 하나 "예배가 끝나는 곳에서 삶이 시작된다"는 말은 진실이다. 예배를 드리고 나면 우리는 다시금 시작점에 선다. 이 말은 우리에게 두 가지 도전 거리를 남긴다. 첫 번째, 하느님은 교회에 갇히는 분이 아니다. 그분은 예배당, 특정한 장소에 갇히지 않으신다. 두 번째, 하느님께서는 예상치 못한 순간, 그분을 가장 보기 힘들 것으로 판단되는 순간에 우리를 찾아오시며 그 일이 일어나는 곳에서는 이에 대한 응답으로 사랑의 섬김이 이루어진다는 것이다. 그분은 성소에 임하실 수도 있고 시내 한 중심가에 임하실 수도 있다. 그러나 어느 곳에서든지 우리가 해야 할 응답은 같다.

---

[12] William Temple, *Citizen and Churchman* (Eyre and Spottiswood, 1944), p.101.

나의 하느님, 나의 왕이시여
나를 가르치소서.
모든 것 속에서 당신을 보도록
내가 하는 모든 일이
당신을 위한 일이게 하소서.

조지 허버트가 쓴 이 유명한 성가는 온전한 의미에서 온몸과 마음
을 바쳐 드리는 예배의 비전을 담아냈다. 조지 허버트뿐 아니라 그
리스도를 따르는 모든 이는 이처럼 기도해야 한다. 먼 옛날 인류는
특정 시간, 특정 장소에서만 하느님을 만났으나 이제 우리는 온 우
주를 감싸고 있는 그분의 사랑, 그분의 임재를 언제 어디서든 발견
할 수 있다. 이사야가 남긴 성소에 관한 환상 기록처럼 말이다. 기
록에 따르면 성소에서 하느님을 모시는 천사들은 노래한다.

거룩하시다, 거룩하시다, 거룩하시다.
만군의 야훼, 그의 영광이 온 땅에 가득하시다. (이사 6:3)

그리스도의 제자는 성사적인 예배, 성찬례를 통해 자신의 관점
을 철저하게 조정하고 이 공적 예배를 드리고 난 뒤에 예배 때 체
험한 영광을 세상에서 발견하고, 회복하며 드러내는 이들이다. 참
된 예배는 선교로 이어져야 한다. 더욱 너른 섬김으로 이어지지 않
는 예배는 그리스도교에서 말하는 예배라 할 수 없다. 예수께서는
배고프고 목마르고 외롭고 궁핍하고 병들고 갇혀 있는 이들을 마

음에 두시고 말씀하셨다.

> 분명히 말한다. 너희가 여기 있는 형제 중에 가장 보잘것없는 사
> 람 하나에게 해준 것이 바로 나에게 해준 것이다. (마태 25:40)

마태오의 복음서 결론부는 예배가 선교로 이어져야 한다는 것
의 중요성을 다시 한번 우리에게 상기시킨다. 제자들이 산 정상에
서 예수께 예배를 드리자 예수께서는 그들에게 위대한 선교 명령
을 내린다.

> 너희는 가서 이 세상 모든 사람들을 내 제자로 삼아 아버지와 아
> 들과 성령의 이름으로 그들에게 세례를 베풀고 내가 너희에게 명
> 한 모든 것을 지키도록 가르쳐라. 내가 세상 끝날까지 항상 너희
> 와 함께 있겠다. (마태 28:19~20)

성소에서 드리는 예배와 세상을 섬기는 일은 궁극적으로 서로 배
치되지 않는다. 존 웨슬리는 말했다.

> 사회 속에서의 거룩함을 뺀 거룩함 같은 것은 없다.

다그 함마르셸드는 말했다.

> 거룩함으로 나아가기 위해서는 반드시 이 세계에서 행동이라는

길을 통과해야 한다.

예배하는 인간으로서 우리는 이를 매일, 끊임없이 되새겨야 한다. 우리가 성소에서 예배하며 섬기는 하느님은 빈민가의 사람들이 섬기는 그분과 같은 분이다.

19세기 후반 잉글랜드에서 일어난 그리스도교 사회주의 운동은 우리가 '고교회'High Church 예배라 할 만한 흐름에서 영감을 받았으며, 윌리엄 윌버포스William Wilberfoce처럼 노예제를 반대하던 운동가들이 속해 있던 클래펌 파the Clapham Sects는 회심을 강조하는 복음주의에 강한 영향을 받은 이들이었다. 교회의 두 흐름 모두 공통으로 가난한 이, 궁핍한 이들에게 관심을 가졌다. 예수 그리스도께서는 이들 모두에게 그러한 마음을 주셨으며 활동을 이어갈 수 있도록 힘을 주셨다. 예배와 사회 복음the social gospel이 서로 배치된다는 식으로 복음이 잘못 해석된 것은 이후에 나타난 흐름이다. 더 불행한 것은 그 결과 우리 선호도나 기분에 따라 둘 중 양자택일을 할 수 있다고 사람들이 생각하게 되었다는 것이다. 1923년 성공회-가톨릭주의자 총회The Anglo-Catholic Congress에서 아프리카 잔지바르의 주교 프랭크 웨스턴Frank Weston은 '오늘날 우리의 의무'Our Present Duty라는 제목의 연설을 해 이 같은 경향에 물든 교회에 도전했다.

여러분은 그리스도인입니까?

그렇다면 우리는 모두 한 분이신 주님을 섬깁니다.

예수, 그분은 영광의 왕좌에 앉으셨으며

그분께서 축복하신 성사에 임하시며

성찬례를 할 때 여러분의 마음으로 오시며

여러분이 기도할 때 신비로 함께하십니다.

모든 형제와 자매의 몸과 마음에

천상과 지상에 그분은 들어가 계십니다.

이제 고속도로와 산울타리로 나아가

누더기를 입은 이들, 벌거벗은 이들 속에 계신 예수를 찾읍시다.

억압당하며, 착취당하는 이들,

희망을 잃어버린 이들 속에 계신 그분을

선한 일을 위해 분투하는 이들 속에 계신 그분을,

그들 속에서 예수를 찾읍시다.

그들 속에서 그분을 발견하면

형제애라는 수건을 두르고

그분의 형제인 그들의 발을 씻어 드립시다.

웨스턴 주교가 던진 도전은 결국 성찬에 임한 그리스도의 몸과, 가난하고 궁핍한 이들에 임한 그리스도의 몸을 연결해야 한다는 것이다. 이들은 팔복의 첫 구절에 나오는, 하느님을 고파하는 이들, 자신의 궁핍을 아는 이들, 그리하여 "하느님은 만유의 주님"이라고 고백하는 이들이다. 다마스쿠스(다메섹)로 가는 길에 바울로에게 들린 목소리는, 바울로가 핍박한 이가 그리스도인들이 아니라 그리스도라고 말했다.

사울아 사울아, 네가 왜 나를 박해하느냐? (사도 9:4)

그렇다. 좋든 싫든 "여기 있는 형제 중에 가장 보잘것없는 사람 하나에게 해준 것이 바로 나(그리스도)에게 해준 것"이다. 근본적으로 복음은 예배와 섬김을 연결하는 것이다. 예배와 섬김은 사랑이라는 동전의 양면이다.

거룩한 죽음

예배와 섬김이 있는 거룩한 삶은 반드시 거룩한 죽음으로 이어진다. 거룩한 죽음은 우리의 영혼과 몸, 즉 우리 자신을 하느님께 바치는 궁극적인 제사로 우리 삶의 완성이라 할 수 있다. 오늘날 세속 세계의 사람들은 빨리, 고통 없이 죽기를 열망하고 문화 또한 이를 부추긴다. 그러나 그리스도인은 (병자를 위한 연도에서 알 수 있듯) 갑작스럽게 죽음을 맞이하지 않기를 기도한다. 신앙인들에게 죽음은 위대한 신앙 여정의 일부이며 제자 된 삶으로 하느님께 올리는 위대한 제사다. 자신을 따르라고 한 예수의 초대는 삶뿐만 아니라 죽음까지를 아우르며 그분을 따름으로써 우리는 죽음 너머에 있는 삶을 향해 나아간다. 이생에서 늘 우리와 함께하셨듯 그분께서는 죽음 너머의 길도 우리와 함께하시며 우리를 인도하실 것이다. 그리스도인이 거룩한 죽음을 준비할 충분한 시간을 갖고자 하는 건 바로 이러한 믿음 때문이다.

AD 430년 아우구스티누스가 죽음에 다가설 무렵, 아프리카에 대한 로마의 지배는 무너져 내리고 있었다. 그가 태어났을 때만 해도 모두가 당연히 수천 년간 계속 되리라 여겼던 문명이 종말을 맞이하고 있었다. AD 429년 겨울에는 반달족들이 히포를 에워쌌으며 바다는 이미 점령된 상태였다. 포시디우스Possidius의 전기에 따르면 생의 마지막 몇 개월간 아우구스티누스는 절망스러운 풍경을 목도했다.

> 하느님의 사람은 파괴된 도시들을 보았고, 시골에서도 마찬가지로 파괴된 건물과 더불어 잔인한 원수들에게 살해되거나 도망가고 흩어진 주민들, 그리고 주교와 성직자들에게 버림받은 교회들, 뿔뿔이 흩어진 거룩한 동정녀들과 수도사들을 보았다. 그들 가운데 더러는 고문을 이겨내지 못했고, 더러는 칼에 맞아 죽었으며, 더러는 노예로 전락하여, 영혼과 육신의 온전함과 신앙을 잃어버린 채 악랄하고 가혹한 대우를 받으면서 원수들을 섬기고 있었다. 하느님을 찬미하는 노래는 교회에서 사라졌고, 수많은 지역 교회 건물은 불타버렸으며, 합당한 장소에서 하느님께 드려야 할 장엄한 희생제는 그쳤고, 더는 거룩한 성사를 청하는 사람도 없었으며, 설령 청한다 할지라도 성사를 집전할 사람을 쉽게 구할 수도 없었다.

죽음을 맞이하기 전 수개월 간 아우구스티누스는 정력적으로 활동했던 것으로 보인다. 몸과 정신은 여전히 살아있었고 그는 신실하게 사목활동을 이어갔다. 당시 그가 섬긴 교회는 한때 찬란했던 로마가 몰락하는데 우려를 표하고 의기소침해하는 이들로 가득 차 있었다. 아우구스티누스 역시 자신이 이룬 필생의 작업물들이 눈 앞에서 파괴되는 모습을 지켜보아야 했다. 유언장을 준비하며 그는 훗날 그리스도인들에게 위대한 유산이 될 자신의 방대한 글들을 개정하고 편집했다. 신변을 정리한 것이다.

『재론고』라 이름 붙인 책에서 아우구스티누스는 평생 쓴 책, 서신, 설교들을 개정했고 덕분에 후세대 독자들은 길고도 길었던 그의 정신, 마음의 여정, 그리고 마침내 다다른 궁극적 목적지를 파악할 수 있게 되었다. 여정을 지나며 아우구스티누스는 바뀌었다. 그는 자신이 그리스도의 제자로서 삶을 출발하던 시기에 쓴 글과 생애 마지막 시기에 쓴 글 사이에 꽤 차이가 있다는 점을 인정했다. 그는 그보다 한참 후 시대 사람인 존 헨리 뉴먼의 말에 동의했을 것이다.

이곳, 지상에서 살아간다는 것은 변화를 뜻하며
완성에 이른다는 것은 곧 자주 변화한다는 것을 뜻한다.

『재론고』는 주제 순이 아닌 연대순으로 배열되어 있다. 머리에서 가슴, 가슴에서 의지에 이르는 긴 여정을 걷는 동안 자신이 어떻게 성숙해졌고 성장했는지를 추적한 것이다. 이 저작은 신앙 여정 내내 일관되게 자신과 자신을 둘러싼 상황을 반성했던 아우구스티누스의 모습, 일종의 신학적 참회theological repentance를 반영한다. AD 430년 8월 그는 심한 열로 앓아누웠다. 생이 마지막에 이르렀다는 징후였다. 8월 28일 그는 세상을 떠났고 무덤에 묻혔다.

생애와 사목활동을 마무리 짓던 시기, 아우구스티누스가 마지막 힘을 쏟아 넣은 책은 『신국론』De Civitate Dei이다. 이 방대한 분량의 저작은 쓰는데 수년의 시간이 걸렸다. 성서의 마지막 책이 그러하듯 이 책은 결론부로 진행될수록 독자의 눈이 하늘을, 새 예루살렘과 천국에서 드리는 영원한 예배를 향하도록 구성되었다. 책을 마무리하며 그는 안식하지 못했던 자신의 마음과 우리가 사는 이 안식 없는 세상, (오늘날과 크게 다르지 않은) 폭력이 난무하는 세상은 하늘에 있는 도성에서 드리는 예배, 더욱 위대한 예배를 엿보게 해준다고 주장했다.

> 그때 우리는 쉬면서 보리라. 보면서 사랑하리라.
> 사랑하면서 찬미하리라.
> 끝없는 끝에 이루어질 것이 바로 이렇다!
> 우리의 끝이란 끝이 결코 없는 나라에 도달하는 것이 아니고
> 또 무엇이겠는가?[13]

---

[13]   *De Civitate Dei*, XXII. 30. 『신국론』(분도출판사)

아우구스티누스의 기도

오 나의 주 하느님

내 유일한 소망이시여,

당신의 선하심으로 내 기도를 들어 주소서.

지쳤을 때라도 당신을 구하기를 멈추지 않게 하시고

오히려 더욱 열렬히 당신을 구하게 하소서.

저에게 당신을 구할 힘을 주시고

제가 당신을 찾을 때 당신의 모습을 드러내시어

당신을 발견하리라는 소망을 제게 불어 넣어주소서.

당신을 아는 지식이 영영 자라남으로 그렇게 하여 주소서.

당신 앞에 나의 강함과 약함을 내려놓으니,

강함은 지켜주시되 약함은 고쳐주소서.

당신 앞에 나의 지智와 무지無智를 내려놓으니,

당신이 문을 여시는 문으로

제가 들어가게 하시고,

저를 그 문에서 환대해주시며,

제가 문을 두드릴 때

닫힌 문을 열어주소서.

당신을 언제나 기억하게 하시고

당신을 알게 하시며

당신을 사랑하게 하소서.

마침내 당신께서 새로운 피조물로 나를 변화시키시기까지

당신께서 제 안에 주신 선물이

자라나게 하소서.

◇ 더 깊은 묵상을 위한 질문들

개인을 위한 질문

1. 무언가에 경이로움을 느꼈던 적이 있는가? 경이로움을 느꼈
   던 특정 장소나 상황이 있을지도 모르겠다. 눈을 감고 그곳,
   혹은 그 순간을 떠올려 보고 심호흡을 하며 그때 그 경험을
   다시 한 번 누려보라. 그렇게 당신에게 사랑을 표현해 주신
   하느님께 감사를 드려보라.

2. 헨리 나우웬은 심각한 장애를 갖고 있던 청년 아담에게서 신
   앙과 사랑에 대해 많은 것을 배웠다. 주위에 어떤 식으로든
   장애가 있는 사람이 있는가? 그들에게 배운 것이 있는가? 장
   애인과 가족이 맺고 있는 관계를 보며 배운 점이 있는가? 길
   에서 장애가 있는 사람을 만날 때 당신은 어떻게 반응하는

가? 당황하는가, 거슬려 하는가, 감당이 잘 안 되는가, 다소 불안해하는가? 하느님은 그들을 어떻게 보실 것 같은가?

3. 시간표를 다시 살펴보라. 되돌아볼 때 성령의 부드러운 숨결이 머물렀다고 기억되는 순간이 있는가(신비를 체험한 순간일 수도 있고 일정 기간 그분이 인도하심을 경험한 때일 수도 있다)?

4. 죽음을 어떻게 준비할 수 있을까? 본인의 장례식을 계획해 보고 싶은가? 당신이 언제 죽는지를 알게 된다면 마지막 6개월을 어떻게 보내고 싶은가? 당장 6개월 후에 죽지는 않더라도, 위에서 답한 내용 중에 당신이 어떻게 살고 싶은지에 관해 생각할 부분이 있는가?

공동체를 위한 질문

1. 요한의 첫째 편지 3:1~3, 19~24를 읽어보자.

아버지께서 우리에게 베푸신 사랑이 얼마나 큰지 생각해 보십시오. 하느님의 그 큰 사랑으로 우리는 하느님의 자녀라고 불리게 되었습니다. 우리는 과연 하느님의 자녀입니다. 세상 사람들이 우리를 알지 못하는 것은 그들이 하느님을 알지 못하기 때문입니다. 사랑하는 여러분, 이제 우리는 하느님의 자녀입니다. 우리가 장차 어떻게 될지는 분명하지 않지만 그리스도께서 나타나시면 우리도 그리스도와 같은 사람이 되리라는 것을 우리는 알고 있습니다. 그때에는 우리가 그리스도의 참모습을 뵙겠기 때문입니다. 그리스도께 대하여 이런 희망을 가진 사람은 누구나 그리스도께서 순결하신 것처럼 자기 자신을 순결하게 합니다. (1요한 3:1~3)

우리는 이렇게 사랑함으로써 우리가 진리에 속해 있다는 것을 알게 되고 또 하느님 앞에서 확신을 가질 수 있습니다. 우리가 양심의 가책을 받을 때에도 그렇습니다. 하느님께서 우리의 마음보다 크시고 또 모든 것을 알고 계시기 때문입니다. 사랑하는 여러분, 우리가 양심의 가책을 받지 않을 때에는 하느님 앞에서 떳떳합니다. 그리고 우리가 무엇을 구하든지 하느님께로부터 다 받을 수 있습니다. 우리가 하느님의 계명을 지키고 있으며 하느님께서 기뻐하실 만한 일들을 하고 있기 때문입니다. 우리가 명령받은 대로 하느님의 아들 예수 그리스도의 이름을 믿고 서로 사랑하라는 것이 하느님의 계명입니다. 하느님의 계명을 지키는 사람은 하느님 안에서 살고 하느님께서도 그 사람 안에 계십니다. 하느님께서 우리 안에 계시다는 것은 우리에게 주신 성령을 보아서 알 수 있습니다. (1요한 3:19~24)

이 구절은 예배와 섬김의 균형(아래 4번 질문을 보라), 사랑스럽지 않은 것을 사랑하는 것과 관계가 있는 말씀이다(위에 2번 질문을 보라).

2. 위의 '개인을 위한 질문'을 통해 묵상한 내용 중에, 공동체와 함께 나누면 도움이 될 만한 것을 나누어 보라.

3. 교회에서 예배를 드린 경험을 나누어 보라. 경이로움을 체험한 부분이 있었는가? 예배 중 머리로 반응해야 할 부분은 무엇이며, 마음으로 반응해야 할 부분은 무엇인가? 당신이 교회에서 드리는 예배가 "더 크고 초월적인 세계로, 풍성한 삶으로 나아가는 문을" 열어주고 있는가? 이는 분명 이상적인 이야기이다. 당신이 다니는 교회가 이 이상에 가까워지도록 돕기 위해 당신은 무엇을 할 수 있을까?

4. "성소에 임하실 수도 있고 시내 한 중심가에 임하실 수도 있"는 하느님께서 임재하실 때 우리는 어떻게 응답하는가? 아는 이들 중에, 공동체에, 어느 한 편으로 치우쳐 균형을 잃었다는 생각이 드는 이들이 있는가? 당신이 속한 교회는 이 스펙트럼에서 어느 지점쯤에 있는가? 당신은 어떠한가?

5. 죽음에 대한 긍정적인 경험과 부정적인 경험을 나누어 보라. 사별이라는 단어가 어떤 이들에게는 상처가 될 수 있다는 것을 기억하라. 아직 나눌 준비가 되지 않은 이야기를 나누어야 한다는 압박감을 가질 필요는 없다.

묵상을 위한 성구

아래 성구는 우리에게 경이로워하는 능력을 키워줄 수 있다. 특히 우리 삶에 하느님께서 하신 일에 대하여 경이로워하는 능력을 키워준다. 이 말씀이 우리 모든 삶에도 동일하게 진리라면, 죽음에 대해서도 그렇지 않겠는가?

> 당신 생각을 벗어나 어디로 가리이까?
> 당신 앞을 떠나 어디로 도망치리이까?
> 하늘에 올라가도 거기에 계시고

지하에 가서 자리깔고 누워도 거기에도 계시며,

새벽의 날개 붙잡고 동녘에 가도,

바다 끝 서쪽으로 가서 자리를 잡아보아도

거기에서도 당신 손은 나를 인도하시고

그 오른손이 나를 꼭 붙드십니다.

어둠보고 이 몸 가려달라고 해보아도,

빛보고 밤이 되어 이 몸 감춰달라 해보아도,

당신 앞에서는 어둠도 어둠이 아니고

밤도 대낮처럼 환합니다.

당신에게는 빛도 어둠도 구별이 없습니다. (시편 139:7~12)

맺음말

- 다문화 · 다종교 사회에서 그리스도를 따르는 길

2001년 9월 11일, 9.11 테러가 난지도 어느 정도 시간이 흘렀다. 이러한 사건들을 야기한 국제 테러의 부상은 세계사의 경로를 바꿨다고 말해도 과언이 아니다. 역사에서는 때로 그 방향을 바꾸는 결정적인 사건이 일어난다. 물론 우리는 사건 당시에는 그 여파를 알지 못했다가 뒤늦게야 그 중요성을 알게 된다. 사건과 그 이후의 변화한 현실 사이에 분명한 인과관계가 있는 것은 아니다. 그 사건으로 일어나는 변화는, 그 변화가 이어지고 있는 중에도 눈에 띄지 않고, 분명하게 파악되지 않는다. 그러나 우리가 의식하든 의식하지 못하든, 일단 그 사건이 일어나면 더는 전과 같을 수 없다.

특정 역사적 사건들 간에 유사성을 발견하려는 무리한 시도는 언제나 위험하며 미심쩍은 부분을 남긴다. 그러나 9.11 테러와

AD 410년 알라리크Alaric에게 로마가 약탈당한 사건은 (상징성으로 보나 실제적인 전략으로 보나) 현저한 유사성이 있다. 그해 10월 24일, 상상할 수조차 없던 일이 일어났다. 고트족 군대가 로마를 에워싼 것이다. 그들은 로마를 약탈하고 온 세상 사람이 가장 위대한 국가라 여기던 곳의 수도를 상당 부분 불태웠다. 당시 브리튼에서 온 수도사 펠라기우스는 부유한 로마 여성에게 이런 편지를 보냈다.

> 최근에 일어난 일입니다. 세계인의 정부情夫인 로마가 두려워 떨며 움츠러들었습니다. 나팔 소리, 고트족이 우짖는 소리가 울려 퍼집니다. … 모두가 한데 모여 두려움에 떨고 있습니다. … 모든 집에서 사람들이 각자의 슬픔에 사로잡혀 있습니다. 폭력이 구석구석에 스며들어 우리를 집어삼키고 있습니다.[1]

당시 로마는 난공불락의 성으로 간주되었으며 우뚝 솟은 거상과 같은, 문명의 상징이었다. 오늘날 미국은 가장 강력한 힘을 지닌 나라이며, 뉴욕에 있는 세계 무역 센터와 워싱턴 D.C.에 위치한 펜타곤은 미국의 힘을 보여주는 분명한 상징이다. (9.11 이전까지) 둘은 지정학적으로나 영토의 크기로나, 이 세상에서 일어나는 전쟁의 참화에서 미국만큼은 굳건하게 서 있음을 보여주는 상징이었다. 미국인들은 국가가 그렇게 자신들을 보호해주고 있다고 여겼다. 로마 시민들이 로마가 침략당할 거라 예상하지 못했듯 미국

---

[1] Pelagius, *Letter to Demetriades.*

시민들에게 테러리스트들이 미국을 공격당한다는 것은 상상할 수 없는 일이었다. 410년 8월 로마가 침략당하고 난 뒤 히에로니무스 Hieronymus는 썼다.

로마가 멸망할 수 있다면, 어디 지역이 안전하다고 할 수 있으랴.

뉴욕에 관하여도 마찬가지로 말할 수 있다. 이 때문에 오늘날 많은 사람은 "이 땅에 (마지막) 그 날이 오고 있는"(마르코 13장을 보라) 건 아닌지 두려움에 사로잡히게 되었다. 두려움은 광신을 낳으며 광신은 근본주의의 자양분이 된다. 이 근본주의는 지극히 단순한 논리를 지닌 위험한 흐름이다. 어떤 면에서 우리는 모두 역사의 교차로에 서 있는지도 모른다. 신앙이냐 두려움이냐, 새로운 깨달음을 얻을 것이냐 아니면 암흑시대로 돌입할 것이냐, 그간 고수해 온 가정들을 철저하게 재평가할 것이냐 아니면 기존의 세계에 머물러 밖으로 나가기를 거부할 것이냐 사이에 우리는 서 있다.

1986년, 20세기를 마감하는 시점에 로마 가톨릭 교회사가 에이드리언 헤이스팅스Adrian Hastings는 이 세계가 당면한 상황과 다가올 위기를 예견했다. 그는 이 세계에 임박한 위기와 아우구스티누스 생애 말 당시 세계 상황을 명료하게 비교했다. 아우구스티누스가 죽음을 맞이할 무렵 로마 제국은 야만족의 맹습으로 몰락했다. 암흑시대가 열리려 하고 있었다.

우리는 아우구스티누스가 처한 곤경과 비슷한 상황에 처해 있다.

반달족이 눈앞까지 왔을 때 대다수 사람은 세 가지 정도로 반응했다. 첫 번째는, 이 세계 왕국에, 인간사에 어떤 궁극적 의미 같은 것은 없다고 한 뒤 절망에 빠지는 것이다. 두 번째는 사적 영역으로 도피하는 것이다. 적잖은 종교인들은 타락한 국가와 분투하기를 포기하고 수도원으로, 은사주의 공동체 같은 폐쇄적인 공동체로 들어갔다. 세 번째는, 아우그스티누스가 택한 길이다. 희미하나 소망을 품고 먼 곳을 바라보는 것이다. 설사 증거가 많지 않다 해도 모든 것을 회복하고자 하는 그리스도의 뜻을 신뢰하는 것이다. 1980년대 다수는 첫 번째 선택지를 택했고 그 못지않게 많은 이들이 두 번째 선택지를 취했다. 아우구스티누스가 택한 길, 수고로운 그 길을 걸으려 애쓴 이들은 소수에 불과했다.[2]

로마가 몰락하던 시기, 그는 이 시대사적 도전에 응하기 위해 하느님께서 택하신 그리스도교 지도자이자 예언자였으며 명성을 떨친 노련한 주교였다. 그는 상아탑에 은둔하기보다 펜을 쥐고 정치적인 성명과 신학적인 성명을 그침 없이 써 내려갔다. 『신국론』은 머지않아 다가올 암흑시대에 대비해 교회가 스스로를 단련할 수 있게 해주었으며 중세 시기 피어날 꽃과 그 너머를 준비하게 해주었다. 아우구스티누스는 헤이스팅스가 말한 두 가지 선택지를 거부하고 "희미하나 소망을 품고 먼 곳을 바라보는" 길을 택했다. 『고백록』에는 이러한 그의 선택을 엿볼 수 있는 구절이 있다.

2   Adrian HAstings, *A History of English Christianity* (William Collins Sons, 1986), p.660.

저도 더 이상 더 나은 것들을 바라지 않았습니다. 저는 모든 것을 헤아리고 있었고, 위에 있는 것들이 아래 있는 것들보다 더 낫기는 하지만 위에 있는 것들만 홀로 존재하기보다는 모두인 편이 더 좋다는 것을 건전한 판단으로 깨우치게 되었습니다.[3]

"수고로운 길"은 바로 이편을 택하고 헌신하는 것을 가리킨다.

언젠가 아우구스티누스는 놀라의 파울리누스Paulinus of Nola에게 장문의 편지를 썼다. 그는 혼란 중에 우아함에 집착하는 파울리누스에게 복음이 죽어가고 있는데도 세상사를 향한 문은 닫아건 채 홀로 다른 세상에서 유유자적하고 있다며 강하게 비판했다. 아우구스티누스도 처음 그리스도교 신앙으로 회심했을 때는 파울리누스처럼 세상에 대한 관심을 가질 필요가 없다고 생각했다. 그러나 이제 그는 하느님께서 자신을 "사람들 속에서 그들의 유익을 위해" 사는 길로 이끌고 계심을 알고 있었다. 그는 말했다.

사람마다 서로 다른 습관이며 견해가 그처럼 다양하기에, 그로 인하여 우리는 불확실성과 어려움을 마주하게 된다. … 우리는 전 인류의 일을 살펴야 한다. 이 땅에 있는 로마인들뿐 아니라, 하늘에 있는 예루살렘에 속한 모든 시민까지. (25장)

오늘날 그리스도를 따르는 이는 다른 세계들, 서로 상이한 견해

---

3   *Confessiones*, 7.13.19.

들, 다른 신앙들, 전제가 다른 문화들이 일으키는 갈등들로 점철된 세계에서 살아가야 한다.

다문화 환경에서 그리스도의 증인으로 자리매김하기

오늘날 그리스도교 교회에는 과거에 누렸던 특권을 갖고 있지 않으며 별다른 국가의 보호를 받지 못한다. 그리스도교인이라는 이유만으로 누렸던 모든 것이 이제는 더는 당연하지 않은 다문화, 다종교 사회에서 우리는 살고 있다. 이는 현대를 살아가는 모든 그리스도인이 직면한 현실이다.

비교적 최근까지도 서구 세계, 서구 문명의 중심에는 그리스도교가 있었다. 워낙 깊게 뿌리 내리고 있었기에 그리스도교가 없던 시대를 기억하지 못할 정도였다. 역사가들은 로마 제국이 동, 서방으로 나뉘고 종교개혁을 기점으로 하나였던 서방 교회가 무너지면서 그리스도교 제국도 막을 내렸다고 하나 그 이후에도 그리스도교에 바탕을 둔 사회, 그리스도교적 문화는 오랜 시간 동안 생명력 있게, 한편으로는 신비롭게 이어졌다. 그리스도교가 더는 신앙인과 비신앙인으로 이루어진 사회에서 중심적인 역할을 하지 못하고 있음이 드러난 것은 최근, 새천년 새벽의 일이다(그리고 9.11 테러로 인해 이 여파는 더 커졌다). 어떤 의미에서 이는 그리스도교 역사에서 유례 없는 상황은 아니다. 초기 300여 년 동안 그리스도교는 불법이었으며 국가는 교회를 보호해주지 않을 뿐 아니라 심지어는 박해까지 하였다. 어떤 이들은 오늘날 그리스도교가 처한 문제를 극복하기 위해 그리스도교 초기 시기 저 박해받는 교회 모형을 따라 하고픈 유혹에 빠질 수 있다. 처음 들어갔던 문으로 돌아가면 다시 그리스도교의 시대로 갈 수 있을 거라 믿으며 말이다. 허나 이렇게 시계를 되돌려 원시시대로 돌아간다고 해도 문제는 해결되지 않는 다. C. S. 루이스는 1954년에 진행한 강의에서 이 문제를 정확히 지적했다. 그는 지나치게 단순한 대안을 거부한다.

> 우리는 역사를 되돌리는 것이 가능하다고, 그래서 유럽이 들어온 문으로 다시 갔다가 오면 원래 있던 자리로 돌아갈 수 있으리라 생각하지만, 그런 일은 일어나지 않습니다. '그리스도교 이후'의 인류는 이교도가 아닙니다. 과거로 돌아가면 문제를 해결할 수 있으리라는 생각은 유부녀가 이혼하면 처녀 시절로 되돌아갈 수 있으리라고 생각하는 것과 마찬가지입니다. 과거 그리스도교와 단절된 '그리스도교 이후'의 그리스도교인은 그 이상으로 이교도 적 과거와 단절되고 맙니다.[4]

우리는 새로운 지형의 현실을 목도하고 있다. 그렇기에 우리는 포스트 그리스도교 사회, 포스트 모던 사회에서 그리스도의 제자로 살아간다는 것이 무엇을 뜻하는지 근본적으로 다시 생각해야만 한다. 이에 관해 메리 클레어 수녀Mother Mary Clare는 말했다.

> 우리는 증인으로 부름받은 이 시대의 의미를 이해하려 노력해야

---

[4] C. S. Lewis, De descriptione temporum in *They asked for a prayer* (Geoffrey Bles, 1962), p.20.

한다. 이 시대에 길맞은 옷이 짜여 있지 않음을 우리는 받아들여
야만 한다. 그러니 일부를 수선하려는 시도는 소용이 없다. 우리
는 다가올 세대가 하느님께서 정하신 문양으로 옷을 직조해갈 수
있도록 기틀을 마련해야만 한다.[5]

정체성과 차이

9.11 테러의 여파로 두 가지 사실이 선명하게 드러났다. 첫째,
우리는 세계화 된 세계를 살아가고 있으며 또 살아가게 될 것이라
는 점, 둘째, 어떠한 형태로든 고립주의는 더는 현실적인 선택지가
되지 못한다는 점이다. 우리는 좋든 싫든 그러한 세상에서 살게 되
었다. 2001년에 했던 리처드 딤블비 강연에서 빌 클린턴Bill Clinton은
'21세기 영혼을 위한 분투'라는 의미심장한 제목으로 이를 탁월하
게 요약했다.

> 오늘은 과거와는 너무나 다릅니다. 우리는 냉혹한 현실에 직면했
> 습니다. 그것이 우리에게 별다른 영향을 미치지 않는다고 계속
> 스스로를 속여서는 안 됩니다. … 우리 모두는 우리의 양심이 전
> 세계를 향해 성장하도록 분투해야 합니다. 서로가 서로에게 책임
> 을 져야 합니다. 우리의 모든 관계를 그러한 형태로 만들어 나가
> 야 합니다.

---

[5] Mother Mary Clare, SLG, *The Simplicity of Prayer* (SLG Press, 1988)

강연에서 클린턴은 우리가 우리와 다른 가치, 다른 신념을 지닌 이들과 어떻게 관계를 만들어가야 할지에 중점을 두고 이야기를 이어간다.

흥미롭지 않습니까? 놀랄 만큼 발전을 이룬 이 시대, 우리가 당면한 가장 커다란 문제는 인간사에서 가장 오래된 문제, 즉 타자를 향한 두려움이라는 사실 말입니다. 두려움은 너무나 빨리 불신으로 이어지고 증오를 낳으며 이내 인간성을 말살하는 길로, 죽음의 길로 치닫습니다.

그는 계속해서 말한다.

우리의 삶이 얼마나 작은 상자 안에서 만들어지고 있는지 보십시오. 남자라는 상자, 여자라는 상자, 영국인, 미국인, 무슬림, 그리스도인, 유대인, 토리당, 노동당, 신노동당, 구노동당 … 우리는 이 상자들을 중요하게 여깁니다. 물론 우리에게는 이 상자들이 필요합니다. 나와 타자의 차이를 모르는 채로 어떻게 인생이라는 항해를 해 나갈 수 있겠습니까. 아이와 어른, 아프리카인과 인도인, 과학자와 변호사 간에 있는 차이를 알아야겠지요. 분명 우리는 서로의 차이를 알고 정리해야 합니다. 그러나 삶이라는 여정에서 어느 지점에서부턴가 우리는 알게 됩니다. 우리의 삶은 우리가 속해 있는 상자들을 넘어선다는 사실 말이지요. 상자 너머에 닿지 못하면 우리는 결코 충만하며 풍요로운 삶을 누릴 수 없습니다.

예수는 더욱 "충만하며 풍요로운 삶"이 무엇인지를 보여주시려
우리에게 오셨다. 이와 관련해 신약성서에서 우리는 당대 유행하
던 정치적, 종교적, 사회적 상자 혹은 어떤 다른 상자 안에 머무르
기를 거절하시는 그분을 만난다. 진정한 급진주의자들이 그랬고
지금도 그러하듯 그분은 늘 하느님을 향해 있는 중심에서 우러나
오는 안정감을 갖고 계셨고, 두려움 없이 타협하지 않으면서도 모
든 차이와 경계를 넘어서실 수 있었다. 사마리아 여인을 우물가에
서 만나는 장면에서 이런 예수의 모습은 생생히 드러난다. 사마리
아 여인이 예수에게 말했다.

> 당신은 유대인이고 저는 사마리아 여자인데 어떻게 저더러 물을
> 달라고 하십니까? (요한 4:9)

이 대목에서 요한은 이 이야기의 핵심을 우리에게 상기시키기 위
한 것처럼 보이는 설명을 덧붙인다.

> 유대인들과 사마리아인들은 서로 상종하는 일이 없었던 것이다.
>
> (요한 4:9)

예수는 '유대인'과 '사마리아'로 대표되는 경계를 넘으신다. 이 경
계는 성, 인종, 종교, 사회적이고 정치적인 다름을 포함한다. 더

나아가 그분은 애써 이 여인과 뜻깊은 만남을 가지려 하셨다. 그분은 그녀에게 무언가를 해달라고 먼저 요청하며 자신의 필요와 약함을 열어 보이셨다. 그렇게 두려움과 관습으로 닫힌 문을, 창문을 열어젖히셨다.

우리는 서로 다른 실로 짜여 있는 세계촌이라는 직물 안에서, 서로 다른 것들로 이루어진 세상과 문화 속에서 그리스도의 제자로 살아가도록 부름받았다. 우리는 고립된 섬 안을 뱅뱅 돌기만 하면서 살아갈 수 없고, 함께 살기 어려운 이웃들, 그 소란스러움으로부터 마냥 피해 살 수만도 없다. 아무리 높고 견고한 담을 쌓아둔다 해도 그 담이 우리를 온전히 보호해주지는 못한다. 실은 우리와 다른 이들에 대해 그렇게 위협을 느낄 필요는 없다. 모든 곳이 중심인 영원한 원이시며 경계가 없는 그분이 우리 중심에 있는 한 말이다. 그러한 하느님을 우리의 중심에 두고 있으면 정신은 고립되지 않는다. 그 무엇도 이를 방해하지 못한다. 우리는 그분의 유일성에 기대어 그분에게서 모든 힘을 얻는다.

2002년 1월 17일 자 런던 타임스에 캔터베리 대주교 조지 캐리George Carey와 런던에 있는 무슬림 대학의 학장인 자키 바다위Zaki Badawi는 계속해서 대화를 나누는 일의 중요성을 피력하였다. 둘은 자신과 다른 것의 존엄성을 받아들이는 것은 분명 까다로운 문제이나 '다름'이라는 현실은 신앙을 폐쇄적이고 좁게 만들기보다는 성장시켜줄 것임을 확신할 필요가 있다는 데 공감했다. 이어서 그들은 이와 같은 결론을 내렸다.

우리는 우리와 다른 것에서도 선하며 참된 것들을 많이 찾아낼 수 있으며, 그 다름을 통하여 우리 자신의 전통을 더욱 깊이 이해할 수 있다.

다종교 사회에서 신앙 여정은 서로의 신앙을 존중하는, 우정이라는 다리를 세우는 일을 포함한다. 미래에도 이 지구라는 행성에서 가치 있게 살고자 한다면 모든 신앙 공동체는 모든 측면에서 이러한 목적과 목표를 가져야 할 것이다. 물론 이런 일은 혼자가 아닌 함께, 고립된 채로 있을 때보다 공동체에 있을 때 더 잘할 수 있다.

신앙 공동체들

알래스데어 매킨타이어Alasdair MacIntyre는 말했다.

이미 새로운 암흑시대는 도래했다. 이러한 때, 우리를 덮친 암흑시대에서 살아남기 위해서는 지적, 도덕적 삶을 가능케 할 시민들의 지역 단위 공동체를 구축하는 일이 중요하다. 지난 암흑시대에도, 그 공포 속에서도 전통적인 덕들은 살아남았다. 그러니 희망을 완전히 버릴 일은 아니다. 허나 이번에는 우리의 국경 너머 야만인들이 우리를 침략하기 위해 대기하고 있지 않고 이미 전부터 그들이 우리를 다스리고 있는 상황임을 유념해야 한다. 이를 의식하지 못하는 것도 우리의 문제 중 하나다. 우리는 고도를 기다리는 것이 아니라, 또 하나의 (물론 다른) 성 베네딕도를 기

다린다.[6]

우리는 또 다른 성 베네딕도를, 혹은 또 다른 성녀 힐다St Hilda of Whitby를 기다린다. 그들이 공동체에 나타나기를 기다린다. 공동체를 이룰 때, 사람들과 관계 안에 있을 때 인간은 가장 인간답다. 결국 인간이 하느님의 형상대로 창조되었다는 것은 우리가 공동체를 이룰 때, 관계를 맺을 때 가장 분명하게 드러난다. 그분은 '공동체적 인격'으로 자신의 신성을 계시하시기 때문이다.

공동체적 삶은 아우구스티누스 영성의 근간을 이룬다. 그의 영성은 공동체에 뿌리내리며, 공동체에서 자라난다. 세례를 받기 전에도 그는 일종의 공동체에서 살았으며, 오늘날 우리가 '대가족'이라고 부르는 그런 공동체에 속해 있었다. 물론 이는 그가 살던 시대가 이러한 가족 형태를 장려했던 까닭도 있다. 오늘날 서구문화가 '핵가족'을 장려하는 것처럼 말이다. 어찌 되었든 현대 사회에 만연한 풍경, 자기 이익을 우선시하며 너도나도 경쟁에 뛰어드는 모습은 아우구스티누스, 혹은 동시대 북아프리카인들의 눈에 너무나 기이해 보일 것이다.

세례를 받고 사제와 주교로 살아가게 되면서 공동체를 향한 아우구스티누스의 확신은 점점 더 깊어졌으며, 그리스도인의 생활양식이 어떠해야 하는가를 알게 되면서 그 확신은 더욱 온전해졌다. 공동체적 삶, 그러한 삶을 실천하는 일이 너무나 중요하다고 생각

---

6   Alasdair MacIntyre, *After Virtue* (University of Notre Dame Press, 1981), p.263. 『덕의 상실』(문예출판사)

했기에 AD 397년 그는 성 아우구스티누스 규칙서Rule of St Augustine
라 불리는 『규칙서』Regula를 저술한다. 그때 이미 그는 공동체적 삶
을 수년간 경험한 바 있었다. 이탈리아에서 타가스테로 돌아와 여
정을 함께한 친구들과 공동체 생활을 한 것이 여기에 해당한다. 훗
날 사제가 된 뒤 그는 히포에 평신도 형제들을 위한 수도원을 설립
했다. 주교가 된 다음에는 히포에 있는 자신의 집을 평신도와 성직
자를 위한 수도원으로 만들었고 『규칙서』는 바로 이 시기에 나온
저작이다.

『규칙서』는 사도행전 4:31~35이 묘사하는 초대 예루살렘 교회
를 이상으로 한다. 다른 그리스도교 공동체 설립자들과 마찬가지
로 아우구스티누스는 교회됨의 핵심은 공동체됨에 있다고 보았다.
그는 공동체라는 생활양식은 어떤 종교전문가들의 전유물이 아니
라 그리스도를 따르는 길을 걷는다면 자연스럽게 드러나는 삶의
방식이라고 생각했다. 자기 자신에게 함몰되는 것, 개인주의는 복
음을 깨닫지 못하게 하는 가장 큰 장애물이라고 아우구스티누스는
확신했다.

아우구스티누스에게 초대 예루살렘 공동체는 오랜 꿈을 실현한
공동체이자 오늘과 내일의 이상이었다. 이 이상을 따라 저술한 규
칙서는 모든 이를 복음에 바탕을 둔 평등한 삶으로 초대하는 일종
의 부름이라 할 수 있다. 달리 말하면 이 규칙서는 모든 이를 충만
한 공동체적 삶으로 부르는 그리스도교의 요청을 담고 있다.

우리는 공동체적 삶을 통해서만, 관계를 통해서만 우리의 인간
성, 하느님의 형상을 한 우리 본연의 모습을 인지할 수 있다. 하느

님께서는 삼위일체로서 관계를 이루고 계신 분이다. 저주에 걸린 이 시대에 대항하는 삶은 (아우구스티누스가 살던 시대에도 그러했듯) 공동체적 삶이다. 아우구스티누스에 따르면 그리스도인들의 공동체는 "소유에 따라, 자만심으로, 힘 있는 자가 움직이는 공동체가 아니라 서로를 사랑함이 동력인 공동체가 되려 애씀으로써 이 세상에 대안"을 제시해야 한다. 소비주의와 탐욕으로 분열되어 있으며 개인주의를 연료 삼아 질주하는 문화가 대세가 된 이 시대에 『규칙서』에 담긴 메시지는 여전히 유효하다. 규칙서가 의식한 시대적 상황과 오늘날 시대적 상황이 크게 다르지 않기 때문이다.

우리 사회가 비인간화되는 주요한 이유는 단연 공동체의 붕괴에 있다. 진정한 삶은 관계 안에 있으며, 고립과 소외는 우리를 향한 사망선고와도 같다. 개인주의는 포스트모더니즘이 우리에게 내린 저주와도 같다. 이 저주가 모든 곳에 뻗어있다. 클럽을 떠올려보라. 소음 탓에 누구도 서로 이야기를 나누지 않으며 홀로 춤을 추거나 설사 얼굴을 마주하더라도 각자 할 일을 할 뿐이다. 기술은 공동체와 소통을 장려하지 않는다. 기술의 발전은 우리를 더욱더 큰 고립으로 이끈다. 은행원은 ATM 기계로 대체되고 시장은 인터넷몰로 대체된다. 가상현실로 도피하는 이들이 많아지고 있고 그럴수록 얼굴과 얼굴을 마주하는 관계는 사라지고 실제 삶은 점점 더 멀어진다.

이 모든 일이 일어나고 있는 한복판에서, 그것을 무엇이라 부르든 간에 보잘것없어 보이는 신앙 공동체가 우리에게 대안적 삶을 제시하고 있다. 이 시대의 대안은 나딤 나자르Nadim Nassar가 '하느님의 문화'the Culture of God라 부른 공동체적 삶, 그리고 관계다. 언젠가 에녹 파웰Enoch Powell은 말했다.

> 복음이란 언제나 사회에서의 복음일 수밖에 없다. 복음에 담긴 기쁜 소식은 '사회 구성원', 공동체의 구성원으로서의 개인에게 전해진다. 모든 이단은 무엇보다 근본적으로 복음을 개인적으로 이해한다. 그들은 복음을 개인이 소유하거나 주고 받거나 이해할 수 있다고 상정한다.[7]

안타깝게도 일부 그리스도교인들은 신앙을 사적인 것으로, 자기 자신을 위한 것으로 여기는 경향을 보인다. 그러나 이는 복음이 가르치는 바와는 정 반대편에 있다. 사도행전에 나오는 초대 교회에서 이런 모습은 전혀 찾아볼 수 없다. 이러한 맥락에서 레슬리 뉴비긴Lesslie Newbigin이 "복음의 유일한 해석자는 복음을 믿고 복음에 따라 사는 남자와 여자들로 이루어진 회중이다"라고 주장한 것은 그리 놀랍지 않다.[8]

복음에 바탕을 둔 원리를 따라 삶을 사는 신앙 공동체들은 나누어 마땅한 새로운 생명의 기쁜 소식을 파편화된 사회에 전할 수 있고, 나눌 수 있고, 소통할 수 있다. 이 신앙 공동체는 세상에서 고립되어 폐쇄적인 집단으로 전락해서는 안 된다. 그리스도인들은

---

[7] Enoch Powell, *No Easy Answers* (Sheldon Press, 1973), p.83.

[8] Lesslie Newbigin, *The Gospel in a Pluralist Society* (Eerdmans, 1989), p.227. 『다원주의 사회에서의 복음』(IVP)

세상을 섬기기 위해 존재하기 때문이다. 그리스도인들은 자신을 둘러싼 세상 문화, 그들이 전제하는 바와 구별되어야 하나 그럼에도 사회와 계속 이어져 있어야 한다. 밀반죽 속에 있는 효모가 그러하듯 말이다.

떼제 공동체의 로제 수사는 그리스도교적 삶을 분명하게 증거하는 이들에게는 '모순의 표지'가 나타난다고 말하곤 했다. 2세기초 초대 교회 공동체를 묘사한 기록을 보면 그들은 사회에서 소외되고 사회가 적대시한 이방인들의 공동체, 여러 면에서 '모순의 표지'가 있던 유약한 공동체였다. 디오그네투스에게 보낸 편지의 저자는 이들이 보여준 역설적인 삶의 방식을 생생하게 묘사한다.

> 그리스도 신앙인이라고 해서 다른 사람들과 나라를 달리하는 것도, 언어를 달리하는 것도, 의복을 달리하는 것도 아닙니다. 그들은 그들만의 고유한 도시에 사는 것도 아니며, 어떤 특수한 언어를 쓰지도 않습니다. 그들의 생활에는 특수한 것이 하나도 없습니다. 그들의 교리는 정신착란자의 상상이나 꿈이 만들어낸 것이 아닙니다. 그들은 다른 사람들처럼 인간적 학설을 내세우지도 않습니다. 그리스도 신앙인은 각자의 운명에 따라 그리스 혹은 다른 도시들에 흩어져 삽니다. 그들은 그들이 속하는 영적 세계의 특수하고 역설적인 법을 따라 살며, 의식주 생활 방식은 그들이 사는 지방의 관습을 온전히 따릅니다.[9]

---

9 *Epistle to Diognetus.* 『디오그네투스에게』(분도출판사)

그럼에도 그리스도인들은 자신이 속한 사회에서 어딘지 특별하고, 어쩔 수 없이 모순적인 모습을 보였다. 그들은 자신이 속한 국가의 시민으로 살아갔으나 동시에 마치 어디에도 속하지 않고 여정을 걷고 있는 나그네처럼 살았다. 시민이 해야 할 모든 책임을 다하면서도 마치 이방인처럼 모든 짐을 감내했다. 그들에게는 모든 타향이 고향이었으며 모든 고향이 또한 타향이었다. 여느 사람들처럼 그들도 결혼하고 아이를 가지지만, 아이를 버리지 않았다. 그들의 식탁은 열려 있으나 침실은 그렇지 않았다. 이 세상에 사나 그들은 이 세상 사람들이 사는 방식에 순응하지 않았다. 지상에 살고 있으나 그들의 시민권은 하늘에 있다. 그들은 기존 법에 순종하나 그들이 살아가는 방식은 모든 법을 넘어선다. 영혼이 육신 안에 갇혀 있으나 육신을 살리듯 그리스도인들은 세상에 있으나 세상에 생명을 준다.

암흑시대를 비추는 빛

공동체를 인도하는 주교로서 아우구스티누스는 글과 삶으로 당대 교회 공동체들에게 "영혼이 … 육신을 살리듯" 세상을 위해 존재하라고 가르쳤다. 그가 죽음을 맞이할 무렵이었던 AD 430년 반달족은 히포를 침략하러 다가오고 있었고 그가 일평생 해온 일들도 일그러지고 망가지고 있었다. 그러나 그때에도 그는 부지불식간에 다가올 암흑시대에 교회가 살아남을 수 있도록 방편을 준비하고 있었다. 그는 그리스도교가 로마 제국의 국교로서 누리던 특권과 제국의 비호 없이도 살아갈 수 있는 기반을 닦았다. 암흑시대가 시작되면서 그리스도인은 어떠한 식으로든 그리스도께서 명령하신 삶, 그분이 몸소 보여주신 삶, 하느님 나라를 드러내며 가리키는 삶, 소금, 빛, 누룩으로 사는 삶을 살아야 했다. 그의 위대한 저서 『신국론』은 그리스도교에 적대적인 시대에 신앙 공동체를 위한 새로운 교통법규를 제시했다.

찰스 콜슨Charles Colson은 우리가 사는 시대에 관해 예언자적인 통찰을 갖고 있으면서도 서늘한 말을 남겼다.

> 어떤 하강기류가 감지된다. 어떤 유의 자유, 정의, 질서가 사라져 가고 있다. 우리의 위대한 문명은 아직 파멸에까지 이르지는 않았으나, 적은 이미 이 안에 들어와 있다. 일몰 냄새를 맡을 수 있는 시대다. 우리 땅 모든 곳곳에 어둠이 잠식해 들어와 긴 그림자를 드리우고 있다.[10]

서구 문명에 관한 이러한 진단과 예측이 (최소한 지금까지는) 과하게 우울하며 비관적이라고 느끼는 이들도 있을 것이다. 허나 현실이 그러한 것 또한 분명하다. 그리스도교, 특히 서구권에서 그리스도교는 더는 근래까지 누렸던 특권을 누릴 수도 비호를 받을 수도 없게 되었다. 우리는 우리가 다문화·다종교(신앙) 사회에서 살아가고 있음을 계속해서, 정확하게 기억해야 한다. 이러한 사회 속에서 우리는 종종 무관심을, 또한 공개적인 적대감을 맞닥뜨려야 한다.

---

10 Charles W. Colson, *Against the Night: Living in the New Dark Ages* (Hodder & Stoughton, 1990)

그저 아우구스티누스가 내린 처방을 따라 하거나 그 문제에 관해 다른 누군가를 모방하는 것으로 해결될 일이 아니다. 그런 식으로는 교회에 미래가 없다. 우리가 새로운 암흑시대로 들어서고 있는 것이든 아니든 간에, 해결책이 이전에 했던 방법을 맹목적으로 복제하는 식일 수는 없다. 제도적 교회 스스로를 보전하는 일에 지나치게 관심해서도 안 된다. 제도 교회는 역사 안에서 시대에 따라 여러 형태를 띠어왔으니 말이다. 우리가 보전하며 양성하여야 하는 핵심 요소는 신앙 공동체이며 그 안에 있는 사람들의 무리다. 하느님께 감동한 마음으로 삶을 변화시켜 가고, 둘이 되었든 셋이 되었든 간에 그들이 정기적으로 모이며, 말씀과 성사를 통해 성령이 일하셔서 그 모임 중에 그리스도께서 임하시고, 그렇게 은총으로 힘을 얻어, G.K. 체스터튼이 말한바 '어둠속에서도 명랑하게' 나아가는 그 일이 우리가 보전하며 양성해야 하는 그것이다.

　　앞으로 세상이 교회와 삶을 어떻게 대하게 되든, 대체로 더 친절하게 대하든, 무관심해지든, 적대적으로 대하든, 교회가 비참해지고 궁핍해지든 그리스도인들이 마주한 도전은 같다. 그리스도께서 그들에게 뜻하신 바대로 선함을 계속 붙드는 것, 어두운 세상에 빛이 되는 것이다. 심판하고 평가하는 일은 우리 역할이 아니다. 이 시대는 물론, 어느 시대에도 그것은 우리의 역할이 아니었다. 우리는 예루살렘의 초대 교회가 자신들에게 적대적인 시대에 그리스도인으로 살며 했던 바로 그 일을 해야 한다. '사도들'의 가르침과 형제 사랑하는 일에 헌신하며, 떡을 떼고 기도해야 한다(사도 2:42). 이 세상과, 세상의 고통과 우리를 단절하고, 고립된 장소(계토)로 도피해서는 안 되며, 그리스도께서 서 계신 그 자리, 그 모든 일의 복판에, 모든 엉망진창의 가운데에, 그 모든 신비 한 중심에, 단단히 서 있어야만 한다. '다가올 교회의 모습'을 안다고 생각하는 이들을 아주 조심해야 한다. 우리는 미래를 알 필요가 없고, 그리스도교에 관하여 건강한 불가지론을 견지할 수 있을 만큼 넉넉해야 한다. 바울로가 그러했듯, 우리는 "십자가에 달리신 예수를 제외하고는 … 아무것도"(1고린 2:2) 몰라야 하며, 그분만이 우리의 유일한 관심이어야 한다.

AD 430년, 아우구스티누스가 공동체와 함께 살던 그 집에서 죽음을 맞으려 할 때, 그는 솔기가 터져 나가듯 무너져 내리는 세상과 교회를 보며, 절망이라는 유혹에 이끌렸음이 분명하다. 상식적인 관점에서는 많은 면이, 분명 모든 면면이 그처럼 비관적인 예후를 보이고 있었다. 그러나 새 예루살렘을 향해 일어선 그는, 그 신앙의 눈으로 하느님의 도성을 보며 평화로이 눈감았다고, 마지막 순간을 지켰던 포시디우스는 그렇게 기록한다. 마침내 안식이 없던 마음은 하느님 안에서 안식을 찾았다.

당신 성경의 음성이 저희에게 미리 말해준 바에 의하면, 저희도 저희의 행업 다음에, 그러니까 저희의 참 좋은 일, 그것도 당신께서 저희에게 선사해 주신 것입니다만 그 좋은 일을 마친 다음 영원한 생명의 안식일에 당신 안에서 쉬게 될 것입니다. 당신께서 지금 저희 안에 일하시듯, 그때도 당신께서 저희 안에서 쉬실 것입니다. 저 일들이 저희를 통해서 이루어지는 당신의 것이듯이 저 때는 그 안식이 저희를 통해서 이뤄지는 당신의 것이 될 것입니다. 주님, 당신께서는 언제나 일하시고 언제나 쉬십니다. … 당신의 안식은 당신 자신이시기 때문입니다. 아멘.

아우구스티누스 저서 목록*

- 『고백록』Confessiones, 성염 옮김, 경세원, 2016
- 『그리스도교 교양』De doctrina christiana, 성염 옮김, 분도출판사, 1989
- 『독백』De Soliloquia, 성염 옮김, 분도출판사, 2018
- 『삼위일체론』De Trinitate, 성염 옮김, 분도출판사, 2015
- 『신국론』De civitate Dei, 성염 옮김, 분도출판사, 2004
- 『아카데미아 학파 반박』Contra Academicos, 성염 옮김, 분도출판사, 2016
- 『영과 문자』De spiritu et littera, 공성철 옮김, 한들출판사, 2000
- 『요한 서간 강해』In epistulam Iohannis ad Parthos tractatus, 이연학 · 최원오 옮김, 분도출판사, 2011
- 『인내론』De patientia, 이성효 옮김, 수원가톨릭대학교 출판부, 2005
- 『입문자 교리교육』De catechizandis rudibus, 이성효 옮김, 수원가톨릭대학교 출판부, 2005
- 『자유의지론』De libero arbitrio, 성염 옮김, 분도출판사, 1998
- 『질서론』De ordine, 성염 옮김, 분도출판사, 2017
- 『참된 종교』De vera religione, 성염 옮김, 분도출판사, 1989
- 『행복한 삶』De beata vita, 성염 옮김, 분도출판사, 2016

---

* 2018년 현재 한국어로 출간된 저서들만 기록했음을 밝혀둔다.

참고도서 목록

· St. Augustine, *Confessions*, trans. Henry Chadwick, Oxford University Press, 1991. 『고백록』(경세원)

· Peter Brown, *Augustine of Hippo*, London, Faber and Faber, 1967. 『아우구스티누스』(새물결)

· Paula Clifford, trans., *Praying with Saint Augustine*, Triangle, 1987.

· Serge Lancel, *St. Augustine*, London, SCM Press, 2002.

· Michael Marshall, *The Restless Heart: The Life and Influence of St. Augustine*, Grand Rapids, Eerdmans, 1987.

· Maura See, ed., *Daily Readings with St. Augustine*, Springfield, Ill., Templegate, 1986.

· Paul Thigpen, comp., *Restless till We Rest in You: 60 Reflections from the Writings from the Writings of St. Augustine*, Ann Arbor, Servant, 1998.

· Frederic van der Meer, *Augustine the Bishop*, London, Sheed and Ward, 1961.

· David Winter, ed., *The Wisdom of St. Augustine*, Oxford, Lion, 1997.

순례를 떠나다
– 신앙의 여정을 걷는 이들을 위한 지침서

초판 발행 | 2018년 6월 30일
지은이 | 마이클 마셜
옮긴이 | 정다운

발행처 | ㈜타임교육
발행인 | 이길호
편집인 | 김경문
편   집 | 민경찬 · 양지우
검   토 | 방현철 · 박용희
제   작 | 김진식 · 김진현 · 권경민
재   무 | 강상원 · 이남구 · 진제성
마케팅 | 이태훈 · 방현철
디자인 | 민경찬 · 손승우

출판등록 | 2009년 3월 4일 제322-2009-000050호
주   소 | 서울시 성동구 성수동2가 281-4 푸조비즈타워 1층
주문전화 | 010-9217-4313
팩   스 | 02-395-0251
이메일 | innuender@gmail.com

ISBN | 978-89-286-4376-9 04230
ISBN(세트) | 978-89-286-4375-2 04230
한국어판 저작권 ⓒ 2017 ㈜타임교육

* 이 책이 출판될 수 있도록 후원해주신
  비아 · 성공회 독서운동 후원자분들께 감사를 드립니다.
* 값은 뒤표지에 있습니다. 잘못된 책은 구입하신 곳에서 바꾸어 드립니다.
* 비아는 ㈜타임교육의 단행본 출판 브랜드입니다.